図説

ナポレオン

政治と戦争

フランスの独裁者が描いた軌跡

松嶌明男

MATSUSHIMA Akio

河出書房新社

図説
ナポレオン
政治と戦争——フランスの独裁者が描いた軌跡

目次

トレース＝小野寺美恵

日本とナポレオン

日本でナポレオンの名をあげたとき、多くの人は何を思い浮かべるだろう。ブランデー、サクランボ、苺を使ったミルフィーユ。スキューバダイバーならば南洋の大型魚だろうか。ブランデーは彼の死後、フランスでナポレオン熱が高まった時期に定められた等級に由来する。ナポレオン自身の好みの酒は残念ながらブランデーではなく、シャンパンと知られている。とくにパーティの開幕行事として、陸軍士官が腰のサーベルを抜き、シャンパン瓶の首を切り落として抜栓するパフォーマンスを勇ましいと好んだと伝えられる。

カミュの
ナポレオン生誕200周年ボトル。

サクランボのナポレオン。

マキシムのナポレオンパイ、
同店サイトより。

サクランボのナポレオンは、彼の死後に彼の名をもらって命名された経緯は明らかでない。日本への導入は古く、戦前は本人と同様に漢字で「那翁」と表記されたようだ。フランスではまだまだ人気が高く、旬になると果物売り場で主役を張る。日本では人気のピークを過ぎ、生産の主力はより柔らかくて甘い佐藤錦系に移行しているが、その親にあたるナポレオンを店頭で見かけることもまれではない。

苺のミルフィーユは、ナポレオンとも呼ばれる銘菓である。それは社交界に愛され、惜しまれつつ閉店した著名レストラン銀座マキシム・ド・パリの誇るスペシャリテである。菓子の上に飾られた苺がナポレオンの角帽のようだから、と命名されたらしい。同店のウェブサイトで、かつて同店でナポレオンパイとして売り出され、多くの顧客に愛された由来が紹介されていた。たしかにナポレオン自身も甘い物好きだった。ただ、彼が愛したのはパイではなく、アルプスの氷室から取り寄せた氷で素材を冷やして作った、贅沢極まりないアイスクリームだった。電気冷蔵庫のない時代には、まさに王侯の嗜みだったといえる。

ヨーロッパでは、ナポレオンにちなんで命名することは、基本的に彼の死後に行われている。それによって、本人とは直接関係のない物までナポレオンと名乗る。それもあって、日本における名前の周知度という点では、フランスの歴史的な人物のなかでも、ナポレオンはなかなかのものである。

ただ人気となると、宝塚歌劇の貢献もあり、王妃マリ＝アントワネットが図抜けた存在である。ナポレオンも宝塚歌劇百周年を記念して舞台化されたとはいえ、遠く及ばない。しかし、「ベルばら以前」を考えてみれば、ナポレオンが人気のあるフランス人の第一人者であった時代が長く続いた。

その端緒は明治維新にある。江戸幕府はナポレオン三世の第二帝政と交流が深く、パリ万博にも使節を送っていた上、軍事顧問団も受け入れていた。維新以後、明治政府は普仏《ふふつ》戦争《せんそう》の勝者であるドイツ陸軍から近代戦の多くを学び、富国強兵に努めた。帝国陸軍がクラウゼヴィッツの『戦争論』を通じてナポレオン戦争に関心を持ち、ドイツ式の軍事史研究の文脈でナポレオンの事績を学んだのは必然であった。同時に、一介の下級将校から身を起こしてフランス皇帝となり、ヨーロッパ

星組 宝塚大劇場公演『眠らない男・ナポレオン―愛と栄光の涯に―』ライブCD

の覇者となったナポレオンの生涯は、「欧米に並ぶ一等国」をめざす日本人がその向上心を学ぶにふさわしい、立志伝中の人物として紹介された。二〇世紀初頭には、早くも英雄伝や子供向けの伝記が出版されている。日本に、例の「余の辞書に不可能は無い」という有名な言葉が輸入されたのも、この頃と思われる。

『那翁全傳』。

　その後、敗戦と戦後の民主化、いわゆる戦後歴史学の擡頭により、ナポレオンの立ち位置は変化する。まず、帝国陸軍が解体されて戦史研究の主たる担い手が一時的にいなくなり、歴史学の世界でも軍事史への関心が後退した。次に、フランス革命とそれを担った人々の評価が高まるのと反比例して、ナポレオンは革命の成果を私物化した独裁者として批判されるようになる。評価が改まった背景には、ナポレオンをクロムウェルやヒトラーと同列に並べ、残忍な軍事独裁者に位置づけるイギリス歴史学の議論の影響もあるだろう。ただ一般には、日本ではナポレオンが具体的に何をした人かはあまり知られておらず、悪いイメージが支配的になることはなかった。

　では、続いてどういう人かというあたりから説き起こしはじめよう。

夜更けまで、勉学に打ち込む幼年学校生徒時代。壁に映る影がいずれ歩むべき道を暗示する。

ナポレオンはどういう人物か

　ナポレオンが生まれたのが、地中海に浮かぶコルシカ島であることは、日本ではあまり知られていない。コルシカは彼が生まれる直前にジェノヴァ共和国からフランスに割譲《かつじょう》されており、パリから遠い辺境であると同時に、イタリア文化圏に属している。今なお、フランスからの独立運動の機運が残っている島でもある。ナポレオンも、死ぬまでフランス語からイタリア訛りが抜けなかったという。当時、彼を憎んだ過激王党派は「あいつはフランス人じゃない」と罵《ののし》ったものだが、ジェノヴァ領時代に生まれた兄ジョゼフはともかく、ナポレオンが生まれながらのフランス人であることは疑いのない事実であった。

ナポレオンは理工系の能力に秀でており、数学の合理性を好んだ。

　故郷がフランスになったばかりの土地で、貧しいとはいえその地の貴族だったことが、ナポレオンに味方した。国王ルイ一五世の特段の配慮で、学費の減免が受けられるコルシカ貴族の特別枠がブリエンヌ陸軍幼年学校に設置され、それを利用して入学を許されたか

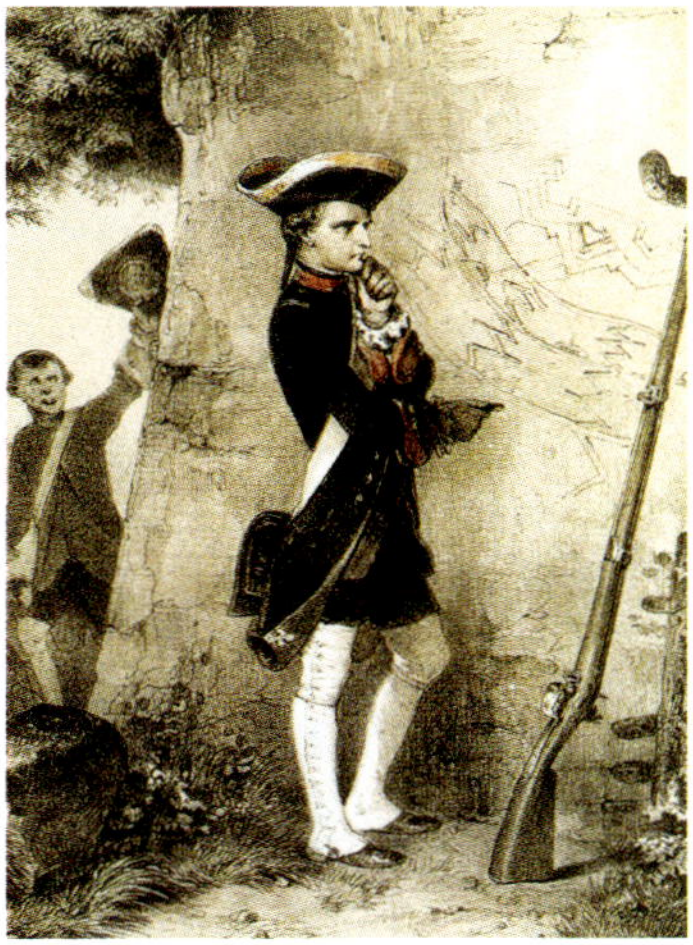

パリの陸軍士官学校に進んでも、孤独だった。

らである。そうでなければ、貧しい貴族の家庭に彼の学費を払う余裕はなかった。

　幼年学校の授業でも、幼い彼は司令官としての才能のきらめきを見せ始めていた。しかし、貧しさと言葉の訛り、貧相な体格は、いじめや仲間はずれの理由として十分だった。その分、彼は一人で自分の好んだ本を読み、勉強に打ち込んだ。士官学校に進む時も、やはり貧しさが付いて回った。卒業後に少尉に任官する際、花形の騎《き》兵《へい》など人気の兵種は高額の任官料を取られる。砲兵は大砲が轟音を出してうるさい上、鈍重で地味な兵科で、フランス貴族の子弟に選ぶ者はいない。そのため、任官料が無料だったのである。ナポレオンは砲兵の道を選んだ。それが、理工系課目が得意で数学を好む彼から、誰にも負けない長所を引き出した。彼にとって、砲弾の飛ぶ放物線の軌道を頭の中で描き、大砲の照準を定めることなどお手の物だった。ただ、彼は人文系の書物は好まなかった。哲学の古典などは手に取ろうとせず、そもそもギリシア語・ラテン語は読み書きも困難だった。そのため、文系科目の教養が重視される士官学校の成績は、さほど良いものではなかった。

グロの傑作『アルコレ橋のボナパルト将軍』では、軍旗を手に颯爽と部隊の先頭に立ち、敵陣に切り込む若きナポレオンが描かれている。ところが、それはあくまで宣伝用に考え出された伝説であった。実際には、橋の途中で川に転落し、危うく溺れ死ぬところだったという。

　晴れて卒業し、砲兵士官となったナポレオンだが、軍事に専心することはなかった。彼は終生、軍人でありつつ政治的人間でもあった。若き日はなかなか実戦部隊への着任の機会を得られず、給与が半額となる待機を延々と命じられた。革命が始まっても、苦境を打開する好機は訪れない。革命の勃発も彼の貧しさを変えることはなかった。彼は暇を利用して一時的に故郷へ帰り、コルシカ独立運動の闘士として活動したこともある。ところが、コルシカ独立運動の主導権争いで主流のパオリ派に破れ、一家揃って島から追い出され、更なる窮地に追い込まれた。

　そんな彼だが、革命を利用して成り上がることはできなかった。恐怖政治の頃は、多くの議員や将軍が政治的に動いて社会的上昇を遂げていた。その頃、国民公会派遣議員として南仏の指導に訪れていたロベスピエールの弟オーギュスタンに、ナポレオンはコネを期待して接触している。しかし、まもなくテルミドール事件が起きたため、それはうまく運ばなかった。コルシカを追われた不遇な立場にあった頃、彼は静かに時分の到来を待っていたようにさえ思える。根っからの政治的人間であるはずのナポレオンにとって、革命の潮流と距離を取る姿勢は、政治的嗅覚のなせる業だったのか。

　そして一七九五年、ヴァンデミエールの王党派反乱の鎮圧を命じられたことで、ナポレオンという荒鷲の飛翔が始まる。以後、政界の有力者の知遇を得て、未来の妻と出会って熱烈に愛し、自分の天才的な発想を実戦命令に「翻訳」できる参謀長を配下に抱え、ボロボロの装備の雑兵を率いてイタリアに攻め込み、弱そうな敵部隊ばかり選んで戦って、連戦連勝の伝説を築き上げ、自分で創刊した新聞に自分の手柄を誉め称える記事を自分で書いて、パリの人々にそれを読ませ、ついには不動の名声を得る。ナポレオンという人間のすべてが、すでにこの第一次イタリア遠征において示されている。

ダヴィッドが描いた最初のナポレオンの肖像は視線の強さが印象に残る。

　出世の第一歩を歩み出したばかりの彼の威勢でさえ、周囲を警戒させるに十分だった。政界の実力者タレランにそそのかされ、ナポレオンは「第二のアレクサンドロス大王となってエジプトを攻略し、インドまで攻め込む」という壮大な夢に酔い痴れた。実際は、行けば数年間は戻ってこられないエジプトへと体よく追い払われたのである。この遠征による学術的な成果は高く評価されるが、ナポレオンの生涯においては寄り道であるようにも見える。しかし、彼のレヴァント（地中海東岸地域）への旅は、ピラミッドを建設した石工の末裔を自称するフリーメイソンとのつながりの契機となったと推定される。そのうえ、彼の宮殿を彩った工芸品がエジプト風の装飾を好んで用いる第一帝政様式を確立し、そのエキゾチシズムで彼の栄光に花を添えたため、決して無駄ではなかった。なによりナポレオンは、エジプトから最高のタイミングで帰国を果たし、危機にあるフランスの救い主として大歓迎を受けたのだから。それを足がかりに、一七九九年一一月、彼はブリュメールのクーデタを起こし、権力を掌握《しょうあく》する。

エジプト遠征の最大の成果は、東方派遣軍が塹壕を掘っているときに出土したロゼッタ・ストーンの発見であろう。ナポレオンが持ち出さず、部隊の降伏時にイギリスへ引き渡す運びになったため、大英博物館が収蔵している。

　フランスの最高権力者となった彼は、それでも軍の最高指揮官であることをやめなかった。むしろ、主力部隊を率いて出陣し、常に決戦を求めて最前線にあった。危険なアルプス越えも果たし、

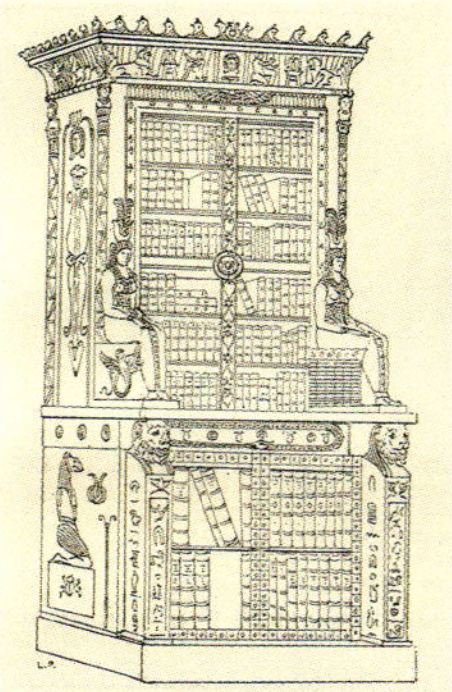

エジプト風でデザインされた当時の高級家具。

帝政様式を伝えるマルメゾン宮の内装。

乗馬を敵弾に撃ち倒されても臆せず指揮を続け、勝利だけを追い求めた。ナポレオン敗死のデマが体制を揺るがしたこともあるが、危機は大勝利を告げる急報で一掃された。常に戦場にありながら、持って生まれた強運のおかげもあって、最終的に打つ手がない状況へ追い詰められるまで、ナポレオンは決定的な敗北を喫したことがなかった。

　ナポレオンは、戦場で重ねた勝利の輝きによって、国内の反体制派や不満分子、敵国まで屈服させた。政治の手段として戦場での勝利を用いるのが、ナポレオン政治の独創である。凡百の軍事独裁者はナポレオンとは違う。彼らは最前線から遠い安全な場所に身を隠しながら、非武装の国民に武力を行使する。軍事的な威嚇と抑圧で、被支配者に沈黙と服従を強いる。たしかにナポレオンの統治は、フーシェ率いる秘密警察の情報網に支えられた警察国家であった。財政的には敗戦国から取り立てた戦時賠償金に依存する部分も大きかった。自由や基本的人権も制限された。しかし、恒常的に軍や治安部隊の武力を国民に向け、恐怖を支配の基盤に据える、一般的な軍事独裁と同列に扱うのは誤りである。

　ただ、戦場での勝利の代償は大きかった。多くのフランスの前途ある若者達が、出征して二度と故郷に戻ってこなかった。ナポレオンという人食い鬼が、野原をうろついて若い者を喰っている。当時、農村部で流布《るふ》されたナポレオン暗黒伝説は、彼の栄光が落とす影でもあった。一八〇九年頃、多数の犠牲に支えられた帝国の最盛期は過ぎようとしていた。

その後、フランス軍がスペインやロシアの戦場で負け始めると、彼のやることはすべてうまく行かなくなった。勝利こそ、彼の権力の基盤なのだから。

　一八一二年、ロシア遠征は失敗し、その退却戦で兵力の大半を失う。繰り上げ徴兵《ちょうへい》で戦力を再整備したものの、もはやナポレオンを彩る勝利の輝きは失せていた。同盟国の大半は離反していた。さらに敵は、ナポレオン戦術を徹底的に研究した。一八一三年、ライプツィヒの戦いで、対仏同盟軍は数的有利を確実なものにしてからナポレオンの主力部隊に襲いかかり、それを包囲殲滅した。なすすべもなくフランスへ落ち延びたナポレオンは、いくつかの小さな勝利を挙げたものの、部下からも国民からも見放されて退位を強いられ、

復古王政期に流布された、ナポレオンの野心が積み上げた戦死者の遺骸で形作ったという彼の横顔。軍服は彼が転戦して血の海を広げたドイツの地図で、帽子は彼の軍隊を撃滅したオーストリアとロシアの軍旗に描かれている黒い鷲、肩章は彼の野望を打ち砕いた正義の手として描かれている。似た画面構成の絵として、近世の画家アルチンボルドの作品や歌川国芳『みかけハこハゐがとんだいゝ人だ』があるが、それらと違って不快さが前面に出ており、面白味は一切無い。

ナポレオンの限度を知らない野心を揶揄する、1808年のイギリスの風刺画。ナポレオンが蜘蛛、欧州各国が蝿として描かれ、今まさにスペインが食べられようとしている。

変装してエルバ島へと落ち延びた。

ただし、かのナポレオンが、エルバ島での蟄居に満足できるはずもない。ウィーン会議では列強間の対立が一触即発で、国内では復古王政の時代錯誤ぶりが国民の不評を買っているとあっては、誰もナポレオンを鎮めることなどできはしない。詫びを入れればハプスブルク家との和解も可能だろうし、ウィーン会議では国際対立の調停者として受け入れられる余地もあるという甘い認識が、彼を島からの脱出に駆り立てた。そうして始まった百日天下は、ワーテルローの戦場で虚しい夢と潰えた。敗残の彼は二度目の退位を強いられ、二度と戻ってこられないように、南大西洋の孤島セント・ヘレナに流されて幽閉される。しかし、それで終わりではない。

セント・ヘレナ島のロングウッド館。ナポレオンの仮住まい。

その死の２か月前、セント・ヘレナ島でいまだナポレオンの眼光は衰えず。

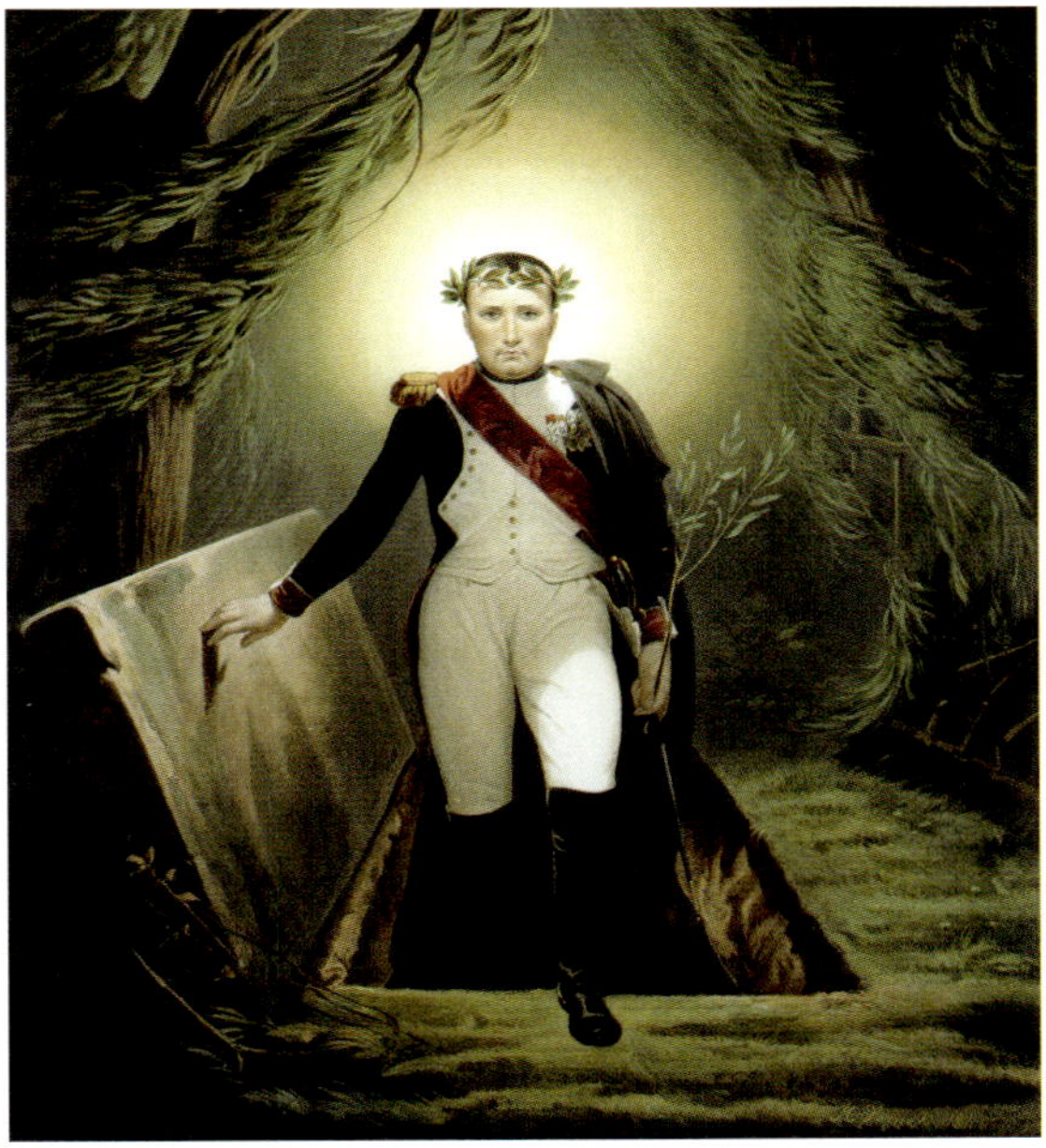
勝利者として月桂冠をかぶり、再生を象徴するオリーブの小枝を手にして、今や栄光の伝説を体現するナポレオンが墓から甦る。

指揮する軍隊のすべてを失い、孤島に閉じ込められたナポレオンは、その不遇に屈しなかった。彼の戦いは記憶を場として続く。ペンが剣より強いことを示そうというのだ。そして、多分に創作を交えつつ、回想録の口述を開始する。たとえば、エジプトで落馬したのをごまかすために「四千年の歴史が諸君を見下ろしている」と語り、兵卒の士気を鼓舞したという逸話は、彼がセント・ヘレナで語るまでどこにも出ていない。作り話で補強しつつナポレオン英雄伝説を創出し、生涯から失われた輝きを取り戻し、それを永遠のものとする。それこそ、彼が残されたリソースのすべてを投じて戦い続けた理由であった。彼に勝算があったかどうかはわからない。しかし、彼はその戦いに勝利した。

今もアンヴァリッドの彼の墓所に集う多くの人々は、そしてパリ・シャンゼリゼ大通りに屹立するエトワール凱旋門《がいせんもん》に刻まれたナポレオンの数々の戦勝は、ナポレオンと呼ばれるブランデーとサクランボと苺のミルフィーユは、彼が育んだナポレオン伝説の力強さと生命力を我々の目前に具現するものである。ナポレオンは死んだが、ナポレオンは生きている。では、彼の成し遂げたことの一端を、わかりやすく紹介していこう。

ブリエンヌ陸軍幼年学校恒例の雪合戦で、ナポレオンが指揮官として勝利したのは事実である。ただ、世に伝えられるその英雄譚は、当時の親友ブゥリエンヌの回想によって過分に脚色されたものである。

1769

フランス領コルシカ島アジャクシオにて、ナポレオン・ボナパルト（ナポレオーネ・ブオナパルテ）誕生。

1779

フランス本土のブリエンヌ陸軍幼年学校に、コルシカ貴族子弟の特別枠で入学。

1784

パリに上京して陸軍士官学校に進学する。

1789

フランス革命勃発

1792

フランス第一共和政発足

ナポレオンはフランス陸軍士官でありながら、一時帰郷してコルシカ独立運動に身を投じ、フランスと戦う。

パリで8月10日の革命を目撃し、革命勢力の残虐行為を嫌悪する。

1793

コルシカ独立運動の内部抗争で、主流のパオリ派に敗れたブオナパルテ家は島からの脱出を強いられる。フランスの敵であるパオリ派との対立で、独立運動に加担した事実はうやむやにされた。

ナポレオンはトゥーロン軍港奪還戦で巧みに野砲を運用し、敵の撃退に貢献して准将に昇進するが、後が続かず、すぐに世間から忘れられる。

1794

テルミドール事件

ナポレオンはオーギュスタン・ロベスピエールとの交友関係からロベスピエール派と疑われ、逮捕されるが、嫌疑不十分で釈放される。

1795

パリでヴァンデミエールの王党派反乱が起きる。政界の実力者バラスは、トゥーロンで活躍した砲兵士官がパリで待機を命じられているのを思い出し、ナポレオンに鎮圧を命じる。彼は仮借のない砲撃で総裁政府を救い、一躍有名人になる。

バラスから社交界の名花ジョゼフィーヌを紹介され、ナポレオンが一方的に熱を上げる。

ヴァンデミエール将軍の誕生。サン＝ロック教会の門前で、ナポレオンの対人用散弾（ぶどう弾）が王党派をなぎ払う。

1796

ナポレオンはジョゼフィーヌを口説きに口説いて結婚する。バツイチで二人の子連れの姉さん女房、しかも総裁バラスの愛人のおさがりとあって、家族一同は猛反発する。

第一次イタリア遠征

ナポレオンはイタリア方面軍司令官に任命され、出陣し、ロディやアルコレで勝利を収める。

第一次イタリア遠征中、ナポレオンは愛妻ジョゼフィーヌをイタリアに呼んだ。手違いで、夫人の馬車はガルダ湖に浮かぶオーストリア水軍の艦艇から手荒な「歓迎」を受けるはめに。

1798

エジプト遠征

ナポレオンはタレランの勧めもあって、東方派遣軍を率いてオスマン帝国領のエジプトに上陸するが、艦隊を撃滅され、エジプトに封じ込められる。

エジプトに遠征中のナポレオンに助けを求める祖国フランスの寓意画。

1799

第二次対仏同盟の反撃で、フランス共和国は崩壊の危機に

ナポレオンはエジプトを脱出し、フランス本土に帰還。世論は彼を救世主としてもてはやす。

ナポレオンはタレランやシエイエスら政界の大物から協力を得てブリュメールのクーデタで実権を掌握する。統領政府を開き、第一統領として最高権力者となる。

ブリュメール19日。サン＝クルー宮に移動した五百人会で、反対派議員に詰め寄られるナポレオン。

1800
第二次イタリア遠征

ナポレオンは自ら軍を率いてアルプス越えを成功させ、マレンゴの戦いなどイタリア各地でハプスブルク軍を撃破し、勝利する。

パリにナポレオンがマレンゴで戦死したとの虚報が伝えられて動揺が広がるが、フランス軍は勝利を収め、戦死したのはドゥゼ将軍とすぐに判明する。

1801

教皇庁との和解交渉が成功しコンコルダが締結されるが、未公表に留められる。

1802
ヨーロッパの全面和平とフランス社会の安定化

ナポレオンの大勝利でイギリスも講和条約調印に応じ、ヨーロッパで全面和平が達成される。亡命した貴族や聖職者がフランスに続々と帰国を果たす。

コンコルダを中心とする公認宗教体制が施行され、宗教的自由が保障される。

憲法改正により、ナポレオンは任期の無い終身統領となる。

1803

イギリスと再び開戦し、全面和平が崩れる。

1804 前半

ナポレオンの命令で、亡命貴族のアンギャン公が謀殺される。

フランス民法典を公布する。

ナポレオンは、フリゲート艦ミュイロンでエジプトを脱出し故国へと向かう。その先は、まだ誰にも分からない。

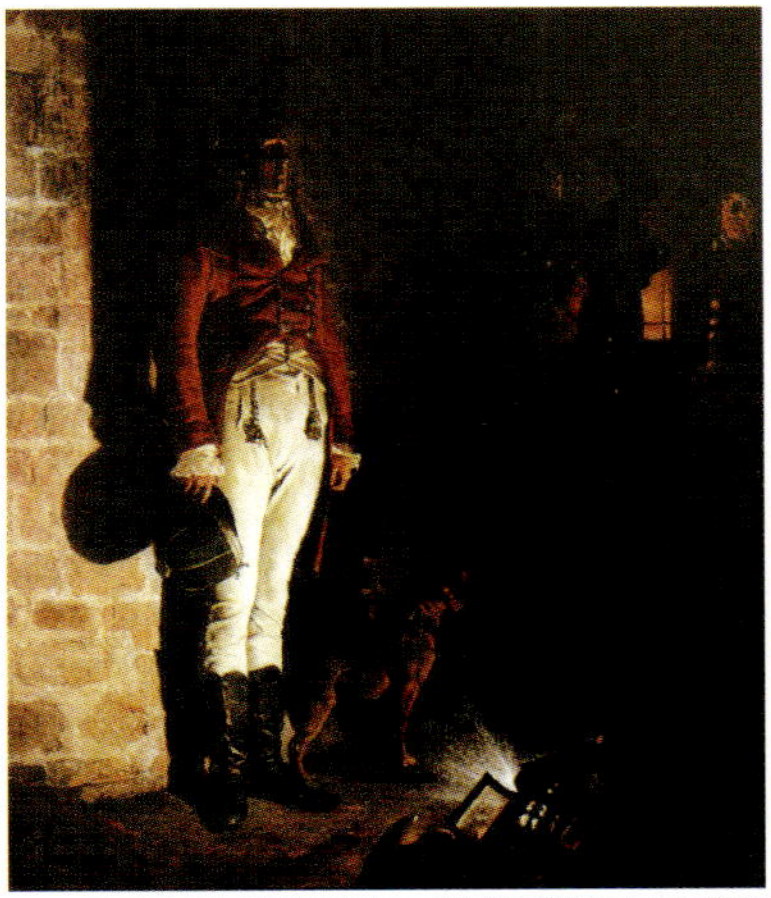

アンギャン公の謀殺
ナポレオンは、ブルボン朝の王族で名門コンデ家を継ぐ立場にあった亡命貴族のアンギャン公にあらぬ疑いをかけ、国外から拉致し、ヴァンセンヌ城の地下牢で殺害した。ナポレオンは王族殺しの「弑逆者」の列に連なったのである。政権内にも多かった王党派を中心に、そうしてルイ16世処刑に賛成した国民公会議員に準ずる立場に立った彼を非難する者は少なくない。しかし、当時の世論は逆にこの事件を歓迎したという。君主政への傾斜を強めるナポレオンが革命の成果を捨て、ブルボン家と和解し、王政復古を果たすことが恐れられていた。国民は、アンギャン公謀殺で和解によるブルボン家の復活という選択肢が無くなったことに安心したのである。

聖別式を祝う奉納品の列が、帝国の顕官や淑女の前を進む。式場を見下ろす位置にある席には、あまり「お行儀の良くない」人々が座っていた。お喋り好きな中年女性達が、身を乗り出したり、指さしたりしている。有名なダヴィッドの絵では、式に列席しなかった母レティツィアが描かれていた場所には、彼女はいない。

現在では焼失しているテュイルリ宮の玄関から、皇帝聖別式へと向かうナポレオン。

ダヴィッドによる『聖別式』のための下絵
自己戴冠の瞬間を描いているが、間抜けに見えるとの理由で却下された。また、教皇ピウス７世の憔悴ぶりも、画家の目によってずっとリアルに写し取られている。実際の画面では、皇帝が皇后に戴冠する場面が描かれた。

聖別式の装束を着た皇后ジョゼフィーヌ（ジェラール画）。

ナポレオンの自己戴冠を描いた版画。

1804
フランス帝国発足

教皇ピウス7世の司式する聖別式で、
ナポレオンはフランス皇帝の冠を受ける。

ダヴィッドの傑作『ナポレオンの聖別式』。

1805

ナポレオンはスペインを出撃した支援艦隊の到着を待たず、イギリス上陸作戦の宿営地ブローニュに集結した「大陸軍」をハプスブルク帝国との戦いに振り向け、アウステルリッツで大勝する。フランスとスペインの連合艦隊は、上陸作戦支援のために英仏海峡をめざす途上、トラファルガーでネルソンのイギリス艦隊に撃滅される。

1806

ナポレオンはフランスの保護下にライン連邦を組織し、西部ドイツをハプスブルク家とプロイセンの影響力から切り離す。これによって神聖ローマ帝国は有名無実化し、ハプスブルク家はその帝国をオーストリア帝国に再編することを強いられる。

ライン連邦の盟主ナポレオン。

ナポレオンの大陸軍はプロイセンをイエナ = アウエルシュタットの戦いで撃破し、ベルリンを占領。

ナポレオンはベルリン勅令を発し、大陸封鎖の開始を宣言する。

1808

ナポレオンは兄ジョゼフを無理やりスペイン王にするが、スペイン民衆の怒りは凄まじく、フランス軍はイベリア半島で激しいゲリラ攻撃にさらされる。

1809
ナポレオンの絶頂期は過ぎゆく

ハプスブルク家はカール大公を中心に再びナポレオンに挑む。アスペルン・エスリンクの戦いで勝利するが、その後のヴァグラムの戦いでカール大公がナポレオンに惨敗し、屈服させられる。

教皇国家のフランス帝国への併合を宣言したナポレオンを、教皇ピウス7世は破門する。教皇はフランス官憲の手で幽閉される。

半島戦争（サラゴサの陥落）：蜂起したスペインでは、男も、女も、子供も、そして修道士までも、武器を取ってフランス兵に立ち向かった。

せっかちなナポレオンは新婦マリ＝ルイーズをパリで待っていられず、一刻も早く会いたいと自ら出向き、クルセルの路上で見つけた大公女の馬車に押し入り、電撃的に彼女を出迎えた。

1810

ナポレオンは皇后ジョゼフィーヌとの結婚無効を確定させ、ハプスブルク家のマリ＝ルイーズ大公女と結婚する。

1811

新皇后が待望の帝位継承者（ナポレオン2世）を産む。

1812

大陸封鎖を守らないロシアを懲罰するため、多数の同盟軍を含む大軍を率いて攻め込むものの、ロシアは焦土作戦を展開して屈しない。しかしモスクワ川（ボロヂノ）の戦いに勝利し、モスクワ攻略に成功したが、冬将軍の到来で撤退を強いられ、コサック騎兵の追撃とロシア農民のゲリラ攻撃、ベレジナ川の渡河で多くの将兵を失う。

反体制派のマレ将軍が医療刑務所に相当する療養施設を脱出し、ナポレオンがロシアで死亡して新政府が発足とのデマを流布し、クーデタを画策するも失敗。

1813

ナポレオンは大半の同盟国に離反され、ライプツィヒの戦いで決定的な敗北を喫する。

ナポレオンとマリ＝ルイーズの息子、ナポレオン＝フランソワ＝シャルル＝ジョゼフ・ボナパルト。中世ドイツ帝国の帝位継承者は、まずローマ王の地位を与えられたことを模範とし、ナポレオンは我が子が生まれるとすぐに「ローマ王」の称号を授けた。権力の世襲への強い思い入れが、ナポレオンの鋭敏な政治センスを狂わせていく。

ナポレオンはクルセルの路上で初対面を済ませたものの、フランス皇帝とオーストリア大公女の面会がそれで済むはずもない。コンピエーニュで、儀式としての体裁を整えた面会の場が設けられた。しれっとした花婿と、花嫁の困ったような様子の対比が印象的である。

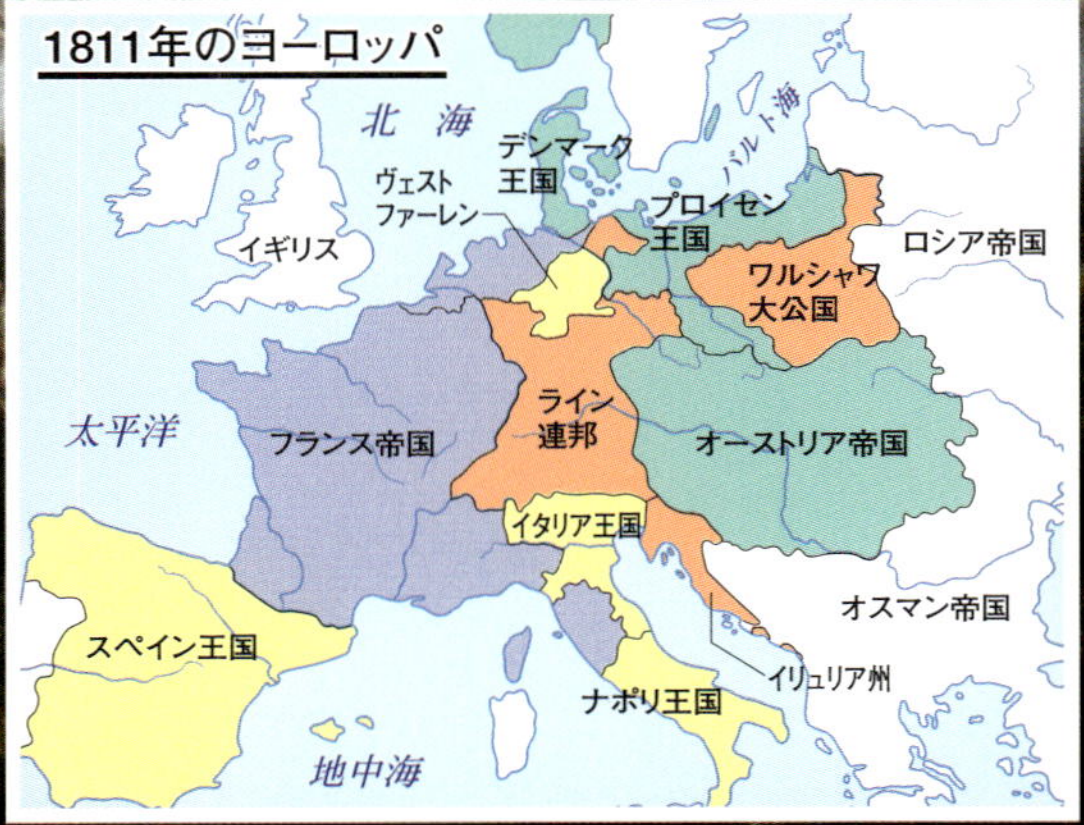

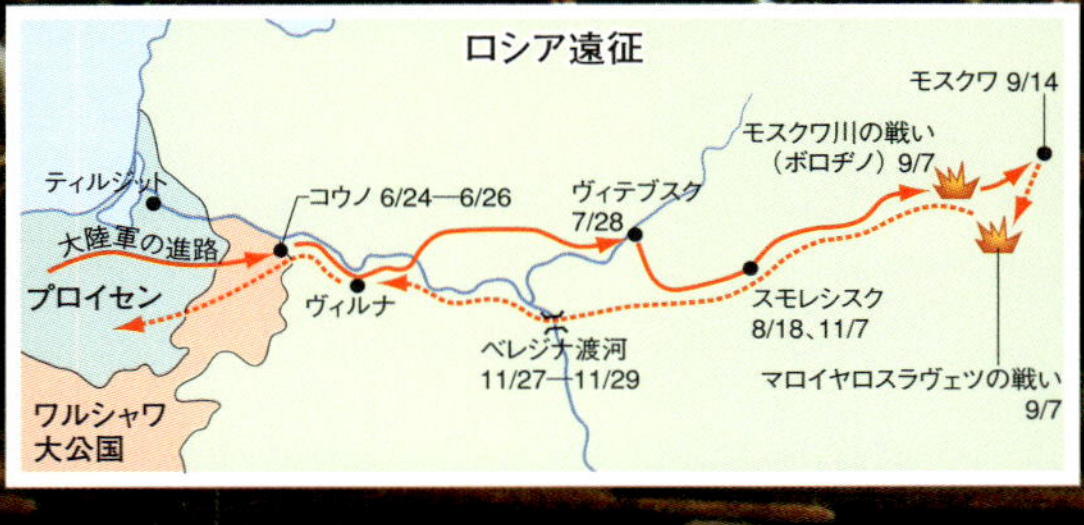

モスクワ川の戦い（ボロヂノの戦い）で、遠景の小高い丘に築かれ、ロシア軍主力陣地だった大角面堡が騎兵突撃によって陥落し、戦いは終幕を迎える。

1814
フランス戦役と第一次王政復古

対仏同盟軍がフランスに攻め込み、ナポレオンの反撃も部分的に成功したものの、パリが陥落する。

ナポレオンはタレラン率いる臨時政府の要求に屈し、退位に応じる。

皇后マリ＝ルイーズと息子の身柄はハプスブルク家に引き渡される。

イギリス軍に護衛されたブルボン王家がパリに帰還し、国王ルイ18世として王政復古を宣言する。

ウィーン会議の決定で、ナポレオンはエルバ島の君主の地位を与えられる。

パリにやって来たロシア皇帝アレクサンドル1世と、淡いロマンスもあったジョゼフィーヌだが、二人で散歩中に雨に打たれて熱を出し、マルメゾン宮で死去。

1815
百日天下と第二次王政復古

ナポレオンはエルバ島を密かに脱出してフランスに上陸し、パリに歓呼をもって迎えられる。ウィーン会議の諸国は利害対立を棚上げし、軍を緊急召集して戦いに備える。

ナポレオンは決戦を求め、主力部隊を率いて北上するが、ワーテルローで惨敗する。フーシェ率いる臨時政府の要求に屈し、二度目の退位に応じる。

ウィーン会議はナポレオンを南大西洋の孤島セント・ヘレナで流刑に処す。彼は回想録の口述によって戦いを続行し、後世に向けて自らの伝説を仕上げた。

フランス北東部で、本土に侵攻した敵軍を迎撃するために転戦するナポレオン。後ろにはベルチエとネの両元帥が控える。春のベルギー方面は雨が多く、それによって戦場の大地は泥沼と化し、1814年も、翌1815年も、そして第一次世界大戦でも、フランス軍を悩ませた。

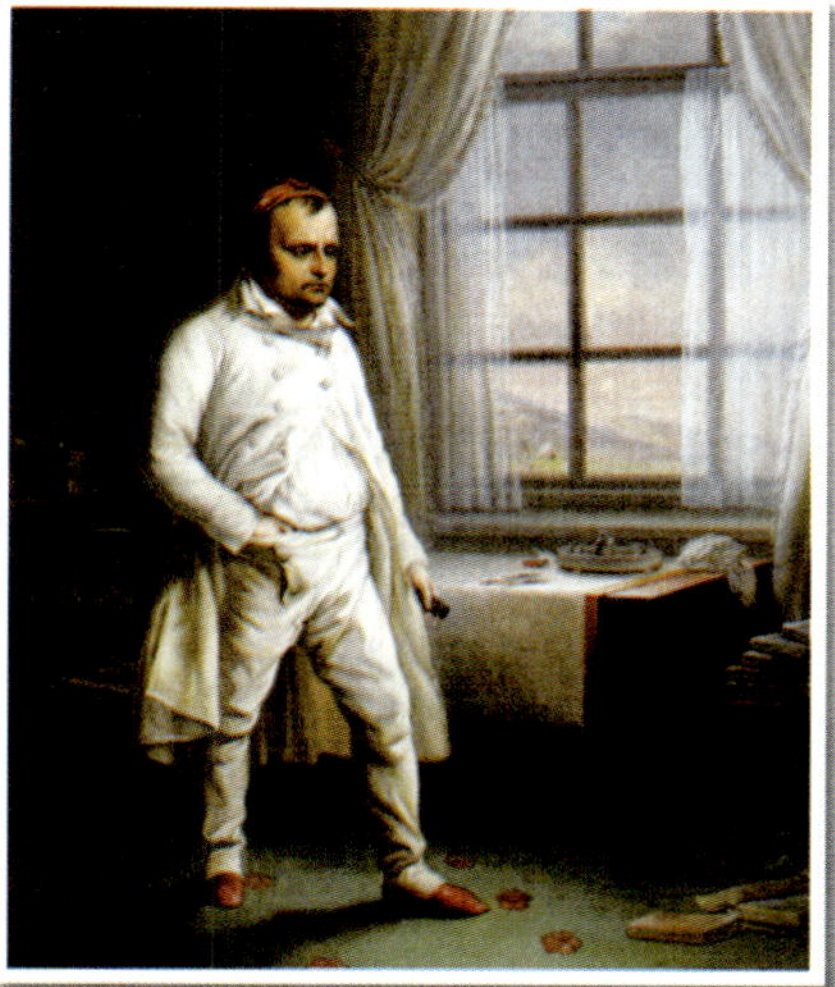

流刑先のセント・ヘレナ島で病むナポレオン。

1814年春、勝利した列強の君主達は、パリに入城してパレードを行う。

1821

セント・ヘレナ島でナポレオンが死去。死因は胃潰瘍とされる。没後、徐々にその悪評は薄らぎ、称賛の声が高まり始める。

蒸気船に乗せられたナポレオンの棺は、凱旋門に見立てた装飾を施されたルアン市の吊り橋をくぐって、セーヌ川をさかのぼる。川岸にはルアン市当局や儀仗兵、祝福を与える聖職者が居並び、野次馬も多数集まっている。

セント・ヘレナ島のナポレオン埋葬地。墓碑銘にフランス皇帝と刻むことを望んだ側近らは、それを拒むイギリス側と対立し、結果的に無銘の石板が据え置かれるに留められた。

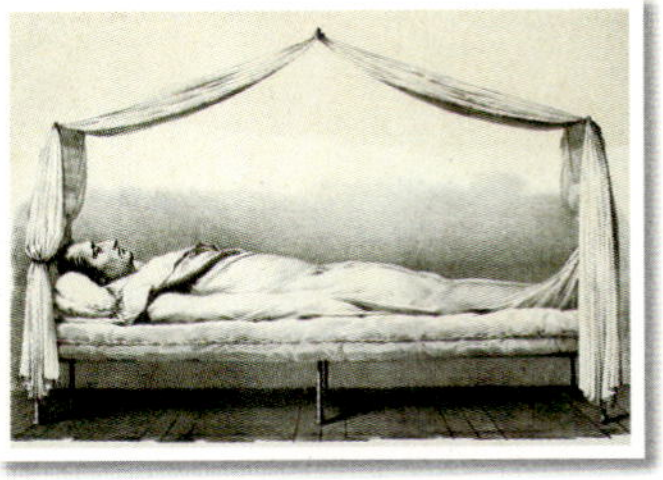

没後間もなく、アウステルリッツで用いた野戦ベッドに安置されたナポレオン。

1822

流刑地に同行し、島で語り下ろしをノートに記したラス・カーズ、フランスで『セント・ヘレナ回想録』を出版する。

1840

国王ルイ＝フィリップは、『セント・ヘレナ回想録』の出版で高まったナポレオン人気に目をつけ、ナポレオンの遺骸をセント・ヘレナからパリのアンヴァリッドへ改葬させる。

1940

フランスに勝利したドイツの独裁者ヒトラーが、ナポレオン2世の遺骸をウィーンからパリのアンヴァリッドに改葬させる。

アンヴァリッドの遠景。

アンヴァリッドの栄誉の中庭までナポレオンの棺を運んできた将兵が、墓所に安置するために聖職者へ棺を引き渡す。2015年11月27日には、ここでパリ同時多発テロの追悼式典も行われた。

ナポレオンの棺を乗せた巨大な装飾馬車が、儀仗兵の列が並び、軍楽隊が音楽を奏でるシャンゼリゼを進む。後方には1836年に完成したばかりの凱旋門がぼんやりと見える。門の屋上には像が設置されているようで、今日の姿とは異なる。

セント・ヘレナの港で、ナポレオンの棺が軍艦ベル・プルに積み込まれ、故国へ旅立つ。

序章

ナポレオンを語るということ

王妃マリ＝アントワネットの威光が一部の男性に及んでいないため、日本において最も知名度の高いフランス人がナポレオンであるのは動かしがたい。だが、それは人々が彼の生涯に通じているというよりも、むしろブランデーの等級であったり、ケーキの名前であったり、サクランボの品種であったりする。そのため、彼が何者であって、何をした人物であって、フランスの歴史においてどう位置づけられているか、具体的に知っている人となると日本では稀《まれ》である。これはフランスにおいて、ナポレオンが周知の人物であることとはまるで逆と言える。

ナポレオンの偉業とは

では、ここでまず、ナポレオンの代表的な偉業を挙げることにしよう。偉人伝に書かれている彼の生涯とは、片田舎でイタリア語圏に位置するコルシカ島で、貧しい貴族の家柄に生まれたものの、本人の努力で小柄な体格や不得手なフランス語という不利を克服して立身出世を果たし、皇帝にまで上り詰めた栄達《えいたつ》の軌跡である。軍人としては、革新的な戦法で列強の大軍を次々と撃破《げきは》し、フランスに不滅の軍事的栄光をもたらした常勝将軍であった。

さらに革命の成果を広く周辺諸国にもたらして絶対主義と身分制の旧弊《きゅうへい》を打破し、西ヨーロッパの大半を覆《おお》う大帝国を建設して新しい時代を拓いた征服者でもあった。政治家としては、フランス革命の成果を継承して制度化し、革命による国内の混乱と対立抗争を沈静化させ、国家元首として県知事制度や通貨制度を整えてフランス社会に安定と繁栄をもたらした。民法典を編纂《へんさん》させ、世界の模範となる近代司法制度の基盤整備を行い、絶対王政の人治から近代的な法治への移行を達成した立法者であった。

そして、これらの業績は、いずれもナポレオン自身と彼の築いた帝国の存在なくしては実現されなかった。彼の成し遂げた数多くの仕事によって、フランスだけでなくヨーロッパ全域に、その後の時代に及ぶ大きな影響が広くもたらされている現実を前にすれば、彼なくしても今の世の中の姿は変わらなかったとするのは難しい。この世界は、ナポレオンの出現によって不可逆的な変化を遂げた。そしてナポレオンを語ることは、多くの場合、その偉業を讃《たた》えることであった。あるいは、ナポレオンを批判することも、光明の陰に隠された彼の暗い側面を暴くことに過ぎなかった。讃えるにせよ腐《くさ》すにせよ、語り手はナポレオンという同じ現象《フェノメノン》に取り込まれ、その束縛を逃れて物語を紡ぐことは不可能に近かった。

だが今日、偉人伝的な政治史の喜びに身を任すことが許される時代は過ぎ去ってしまった。フランス革命を例とすれば、その起源や結果について個人の責任が革命の同時代から語られており、ルイ一六世の性格やフリーメイソンの陰謀《いんぼう》、フィリップ平等公の玉座への野心、マリ＝アントワネットの贅沢がやり玉にあげられてきた。

しかし、歴史研究が進展するにつれ、革命という現象《フェノメノン》は社会全体を巻き込んで発生する巨大な「渦」のような存在であり、個人や少数のグループの力ではその行方を左右することも難しいことが明らかになった。そのため、ルイ一六世やロベスピエールに言及しないでフランス革命を論じることは可能である。しかし、歴史上の巨人ナポレオンを無視して言及しないナポレオン体制史は、今なおありえない。革命と違ってナポレオン体制については、ナポレオンがいてもいなくても、あるいは彼の選択が史実と違っていても、歴史の結果には有意の違いはないと考えたり、そのような視点から彼の存在を無視してその時代を語ったりすることは、まったく説得力に欠ける。それは、ナポレオン自身が数々の栄光に彩られた伝説的存在であり、フランス社会に永続的に影響を与え続ける不滅の現象《フェノメノン》を具現する存在だからである。少なくとも、二〇世紀中葉、その限界に挑む先駆的な歴史家達がフランスで擡頭するまで、それを疑う者はいなかった。

フランスにおける歴史研究の革新・アナール派の擡頭

しかし、フランスの若き歴史家達は、ナポレオン史に代表される偉人伝的な歴史研究に不満と疑問を抱き、革新を志した。彼らは『社会経済史年報』、通称アナールに結集し、社会史の理論を掲げて歴史学の刷新に着手した。アナール派はその過程で偉人伝的な伝統的政治史を全面的に批判し、長期的持続などの研究手法によって歴史上の個人に依拠しない歴史の創出を志した。

彼らの視線の先にあった攻略対象には、ナポレオンも含まれていた。社会史は新しい歴史学の理論として学界を席巻し、多くの新たな知見をもたらし、とくにフランス革命史研究では革命像を全面的に刷新するという大きな貢献を果たした。ただし、時代から置き去りにされ、過去の残滓として葬り去られたのが、彼らによって古臭いとされた政治史の手法を避けようもないナポレオン体制の歴史であった。政治史研究全般が停滞するなかで、ナポレオンを研究する歴史家がほとんどいない冬の時代が続いたのである。

「新しい政治史」の擡頭

しかし、変化の胎動は先の世紀転換期に現れた。社会史の貢献を取り入れて生まれた、新しい政治史の擡頭である。その出現は、ナポレオン研究にも変化をもたらした。一九九九年のブリュメールのクーデタ二百周年に始まり、ナポレオンの事績の二百周年を記念する年が次々と訪れるなか、それと軌を一にして社会史からの影響を取り込んだ新しいナポレオン体制史研究が始まった。その結果、ナポレオンの歴史的位置づけも大きく変わりつつある。この本では、最新の研究の成果を取り入れつつ、日本ではまだ知られていない、新しいナポレオン像について語っていこう。

第1章

ナポレオンの人物像

ナポレオーネ・ブオナパルテの誕生

ナポレオンが生まれたコルシカ島は、彼が生まれる直前にフランス王国へ併合されるまでは、イタリア本土に位置する都市国家ジェノヴァ共和国の領土であった。当時、島の住民によって日常的に話されている言葉は、当然イタリア語であった。そのため、彼はフランスで社会的地位が上昇し、権力者への道が開かれてフランス風に改名するまで、親からもらったジェノヴァ風の姓名、つまりナポレオーネ・ブオナパルテと名乗っていた。

彼の故郷であるこの地中海に浮かぶ島は、当時のヨーロッパの文化的な中心地から遠く離れた辺境であった。それゆえ、彼が幼少期に、先進的な啓蒙《けいもう》思想や、それによる宗教に対する懐疑《かいぎ》論《ろん》の影響を受けたとは思われない。むしろ、彼が育ったのは強固なカトリック的地縁血縁共同体《ちえんけつえんきょうどうたい》のなかである。そこで親族や地域住民の取り結ぶ濃密な人間関係に組み込まれ、その日常生活は信仰と共にあったと思われる。

ナポレオーネの父、カルロ・ブオナパルテ。

女手一つでナポレオーネを育てた母レティツィアの躾は厳しかった。

その証拠の一つが彼の誕生日であり、それは一七六九年八月一五日とされている。ところが、本当にその日の生まれかどうかは確実ではない。なぜなら、八月一五日はカトリックの最重要祝日の一つ、聖母被昇天祭《せいぼひしょうてんさい》の日だからである。これは亡くなった聖母マリアが神によって天国へ引き上げられたことを記念する、まことにめでたい祝日である。同時に、マリア崇拝を廃したプロテスタントに対抗して祝われる、非常にカトリック的な祭であった。

ナポレオンの誕生日が別の日だったのではないかと疑われるのは、当時のカトリック圏の慣行では、有力な聖人の加護《かご》を願って教会に届け出る誕生日をその聖人の祝日に合わせることは、決して珍しいことではなかったからである。彼の両親が聖母の加護を我が子に願い、数日の違いで生まれた息子の誕生の届出をずらし、主任司祭には八月一五日だとして届け出ていたとしても、決しておかしな話ではなかった。司祭は聖人の加護を願った親の判断を賞賛するのが常であったとされる。

ただ、彼に授けられたナポレオーネという名は、誕生日とは違い、宗教性は希薄である。聖ヨゼフにちなんで名付けられた彼の兄ジュゼッペ（ジョゼフ）のような、高名な守護聖人の加護を期待したものではなかった。ただし、この名前は、中世以来、ジェノヴァ共和国の男子ではよくある名前であった。兄弟が

ナポレオンの生家（コルシカ島アジャクシオ）。

一〇人もいる家庭ならその一人はナポレオーネという頻度であった。ところがフランスでは、彼が一世《いっせい》を風靡《ふうび》するまでナポレオンという名前は聞き慣れないものであった。そのため反ナポレオン派からは、独特で魅惑的なナポレオンという名前は捏造《ねつぞう》で、彼の本当の名前は凡庸《ぼんよう》なニコラだという揶揄《やゆ》が投げかけられることもあった。

聖ナポレオン祭

自らを恃むナポレオン

のちにナポレオンが皇帝となって権力と社会的地位が強化され、同時に教皇との関係が緊張をはらむようになると、ナポレオンの自らの生まれに関する考えは変わっていく。出世の階段を飛ぶように駆け上がった彼の人生は、今日の我々から見ても、聖母の超自然的な加護があってのものと思いたくなるような半神ぶりである。にもかかわらず皇帝ナポレオンは、聖母被昇天祭に生まれ、聖母の加護で成功したと見られることに、居心地の悪さを感じるようになる。そこで彼は、部下に命じて古い年代記を渉猟《しょうりょう》させた。狙いは、カトリックの伝統と教皇権《きょうこうけん》の支配下にはない、自分だけの守護聖人を「発見」させることである。そこで見つかったのが、きわめて根拠があやふやで実在さえ疑われる「聖ナポレオン」という聖人であった。しかし皇帝はためらうことなく、一八〇六年二月に「聖ナポレオン」の祝日を八月一五日と定めた。さらに帝国の領内では、その日に毎年麗々《れいれい》しく聖ナポレオン祭を挙行するように命じ、聖俗の有力者がそれに動員された。その反面、聖母被昇天祭は国家権力によって抑圧され、昔から恒例だったマリアの行列を含む伝統的な八月一五日の祭礼は私的な祝祭に格下げされ、屋外での大規模で公的な挙行が困難になった。

実は絶対王政期のフランスでも、聖母被昇天祭の当日に、時の政府にとって重要な別の祝祭が行われていた。ナポレオン帝政と違ってブルボン朝は、マリアの祝祭を抑圧こそしなかったが、同じ日に歴代国王は最大級の荘厳さで、麗々しく別の祝日を奉祝していた。それが「ルイ一三世の祈願」の祝日であった。これは齢を重ねても世継ぎに恵まれなかった国王ルイ一三世が、息子をお授け下さいと神に祈願したところ、見事に王妃が懐妊したという幸福に感謝するために創始された祭である。祝祭そのものは出産前に始められたが、王の願いを神は確実に聞きとどけていた。そのすぐ後に誕生した男子こそ、のちのルイ一四世である。そのような経緯を背景に創始さ

聖母に王国を象徴する王冠と王笏を捧げ、その加護を祈願するルイ13世。

れたこの祝日の実体は、王太子誕生を喜ぶためのものではない。神が王太子をフランスに授けたのは、ブルボン朝の家父長制世襲原理と男系による王座継承を認めたからであり、フランス王国とブルボン朝は神の加護を受けていると喧伝《けんでん》するのが真の狙いである。つまり、国王が支配の正当性を強調するための政治的祝祭であった。

フランスにおける八月一五日の多義性

以上のような経緯から、ナポレオン以降、近代フランスの政治において、八月一五日は、どの祭礼が挙行されるか、誰がどれに列席するかによって、各人の政治的立場が鮮明になる特異日となった。

まず、革命の原理と両立しない「ルイ一三世の祈願」の祝日は、革命によって廃止され、のちに王政復古によって復活させられた。それ以後、これはブルボン家による王政を支持する正統王朝派のための祝祭という性格を濃厚にする。

次に、聖母被昇天祭は革命期に恐怖政治と脱キリスト教化運動のなかで迫害の対象となり、実施が不可能になった。一八〇二年に公認宗教体制が発足すると街路を麗々しく進むマリアの行列も再興されるが、それも短く終わる。聖ナポレオン祭が祝われるようになった一八〇六年からは、基本的に私的な祭として教会堂内に押し込められた。それに対する反発に加え、宗教的多元性を保障する皇帝ナポレオンの宗教政策も、保守的な考えのカトリック信徒には理解しがたいものであった。

さらに一八〇九年以後は、ピウス七世の皇帝破門に教皇の幽閉《ゆうへい》で応じたナポレオンに憤る者が増えた。その結果、何よりも教皇の地位と権威を重んじるユルトラモンタニスムが、教皇支持・皇帝反対の動きを支える宗教的基盤となってフランスに広く浸透した。教皇に対する各種の支援には聖職者だけでなく一般信徒も加わるようになり、その一環として聖ナポレオン祭が拒否された。彼らは教会に私的に集って聖母被昇天祭を祝い続けたり、あるいは公然とマリアの行列で教会堂の外へ繰り出したりすることで、自らの政治的宗教的信念を明らかにした。

のちに第二帝政期になると、いわゆる三色旗と十字架が対立する時代が始まり、聖母被昇天祭の役割も変化する。地域社会は、八月一五日に並行して開催される、市長が三色旗を押し立てて主宰する聖ナポレオン祭と、主任司祭が十字架の下で司式する聖母被昇天祭との間で、二つに引き裂かれることになる。

一八〇六年に皇帝の命で人為的に創造された聖ナポレオンの祝日であったが、これは第一帝政だけでは終熄せずに定着し、体制より長命を得ることになった。一八一四年四月に復古王政が成立すると、この祝日は廃止され、私的であっても奉祝することが禁止された。しかし聖ナポレオンの祝日は、陸軍内部のボナパルト派将兵によって密かに祝われ続けた。翌年六月のワーテルローにおける大敗で多くの信奉者が戦場で命を落とし、その数を大きく減らしたものの、その後も祭は地下に潜って存続する。

そしてオルレアン公家が権力を握った七月王政期になると、正統王朝派とカトリック教会に対抗する勢力を結集する視点から、時の政府によって奉祝が許容されるようになった。さらに国王ルイ＝フィリップの決断で一八四〇年にセント・ヘレナ島に埋葬されていたナポレオンの遺骸《なきがら》が移送され、没後のフランス帰国を果たすと、ナポレオンへの熱狂が高揚してよりいっそう情熱的に祝われるようになる。ナポレオン三世がクーデタで帝位を手にした第二帝政になると、国家と帝室にとって重要な公的祝日として祝われた。しかし、一八七〇年九月に第二帝政が普仏戦争《ふふつせんそう》で大敗して瓦解し、それ以後は聖ナポレオン祭もまた事実上消滅することになった。結果、今日のフランスで八月一五日に盛大に祝われているのは、敬虔《けいけん》なカトリック信徒を集める聖母被昇天祭だけである。ルイ一三世の祈願については、正統王朝派が政治勢力として消滅したことで祭の政治性が失われ、司祭の一部が聖母によるフランス国家への加護に感謝するための祝日として礼拝を存続させている。

ナポレオンの三時間睡眠伝説

伝説だと思われていた三時間睡眠

かつて、日本のコミックソングを代表する嘉門達夫によって、ナポレオンは一日三時間しか寝なかったという話が、まことしやかな伝説の一例としてお笑いのネタに取り上げられたことがある（「映画の窓パートⅢ」にて）。実は、ナポレオンの睡眠時間が三時間だったとされていることについては、日本だけでなくフランスでも、真偽のほどがはっきりしないと考えられてきた。機械のように正確にスケジュールを守ったとされるルイ一四世と異なり、ナポレオンはあらかじめ定められた日程をきっちり守るような人間ではなかった。そのため、信頼できる彼の行動記録を見つけるのは、古文書調査の専門家でもなければ困難だった。また、ナポレオンが何時間寝ていたかという疑問に答えることは、アカデミズム的な学問では専門性の埒外《らちがい》にある。わざわざ公文書館で雑多な記録を渉猟してまで、個人的な興味関心から、ナポレオンの睡眠時間を明らかにしようとする歴史家はなかなか現れなかった。

同時に、医学における睡眠の研究が進展しておらず、八時間以下の短時間睡眠でもとくに問題を感じない、いわゆるショートスリーパー（短眠者）が存在しているらしいことがわからず、なかなか研究の俎上《そじょう》に載せられなかった影響も大きい。しかし、現代にもナポレオン並みに睡眠三時間でも平気な人がいるらしいと、ショートスリーパーのことが話題になり始めた世紀転換期に、この歴史の謎に対し、一つの説得的な証拠が示された。

深夜、ヴァグラムの戦場で野営するナポレオン。何かに左足を乗せたお気に入りの姿勢で、腕組みをして休息している。幕僚達が心配そうに見守っているため、本人には横になって寝る気はないと見える。

ナポレオンのヴァンデ県御幸

二〇〇四年に、ヴァンデ県庁では第一帝政発足とヴァンデ県の主都移転がともに二百周年を迎えた事を祝って、『ナポレオンとヴァンデ』という企画展を開催した。そのメイン企画の一つが、一八〇八年八月七日から九日にかけて行われた、皇帝ナポレオンのヴァン

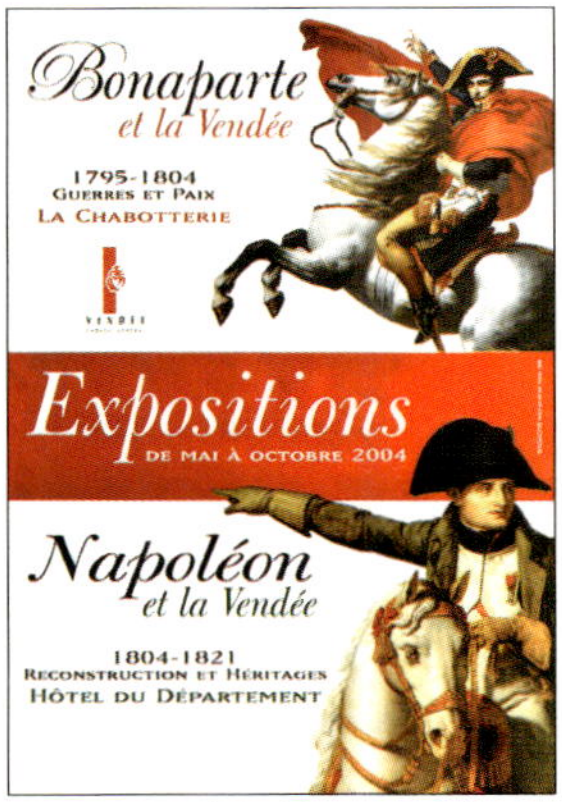

ヴァンデ県の主都移転200周年企画展の告知ポスター。

現在のラ・ロシュ=シュル=ヨン市中心街。

ナポレオンによる都市計画とヴァンデ県庁建設（地図上10番）を紹介する観光案内図。

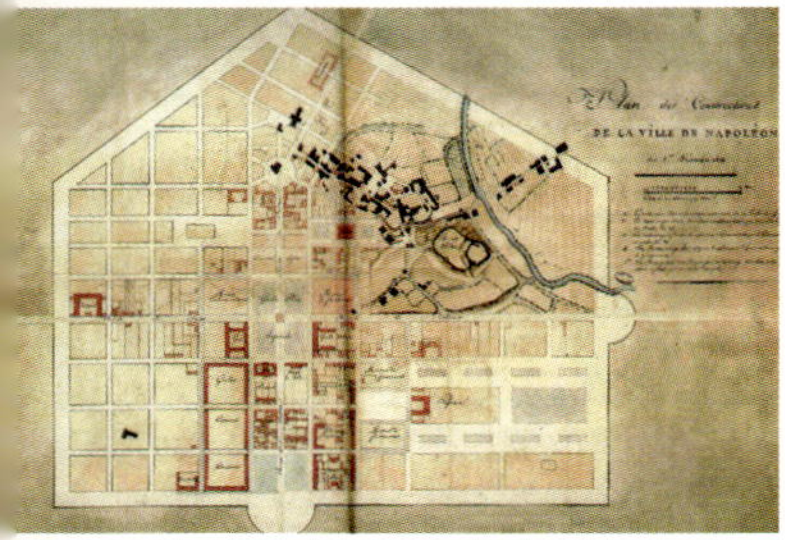

ヴァンデ県の新主都（現ラ・ロシュ=シュル=ヨン）はナポレオン市と命名された。

ナポレオンの副官デュロックは、皇帝が信頼する親友でもあった。

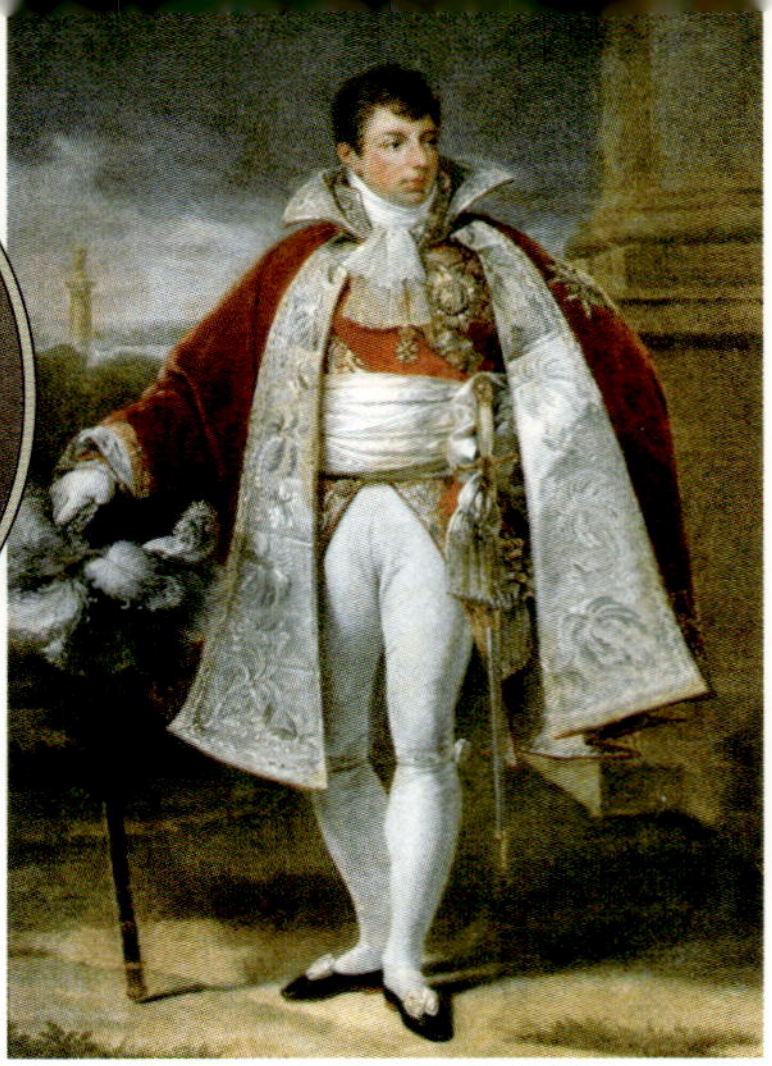

宮廷大元帥としてナポレオンの身近に控えていたデュロックは、ヴァンデ巡幸の折、スペインでジョゼフが危機に陥ったことを報告し、ナポレオンを激怒させた。

デ県巡幸の詳細な紹介であった。

　ヴァンデ県では、第一共和政期にカトリック王党軍が蜂起《ほうき》し、激しい反革命反乱が起き、その鎮圧戦《ちんあつせん》で多くの血が流された。しかし、ブリュメールのクーデタを契機としてカトリック王党軍は停戦に応じた。反乱の有力指導者の一人であったベルニエ師も、コンコルダ交渉に加わり、のちにオルレアン司教に叙任されて体制の指導層に迎えられた。ブリュメールのクーデタを境に、悲惨を極めたヴァンデ県内の情勢も沈静化していた。ナポレオンは、県の主都を県中央部の荒れ地に建設させた新都市ラ・ロシュ＝シュル＝ヨンへ移動させ、従来のしがらみを断ち、事態の刷新を図っていた。彼はその成果を自分の目で見るため、皇后ジョゼフィーヌや外務大臣タレラン、陸軍大臣ベルチエを引き連れ、西部フランス巡幸の一環としてヴァンデを訪れた。

　ここで注目されるのが、彼がヴァンデ県内ですごした二晩である。その第一夜を、皇帝は県の旧主都フォントネ＝ル＝コントですごした。八月七日一九時三〇分にヴァンデの県境を越えたナポレオンは、二一時にフォントネに到着し、市主催の歓迎式典によって迎えられた。二一時三〇分に、皇帝の宿舎として提供されたラヴァル氏の邸宅に一行は移動したが、機嫌が悪かった皇帝は軽い食事を取るだけに留め、市長が用意させた豪華な晩餐会は無視した。驚いた市長と市議会議員達は、市庁舎に席を移して善後策を練った。彼らは皇帝に謁見《えっけん》を申しいれた。

　無事、皇帝と皇后の居室に迎え入れられたのが二三時のことである。機嫌の直っていない皇帝に対して請願書が読み上げられたあと、皇后が少女達から花束を受け取ると、気配りの人であるジョゼフィーヌは少女の一人にピ

ナポレオンはヴァンデに平和をもたらし、鎮圧戦で荒れ果てた人心と住民の生活環境を立て直すように命じる。

創建時はナポレオン市と呼ばれた、ヴァンデ県の主都を建設したナポレオンを讃える銅像とその碑文。

ヴァンデ県の主都ラ・ロシュ＝シュル＝ヨンの風景。貧しい田舎の県だけに、大きな建物は教会堂しか見当たらない。

アノ演奏を求めた。深夜になってようやく皇帝夫妻は寝室に入った。そのすぐ後に問題が起きた。寝室で足湯を使っていたナポレオンは、側近のデュロックからスペインで兄のジョゼフが危機に陥っているという報告を受けると、感情を爆発させた。ファイアンス焼きの足湯鉢を蹴り飛ばして壊したという。ナポレオンはその後、翌八日午前三時三〇分にフォントネを出発し、次の町へ向かう。皇后ジョゼフィーヌは、フォントネでは二、三時間寝られただけであった。

宿駅や町に立ち寄りながら、皇帝の一行は北に向かい、交通の要衝キャトルシュマン＝ド＝ルワで東に進路を変え、県の新主都ラ・ロシュ＝シュル＝ヨンに到着したのが一〇時三〇分であった。市長と市議会議員達が皇帝を出迎え、口上を申し述べたあと、機嫌をよくしたナポレオンは馬上の人となり、自ら建設を命じた新しい県の主都を馬に乗って見て回った。それは自分の机上プランが現実化されている町の様子の視察であると同時に、その住民に自分の姿を見せるデモンストレーションともなった。その後、市中心部にあるグランドーベルジュに市の名士達を迎え、彼らの謁見を一五時に終える。続いて精力的に執務を開始し、ヴァンデ県の復興のために租税負担を免除する法令（デクレ）を起草した。そしてナポレオンは、一六時五〇分にグランドーベルジュを出発し、次の町へと向かう。

皇帝一行は西に進路を取ると、再びキャトルシュマン＝ド＝ルワを経て北に向かい、ヴァンデ県の最終訪問地モンテギュに着いたのが二一時三〇分のことである。過酷な行程と睡眠不足で体調を崩した皇后を見て、この町で飲まされた水で毒を盛られたのではないかと怖れたナポレオンは、すべての行事を拒んで居室に引きこもってしまう。

接待担当の郡長が、皇后に供されたカラフからコップに注いだ水を自ら飲んでみせて、ようやく皇帝は安心した。その後、質素ながらも心尽くしの料理が出され、夕食会が始ま

マルメゾン宮の庭でくつろぐ皇后ジョゼフィーヌ。

1808年ないし09年に描かれた、輝くように美しい皇后ジョゼフィーヌの肖像。皇后は息子ウジェーヌからの手紙を手に、その胸像に目線を送りながら、娘オルタンスを暗示するオルタンシア（紫陽花）の生けられた花瓶があるテーブル上の書物『マルメゾン宮の花』に手を添える。画家グロの傑作だが、夫ナポレオンを示す要素の欠如が暗示的である。

った。それに引き続いて市議会議員達の謁見が行われたが、そこで出された請願が教会の鐘楼に鐘が一つほしいというものだけだったため、その謙虚さに皇帝は驚いたという。この間、皇后は二階の別室で休んでいた。日付が変わる頃になると、ナポレオンは側近達に出発の用意を始めるようにそっと合図を送り、九日の午前一時にモンテギュを出発した。皇帝一行は午前二時に県境を越え、午前三時には西フランスの中心都市、ロワール＝アンフェリュール県の主都ナントに到着したのであった。

この行程を見ると、行幸中のナポレオンは深夜や早朝に突然出発を命じることが常態化しており、周囲は何事もなかったかのように迅速《じんそく》に対応している。側近の一部は皇帝に先行し、皇帝の到来を受け入れ側に伝えている。巡幸《じゅんこう》は過酷というより非常識な日程で進められていて、随行者は実質的に睡眠時間を三時間確保することさえ難しい状態にあった。ナポレオン本人には横になって寝る時間を確保する意志がなく、走行する馬車の中でうたた寝を取る程度だったとされる。ただし、当時のフランスでは主要街道でさえ荒れた道であり、馬車は揺れがひどくて乗り心地が悪く、ゆっくり寝られるようなものではなかった。

そして、ナポレオン本人はショートスリーパーで寝なくて平気だったとしても、普通の人である皇后や側近はそうではない。とくに八月八日に体調を崩した皇后ジョゼフィーヌは、中年に差しかかってもほっそりした優美な体形を維持しており、それだけに体力はあまりなく、ちゃんと睡眠をとる必要があった。そんな彼女が、このヴァンデ巡幸のような過酷な日程に同行し、フォントネでは気を遣って地元の少女にピアノ演奏を求めるなど、皇后としての責務もきちんと果たしていた。そのことを考慮すると、ジョゼフィーヌはどう見ても得がたい良妻である。彼女が衣装道楽でストレスを解消するのに費やした莫大な支払い額は、そもそも妻にまで三時間睡眠を強要していたナポレオンが当然負担すべきものではなかろうか。

ぼやきはするが、古参親衛隊はどこまでもついていく。

なお、このヴァンデ訪問の一年三か月後、ナポレオンはオーストリア大公女マリ＝ルイーズと結婚するため、皇后ジョゼフィーヌにお前との結婚はそもそも無効だったと、実質的な離婚の申し入れを切り出すのであった。第一帝政末期、古参親衛隊員のなかには、我らがチビ伍長の運勢は古女房と縁切りしたところから低迷し始めたとぼやく者がいたとされるが、一理あろう。

ナポレオンの仕事の進め方——参事院と内閣

執行権の行使を支えた組織

ナポレオンは開かれた場で侃々諤々《かんかんがくがく》の議論をすることに意義を見出しておらず、革命で誕生した議会政治の政治文化に対する不信感を隠そうとしなかった。彼は、軍隊では兵士の士気を鼓舞《こぶ》する演説の名手でありながら、こと政治となると人を動かす言葉の力に恐怖さえ感じていたようである。彼は自分の周囲で熱い議論が始まることを好まず、少数の腹

外務大臣タレランは外交官として秀でており、列強を見渡しても肩を並べる者の無い存在であった。その上、革命の最初期から議会で活躍し、第一級の政治家としてのキャリアを積んできただけでなく、元はオタン司教で宗教問題や教皇庁の内幕にも精通しており、ナポレオンにとって頼りにできる数少ない助言者の一人であった。彼はフランス有数の名門大貴族の嫡男に生まれ、不幸な事故で足を悪くして廃嫡されたものの、若き日には宮廷の寵児として華やかな放蕩生活を送っていた。そのため、ナポレオンの取り巻きのなかでは例外的に、ブルボン朝時代の宮廷の儀礼や慣行をよく知る存在でもあった。ナポレオンは帝政を発足させると彼を侍従頭にも任命し、スタートしたばかりの宮廷の運営を取り仕切らせた。そのため帝政期の公式肖像画として、外務大臣の暗緑色の装束をまとった絵と、侍従頭の赤い衣装を身につけた絵が、対で用意された。肖像画の中で、彼が胸像の台に寄りかかったり、テーブルに手をついていたりするのは、彼が杖なしでは歩けないことを暗示している。

三統領に参事院の代表が忠誠を誓う。

ナポレオンの弟リュシアンは才気にあふれる人物で内相として腕をふるうが、その才気で身を滅ぼすことになる。

海事大臣ドゥクレはナポレオンの信頼が厚かったものの、その期待には応えられなかった。

財務大臣ゴダン。

戦地では参謀総長として、平時には陸軍大臣として、ナポレオンを支え続けたベルチエ。

心とともに信頼しているアドバイザーから助言を受け、自分で冷静に判断を下すことを最善と考えていた。日本の職場でも、激しい議論と口げんかの区別がつかず、声を荒らげた言い合いになるとすぐに割って入って仲直りさせようとする上司がいる。ナポレオンの仕事の仕方を見ると、彼もそういう議論嫌いの一人だったと思われる。

統領政府時代、政策決定の中心には参事院《コンセイユ・デタ》が置かれていた。詳しくは後述するが、参事院は司法や内務など各セクションに分かれた五〇名ほどの参事官から構成され、議長を務めるナポレオンに政策を諮問《しもん》し、それに必要な法案を起草《きそう》する機関である。参事官にはとくに優秀な人材がナポレオンによって任命されるため、権力への登竜門《とうりゅうもん》であった。参事院で働くことを許されることが、ナポレオン体制下では立身出世の第一歩であった。

共和第八年憲法の施行にあたり、八名の大臣で構成された内閣は責任内閣制をとらなかった。つまり、各大臣は国民や議会に対して責任を負わず、第一統領ナポレオンに対してのみ責任を負っていた。

内閣を取り仕切る調整役である官房長官には、マレが就任した。最初に法務大臣に指名されたカンバセレスはすぐに第二統領になったため、その座をアブリアルに譲った。内務大臣には、ナポレオン派知識人を代表する数学者ラプラスがクーデタ支持に対する論功行賞で任命されたが、学者気質で適性に欠けたため、長弟リュシアン、次いで参事官から転じたシャプタルが任じられた。陸軍大臣には参謀総長でもあるベルチエが任命され、警察大臣はフーシェ、外務大臣はタレラン、財務大臣ゴーダン、海事大臣フォルフェという布陣であった。フォルフェは一八〇一年にドゥ

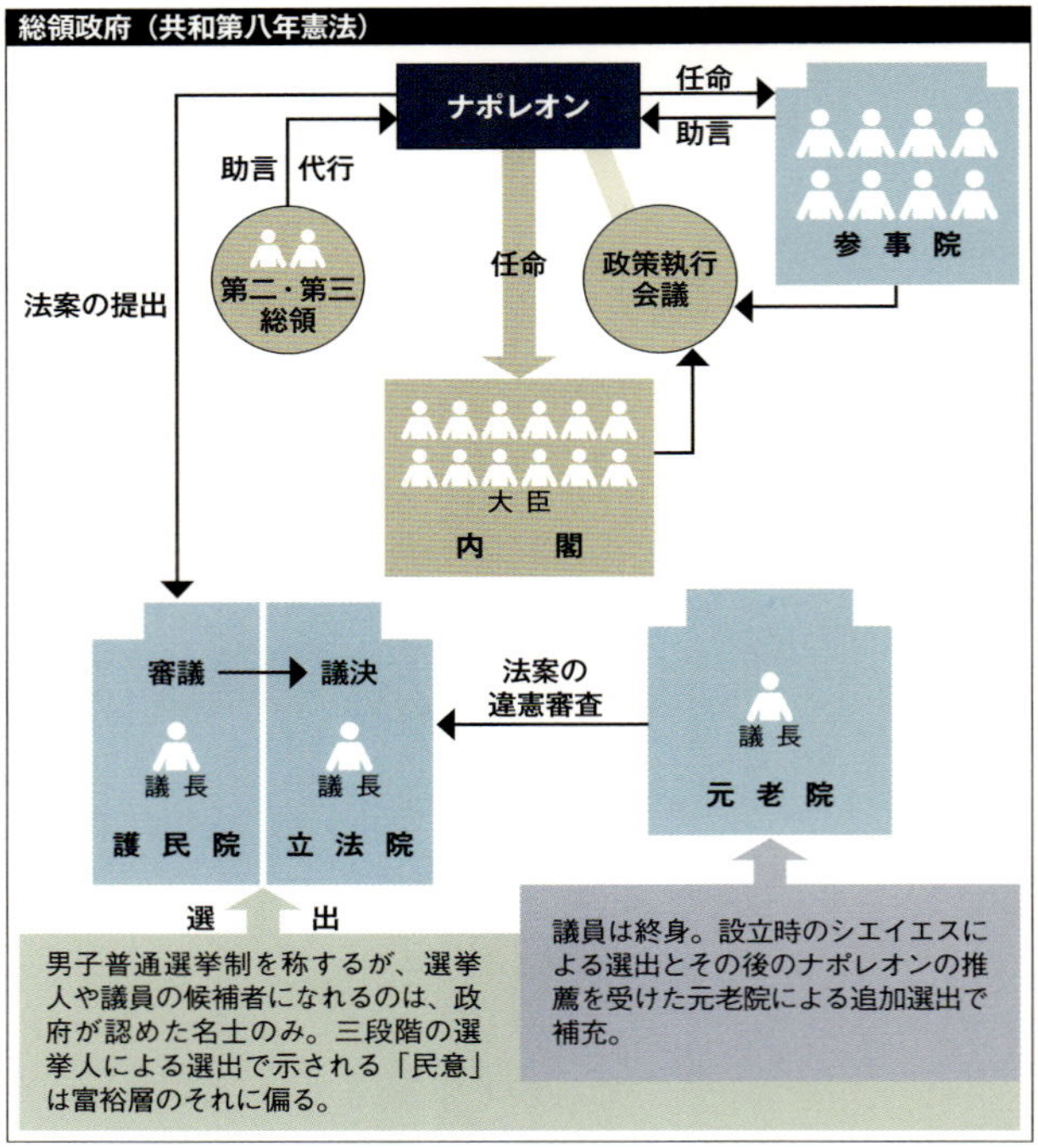

参事院の席でナポレオンとカンバセレスが参事官ポルタリスから報告を受ける。

官房長官マレは高い調整能力でナポレオンを支えた。

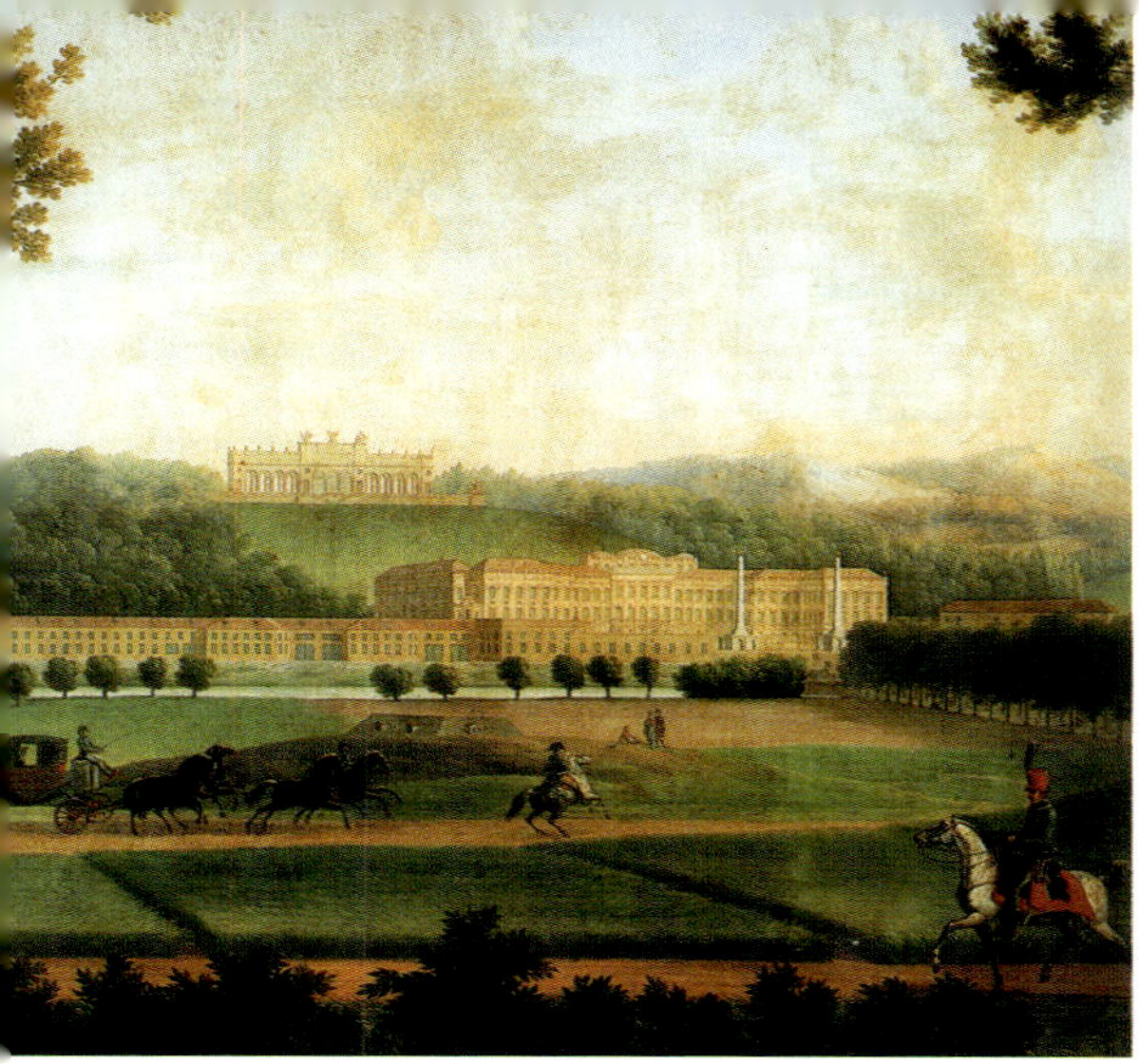

1810年のシェーンブルン宮（ウィーン郊外）遠景。

ナポレオンの野戦テント。

ひとたび出征すれば、皇帝のいるところが首都である。ナポレオンはフランスから元老院議員達を呼び、占領したベルリンのプロイセン王宮で謁見する。

ベルリン郊外のポツダムにフリードリヒ大王が建てたサン・スーシ宮の前にたたずむナポレオン。

クレと交代させられた。なお、一八〇〇年以降にナポレオンが大臣に指名した者は、ほぼすべてが参事院出身者であった。参事院に籍を置いたことがない唯一の例外が、このドゥクレであった。ただ、ナポレオンの信頼厚い彼も、イギリス海軍に対抗しうる強いフランス艦隊の再建には失敗した。

大臣との調整もナポレオン式に

ナポレオン時代の閣議は、毎週水曜日に開かれるのが習わしであった。閣議では、各大臣が順々にそれぞれの案件を第一統領であるナポレオンに報告して行った。ナポレオンは関係する他の大臣に意見を求めることもあったが、議論は行われず、情報共有のための意見交換に留められた。短時間の平穏な閣議を好むナポレオンのために、大臣同士で揉めごとになりかねない微妙な問題については、事前に官房長官マレによる調整が行われた。

報告に時間を要する問題については、閣議ではなく、ナポレオンが大臣から直接報告を受ける場が設定された。また、第一統領自身が対応に乗り出す場合は、所管の大臣とその省の担当部局の長に加え、参事院からも関連するセクションの参事官が出席し、最高レベルの当局者によって政策執行会議が開かれた。この会議では必要となる法の草案《そうあん》が起草《きそう》され、その施行が進められた。結果的に、ナポレオン体制下では各行政機構の横の連携は断たれていた。縦割《たてわ》り行政が基本となるシステムであり、ナポレオンとその直下に位置する参事院だけが、政府が抱えている諸問題の全容を把握するようになっていた。

一八〇四年以降、ナポレオンがパリにいる間、水曜の閣議に加えて、各大臣と仕事を進める政策執行会議には月曜・木曜・土曜の終日が割り当てられた。一八〇八年以降は主要大臣を呼び出す政策執行会議の曜日が決められ、月曜日は陸軍大臣と、木曜日は内務大臣と、日曜日は財務大臣と、それぞれ仕事をした。統領政府期には事実上の政策決定機関であった参事院であったが、この頃になると政策に関する議論が行われることが稀《まれ》になり、ナポレオンや大臣の求めに応じて法案を準備する二次的な役割を果たすことが多くなった。さらに、ナポレオン本人が出征してパリを留守にし、参事院の審議に出られない期間が長引くようになったことも、参事院を帝国の政策決定の中枢から遠ざけ、その威信の低下を招いた。

皇帝は戦地にあっても内政を軽んじない

ひとたびナポレオンがパリを去って戦場へと赴くと、フランスの政治の中心は二か所に分裂した。戦地にあってもナポレオンは国家元首としての役割を手放そうとしなかった。彼は参事院傍聴官らによって総司令部まで急送される内政の報告書に目を通し、野戦テントで裁決を下すことを日課としていた。大勝利によって敵国の首都を占領すると、たとえばウィーンであればシェーンブルン宮を占拠し、そこに官房を設置して書類と人を整え、帝国の内政に関する仕事に着手した。

さらに、一八〇九年七月上旬のヴァグラムの戦いのように、敵国に対する決定的な勝利が目前に迫ると、総司令部に外務大臣を呼びつけて待機させておき、敵が敗走《はいそう》して砲火《ほうか》が納まるやいなや、ただちに講和交渉のための詳細な指示を出すということまでやってのけた。迅速《じんそく》さこそ、常にナポレオンの求めてやまないものだったのである。

ただし、どれほど緊密にナポレオンの総司令部とパリの政府を連携させようと、内政のすべてを戦地に持ち出すことはできない。パリの政府で留守居役を務めたのが、帝政の発足に際して帝国大尚書長となったカンバセレスであった。カンバセレスは閣議と参事院で議長を務め、皇帝の不在を補い、帝国の重大政策に関する議論をリードすることも少なくなかった。

中世以来、フランス王国では、国王不在の場合に尚書長が国務顧問会議《コンセイユ・デタ》等の最高権力機関で王の代理を務めた。帝政は、役職名も含めてその伝統を継承したのである。ただし、帝国大尚書長は事が重大であればあるほど、独断では決して判断せず、皇帝の判断を仰いだ。そうするのを常とするカンバセレスに対し、ナポレオンの信頼は絶対的なものであった。

ナポレオンが選んだ自分のイメージ・ソース

政治が進むべき方向を言葉でイメージさせる

権力者が被支配者にこれから進むべき統治の方向性を示すうえで、わかりやすいイメージを言語化して提供することの重要性が、最近、近藤和彦や古谷大輔ら西洋近世史研究者を中心に礫岩国家論として指摘されている。過去の歴史から類似する先例をイメージ・ソースとして探し出してきて、これからの時代はこの先例にならおうと宣言することが、その一手法とされる。

日本の政治家に、「現代の坂本龍馬」と名乗りたがる者が少なくないのも、その一つの表れである。そうすることで、支配者と支配に組み込まれる者との間で、引用されるイメージの共有を果たし、支配を受け入れさせられる立場の人々が持つ心理的な抵抗感を弱めることができるのである。それだけでなく、適切な例を巧みに引用することによって、両者の間でそのイメージがリアルな求心力さえ発揮するようになる。

　その集大成の一形態とも言えるのが、想像の共同体と評された近代の国民国家であった。想像の共同体というと中身のない空疎《くうそ》な存在のように誤解するかもしれないが、二〇世紀に二度の世界大戦で百万単位の大量死を生み出した結果を見ても、国民、国語、国旗、国歌という、国民国家の根幹を構成する言葉やイメージが現実を動かした力を侮るべきではない。統治上の都合に即し、折に触れて引用される歴史的な先例や歴史小説・神話・伝説の登場人物達、そしてそれらを表現するための言葉やイメージの集積を、ここでは文化的資本およびその蓄積と呼ぶことにする。

古典古代から模範とする先達を選ぶ

　大国フランスは、そのソフトパワーの強力さで知られるが、その基盤を成す文化的資本の蓄積にも富んだ国である。絶対王政期にもルイ一四世が文化的資本を統治に積極的に活用し、王朝の守護聖人として聖王ルイを称え、美術工芸品の表現では自らを太陽神アポロンやアレクサンドロス大王に擬えた。豪奢《ごうしゃ》なヴェルサイユ宮殿も、そのための舞台として造営された。

ヴァンドーム記念柱はローマにあるトラヤヌス帝記念柱を手本として設計された。オリジナルが大理石製であるのに対し、ナポレオンはアウステルリッツで得た戦利品の大砲を溶かした青銅で造るように命じた。

　そして、太陽王の先例を参照しつつ、帝国全土に及ぶ規模で政策として推進したのがナポレオンであった。彼はメディアを政治利用する先駆者の一人であり、自己演出にも長《た》けていた。それゆえナポレオンは、汎ヨーロッパ的に蓄積された文化的資本のなかから適切な先例を引用することを、自らの重要な政策の構成要素として常々意識し、実践していた。大征服者となることを志す彼にとって、偉大な先達として言及し、自分の統治を支えるイメージ・ソースとして示す人物の選択は、とくに重要であった。

　彼が選んだ偉人は、いずれも偉大な将軍であり、広大な領域を制圧した征服者であり、新しい時代を切り開いた政治家でもあった点で、非の打ち所のないアレクサンドロス大王とユリウス・カエサルであった。地中海文化圏に生まれ育ち、古代ローマ風の容貌を持つ彼にとって、古代地中海文明に由来する文化的資本を象徴する英傑《えいけつ》二人は、自らを擬するうえでうってつけの存在であった。ところがナポレオンにとって、ヘレニズムによる多文化融合の推進者としても知られる大王や、卓越した名文家としても知られるカエサルに連なろうとすると、自身が人文系の教養を欠く

皇帝ナポレオンの公式肖像画は、即位式の衣装で描かれた。ただその衣装は、冬毛のオコジョの毛皮で作られた肩飾りを中心に、ブルボン朝の国王の即位の折に用いられたものを踏襲するデザインであり、独創性の追求ではなくフランスに蓄積された文化的資本を活用することに主眼が置かれた。

1797年にナポレオンはフランス学士院に正会員として迎えられると、金と緑の糸で葉の模様が刺繡された制服を身につけ、学士院の公式行事に列席した。

ことが問題であった。しかし、数学を中心とする理系の教養と、武人としては稀な知的世界と親しむことを厭わない気質が評価される。第一次イタリア遠征から凱旋した彼は、一七九七年にフランス最高の知識人が集う学士院への加入という栄誉を認められ、文武両道の評価を我が物としたのである。

彼の周囲からは、ローマの初代皇帝であるアウグストゥスやゲルマニアでの戦勝で知られるローマの若き名将ゲルマニクスにたとえる声が上がることもあった。ところが、彼はそれを好まなかった。アウグストゥスは卓越した政治家であるうえ、帝政を開いた初代皇帝という点で彼と共通性があった。ただ、カエサルと違って優れた野戦指揮官とは言えず、ガリア遠征に随行しながらも立てた手柄があまりなく、自らが軍を指揮して挙げた大きな戦勝もアクティウムの海戦に限られた。そのため、彼に擬せられることをナポレオンは嫌がった。ゲルマニクスは優れた野戦指揮官であり、数々の戦勝に彩られた名将ではあった。ただ、未来を嘱望《しょくぼう》されながらも若くして戦陣に病没し、能力はありながらこれといった政治上の業績を上げられずに終わったので問題外であった。

カエサルとアレクサンドロスを好んだナポレオンであったが、彼の選んだ文化的資本はより幅の広いものであった。人選が古代地中海世界に偏ることは、フランスから南へ足場が逸れることでもあったからである。革命の子を自称したナポレオンであったが、近世のフランス王の業績も無視しなかった。歴代の王の中では、フランスに軍事的栄光をもたらした先人として、数々の戦勝をあげたルイ一四世に言及をすることが多かった。庶民派の親しみやすさが愛されたアンリ四世も、宗教戦争を克服して国民統合を果たし、宗教的平和を実現した事績を重んじ、自らの公認宗教体制樹立の先駆に位置づけていた。

カール大帝の再来として

ただし、彼がアルプスの北方から選んだ最も重要な先達は、フランス王ではなかった。それは九世紀にイタリアにも及ぶ大帝国を建

ブルボン朝の歴代国王が着用した大礼服を模倣した衣装で描かれた皇帝ナポレオンの公式肖像画。白い毛皮に点在する黒い斑は、これが無数の冬毛のオコジョの毛皮を縫い合わせて作られた高価な品であることを示すために、あえて残されたしっぽである。

世に英雄ナポレオンのイメージを決定づけたダヴィッドの傑作『グラン＝サン＝ベルナール峠を越える第一統領』。馬の足元の岩に「ボナパルト・ハンニバル・カール大帝」と、軍を率いてアルプスを越え、イタリアに攻め込んだ三名将の名が刻まれている。

設した、フランク王国のカール大帝である。彼は大帝の業績を引き継ぐと自ら名乗りを上げている。ナポレオンはアーヘンにあるカールの墓から見つかった剣を身につけ、自分の肖像をカールとともに記念コインに刻ませて配布した。同時に、武人として、実戦部隊を率いてアルプス越えを果たした先駆者として大帝の名をあげて敬意を払いつつも、自分も同等の偉業を果たしたことを強調した。

　ダヴィッドの描いた有名なアルプス越えの絵で、軍馬の足元にある岩に「ボナパルト・ハンニバル・カール大帝」とアルプス越えを果たした三人の名将の名が刻まれているのが、その証《あかし》である。かつてカールの帝国の領土であったドイツやイタリアの諸地域に、自分の支配を拡大しようとする皇帝ナポレオンにとって、その後継者を名乗ることは政治的に非常に意味のある手法であった。

　フランス革命戦争の時期、その周辺地域に暮らす者達は、見ず知らずのフランス人が革命の成果なるものを押し付けようと、武器を持って攻めてきたという情況のもとに置かれた。社会変革の理想に燃え、先進思想に共鳴するイタリアやベルギーのジャコバン派であれば、熱狂的に革命の夢に共感できた。だが、それについていけない保守的な住民の方が多いのが現実であった。

　平穏であるべき日常を外部の人間によって力で変更されることに対する激しい抵抗は、

各時代の革命運動に共通する反作用である。それを他山の石とするナポレオンが選択したのが、自分のやっていることはカールの業績の継承であるという、先例を引用した説明であった。それに対しても、チロル地方の反乱など抵抗がなかったわけではない。だが、かつてカールの支配に服した過去を持つ地域の住民にとって、革命家によって熱く語られる自由や平等の理想よりも、カールの再来を僭《せん》称《しょう》するナポレオンを受け入れることのほうが、まだしも心理的な抵抗感が弱かったと思われる。

なぜなら、ナポレオンが自らの帝国をカール大帝の支配下に入ったことがない地域にまで拡大しようとしたとき、いずれも激烈な抵抗に直面し、力による対決を強いられ、最終的に排除されているからである。ナポレオンがスペインとロシアで蜂起した住民によるゲリラ戦によって苦汁《くじゅう》を嘗めさせられたのは、彼がそれらの地域の住民に自らの支配を納得させるだけの文化的資本を用意できなかったことと無縁ではない。

フランスとザクセンの同盟成立を祝して1806年に発行された、ナポレオンとカール大帝の肖像を刻んだコイン。

文化的資本の蓄積の力は、政治以外の分野でも発揮される。そのため、有力な歴史的先例は単なる史実以上の存在となり、引用・言及されるたびに重要性と求心力を増し、それを共有する各地域・各共同体において貴重な文化的資本として「利子」を付けて再蓄積されていく。

たとえばナポレオン自身も、各時代に各地で政治的な引用をされるだけでなく、ブランデーやケーキにされたり、サクランボにされたりすることによって、フランスの文化的資本にさらなる豊かさを加えている。ナポレオンがカール大帝に言及したり、ブルボン朝の王朝儀礼を模倣したりしたことは、従来は成り上がり者の虚栄の表れであり、単なる箔付《はくづ》けと見られてきた。

しかし、蓄積された文化的資本の有効利用の視点に立てば、別の様相が見えてくる。引用すべき過去を持たず、まったくの無から新たに創出された権力や儀礼は、受け入れを強いられる側から新奇なものとして拒絶され、定着しないことが多い。結果として、それを強いた支配体制も短命に終わることになる。過去からの引用はそのような失態を避けるうえで非常に有効な手法であり、ナポレオンは政治家としてそれに対して常に意識的であった。

ナポレオンとその家族

イタリア式の生まれと育ち

元ジェノヴァ領であったコルシカ島出身のナポレオンが、イタリア式の文化のなかで育ったゆえに、家族を大切にしたことはよく知られている。彼の一家はナポレオンの出世とともに社会的上昇を遂げ、帝室を構成した。

長兄ジョゼフは幼少期から彼と長い時間を共にすごし、進学のためにフランス本土へ渡ってからも関係が続いたため、最も強い絆《きずな》で結ばれていた。権力を握ってからは、列強《れっきょう》との和平交渉や教皇庁とのコンコルダ交渉など、重要な外交局面をジョゼフに任すことが多かった。これらの決定は外務省の頭越しに行われるため、ジョゼフと外相タレランの間で二重権力状態が生じることも少なくなかった。ジョゼフはのちにナポリ王に任じられ、それなりの手腕を発揮したが、その次に任じられたスペイン王は、さすがに手に余って失敗した。

一家の三男である長弟リュシアンは、ブリュメールのクーデタ成功の立役者《たてやくしゃ》であったし、兄弟のなかでもとくに有能な人物であったが、

カトリック保守・王党派の立場から『メルキュール』紙で論陣を張ったド・フォンターヌ。

コルシカで育ち、野心に燃える革命家となったリュシアンは、フランス本土で陸軍将校の道に進んだ兄と、青春時代を共にすることができなかった不運を嘆くことになる。

ナポリ王時代のジョゼフ・ボナパルト。

ナポレオンの末弟ジェローム・ボナパルトは、勝手に結婚したことを兄に謝罪した上で離婚して許され、兄の選んだ相手と再婚した後にヴェストファーレン王に叙せられた。

竜騎兵第五連隊長として大佐の制服を身にまとうルイ・ボナパルト。

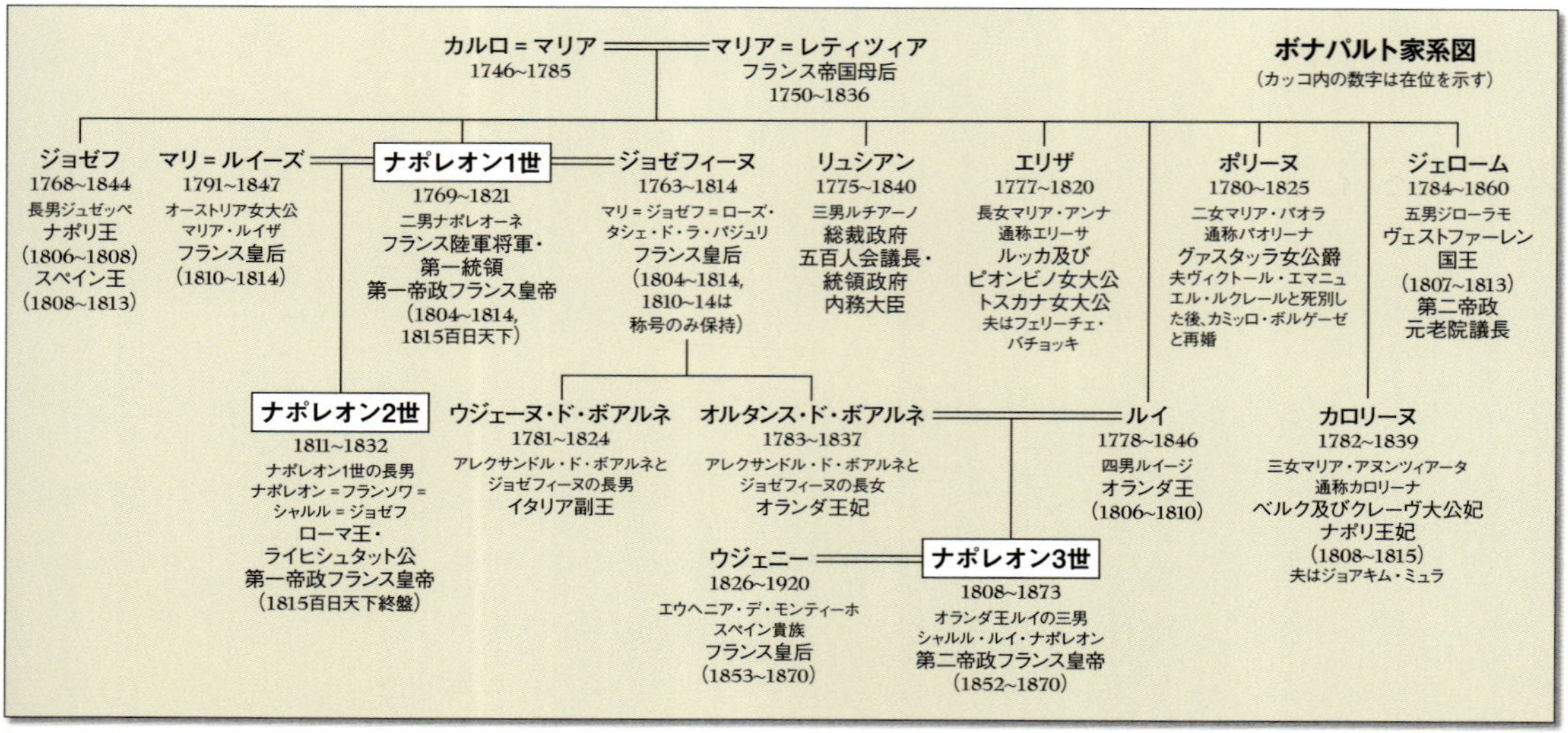

途中で失脚《しっきゃく》する。彼はナポレオンとは年齢が離れていたため、彼が物心ついたとき、すでにナポレオンは本土に渡っていた。子供の時分も、青春時代も、兄二人とほとんど接点がなかったことが彼に災いした。

　一八〇〇年一一月、『カエサル、クロムウエル、モンク及びボナパルトの比較論』という政治パンフレットが匿名で出版された。内容は、ナポレオンの後継者問題を指摘し、政治的安定のためにボナパルト家による世襲制《せしゅうせい》を提言するものであった。警察の捜査によって、これが内相リュシアンの意を受けて、王党派の論客ド・フォンターヌら『メルキュール』紙周辺のグループが出したものであることが判明する。

　ナポレオンにしてみれば、自分がネオ・ジャコバン派やイデオローグの反発を怖れて秘密にしていた、世襲の方針を暴いた小冊子というだけでも気に入らない。それを自分の許可なく長弟リュシアンが出させたことに彼は激しい怒りを示し、リュシアンの内務大臣解任が決まった。この勇み足の原因は、彼が次兄の後継者は自分しかいないと思い込んだことだった。リュシアンの失脚は、一家のなかから後継者の最有力候補が消えたことを意味し、それ以後、跡目《あとめ》争いを激化させることになった。ジョゼフィーヌが整えたナポレオンの次弟ルイと娘オルタンスの結婚も、その一例である。

　一八〇二年の終身統領制発足にあたり、ナポレオンは共和第一〇年憲法の規定によって後継者の順位を定める権利を与えられた。実質的な国家元首の世襲制である。

　彼が決めたのは、一位が長兄ジョゼフ、二位が次弟ルイ、三位がルイとオルタンスの息子であった。ただ、三位の継承権者については非公開とされた。長弟リュシアンと末弟ジェロームは継承権から排除された。この二人は、一八〇四年の皇帝聖別式にも招かれていない。その理由は、彼らがナポレオンの同意を得ずに勝手に結婚したからである。リュシアンはナポレオンに赦しを求めることはなかったが、ジェロームは兄に赦しを求めてアメリカ人の妻と離婚した。彼はすぐにナポレオンが帝室強化のために選んだ名家の令嬢と再婚させられ、帝室の一員の立場を回復している。

ボナパルト家の女性達

　男の兄弟に加えて、ナポレオンの三人の妹もまた、宮廷で大きな権勢を誇った。長女の

ジョゼフは若い頃の方が弟と顔が似ていた。

エリザ・ボナパルト・バチョッキの肖像。ド・フォンターヌらカトリック保守・王党派の知識人を集めたサロンの女主人として活躍し、ナポレオンを支えた。

フェリーチェ・バチョッキは、コルシカ貴族で1797年にエリザの夫となる。後に皇帝ナポレオンによって、ルッカ大公位を授与された。

彫刻家カノーヴァの手になる『勝利のヴィーナスまたはポリーヌ・ボナパルト・ボルゲーゼ皇女』は、彼女の美しい裸身を今に留める代表作である。
写真提供：Sergio Anelli / PPS通信社

ポリーヌは、ナポレオンの三人の妹の中で一番の美形として知られる。当代随一とも言われたその美貌に惚れ込み、彫刻家カノーヴァは帝国の貴婦人である彼女に作品のモデルを務めてもらったほどである。彼女は他の姉妹よりも遥かに深く次兄を敬愛していたものの、スキャンダラスで派手な色恋沙汰が絶えず、それでナポレオンの足を引っ張ることも多かった。

彫刻家カノーヴァは、数々の大作を仕上げ、ナポレオン時代を代表する彫刻家となった。

夫と死別したポリーヌが再婚相手に選んだカミッロ・ボルゲーゼは、フランス革命に熱狂した啓蒙思想の信奉者であった。

エリザは、一七九七年にコルシカ出身の将校フェリーチェ・バチョッキと結婚した。彼女は、ド・フォンターヌやシャトーブリアンら王党《おうとう》派《は》の有力者が出入りする、パリでも著名なサロンの女主人を務め、王党派に翼を延ばそうとする兄を助けた。彼女はナポレオンから厚《こう》遇《ぐう》を受け、一八〇五年にピオンビノ女大公の爵位を授けられた。

次女のポリーヌは、どこにいても目立つほどの美貌と、兄を悩ませる奔放な男性関係で名高かった。彼女も姉と同じ一七九七年に結婚しているが、相手は美男で知られたルクレール将軍であった。ルクレールはポリーヌを伴ってサン＝ドマング島へ出征し、トゥサン＝ルヴェルチュール率いる反乱黒人奴隷と戦ったが、戦陣で病没した。

お洒落では人後に落ちない伊達男を自任するミュラは、目立ちたがり屋で、肖像画にもそれを反映することを望んだ。彼が身につけている軽騎兵司令官の軍装は、陸軍が定めたものではない。細部に本人こだわりの装飾が施されている。足首を絞ったデザインの騎乗用ブーツは、緑色の柔らかな薄手の革で仕立てられており、特注の高価な一点物であろう。

カロリーヌと子供達。

お洒落で目立つことにこだわるミュラにとって、元帥に列せられた記念の公式肖像画とはいえ、自分のポリシーにまったくそぐわないお仕着せを着せられたので、心なしか元気がないように見える。

夫を失って帰国した彼女は、ローマの名門貴族出身でフランス市民権を取っていたカミッロ・ボルゲーゼと、一八〇三年に再婚した。その後も恋愛沙汰でナポレオンを悩ますことの多かった彼女であったが、兄に対する敬愛の念は常に変わらず、一八〇六年に彼女はグァスタッラ女公爵の位を授けられている。

三女のカロリーヌは、一八〇〇年に伊達男《だておとこ》として知られるナポレオンの部下ミュラの求婚に応じて結婚した。たしかにミュラは数々の武勲に彩られた卓越した騎兵指揮官だったとはいえ、陸軍元帥《げんすい》に加えて帝国大提督にも任じられるなど、異例の大出世を遂げた。それはナポレオンが末妹のカロリーヌを一番可愛がっていたことと無縁ではない。一八〇六年にミュラは、フランス帝国の衛星国として設置されたベルク大公に任じられ、彼女も大公妃の地位を得た。

ナポレオンの母レティツィアは実直な人で、娘らと違って帝国の貴婦人という称号以上のものを望まなかった。彼女は息子から贈られた多額の財産はありがたく受け取り、「こんなうまい話は長続きしやしないよ」と言いながら、そのほとんどを蓄えていたと伝えられる。

　ナポレオンの失墜《しっつい》のあと、教皇国家に逃げ込んだボナパルト家の面々の暮らしは、母の蓄えた資産が支えることになる。イタリア語文化圏で育ち暮らした彼女は、息子の保護下で言葉の通じないフランスに暮らすよりも、ローマで教皇の威信のもとにあることを好んだ。そのため、兄の不興を買ってローマに隠《いん》棲《せい》していた三男リュシアンと共にする時間が長かった。教皇ピウス七世と教皇庁の人々は、ナポレオンとの関係が悪化した時期にも、ナポレオンが没落してセント・ヘレナ島に追われたあとも、庇護《ひご》を求めてローマに逃げ込んだボナパルト家の人々に対する温かい態度を変えようとしなかった。

母レティツィア・ボナパルトは、ナポレオンによって「うちのお袋は、女の体に男の頭が乗っている」と評されるほど、戦う女性だった。だが、息子が功成り名を遂げてから描かれたその肖像は、どれも穏やかな表情を浮かべている。

ジョゼフィーヌの一門

　皇帝家に続く帝室の貴人は、皇后ジョゼフィーヌの親戚であった。連れ子のウジェーヌは長くナポレオンの副官を務め、厚い信任を得た。帝政の発足により、彼は帝室の血族大公の地位を認められ、カンバセレスの帝国大尚書長に次ぐ国家大尚書長となった。ナポレオンがイタリア王となった際、実地で統治に責任を持つイタリア副王に任じられた。各王室との血縁を強化したいというナポレオンの意向で、彼は一八〇六年にバイエルン王女と結婚した。

　彼のナポレオンに対する忠誠は本物であった。一八一四年の全面的崩壊の渦中でさえ、

没後に描かれた、零落のエリザ・ボナパルトの肖像。

百日天下の翌1816年に描かれたデッサン。美貌で知られたポリーヌも、兄の失墜と一族の没落は骨身に応えた。

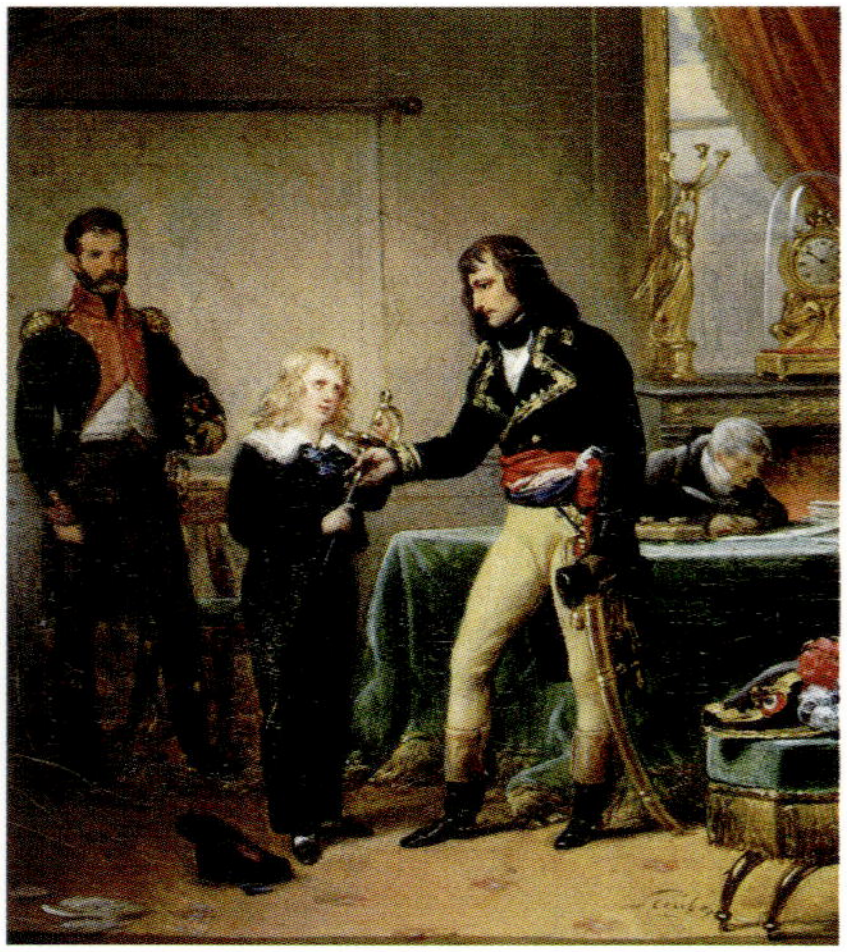

処刑に伴って没収された父の帯剣をウジェーヌに返還するボナパルト将軍。二人の最初の出会い。

イタリア副王の衣装をまとったウジェーヌ。

column

ナポレオン時代を代表する美女の肖像

ナポレオンと同時代の美女となると、一般には彼の愛妻ジョゼフィーヌが代表的な存在だろう。だが、日本では彼女が美女として挙げられることは少ない。これは彼女の容貌が日本人の好みから外れていることが原因と思われる。それに加えて、彼女の魅力は、いずれも静止した画面に留めることが難しいものだった。打てば響くような楽しい会話で発揮されるエスプリ。良く変わる愛らしい表情。えもいわれぬ流麗なエレガンスが、わずかな所作に漂うほどの優美さ。言葉の端々やちょっとした身振りに顕現される、カリブ海生まれのクレオールならではのエキゾチックなオーラ。気取らない心尽くしと気配り。マルメゾン宮でロシア皇帝アレクサンドル1世が虜になったように、彼女と場を共にした者だけがその精髄に触れることができた。

レカミエ夫人は、総裁政府期にフランス社交界の名花として彼女と妍を競った。画家ダヴィッドの未完の肖像画で知られる。その一枚のおかげで、彼女は日本でも極めつきの美女の一角を占めた。身に付けたシュミーズドレスや髪型、装身具、身を委ねる寝台も古代風のシンプルなデザインで、素足の先まで実に魅力的。日本的な美意識にも寄り添う静謐な画面に描かれた彼女は美しい。ダヴィッドの弟子アングルが描いた彼女の肖像（74頁）は、幼げな表情でありながら濃厚な印象を残す。はたして彼女の実像は、どちらに近いものだったか。

ナポレオンの妹ポリーヌは、欧州ではその美貌で名高いが日本では知られていない。彼女の肖像画が絵としてレベルの低いものばかりであるためか。ただ、彼女の古代風の整った顔立ちの魅力には、ローマのボルゲーゼ美術館が収蔵する彫刻家カノーヴァの彫像（44頁）によって触れることができる。彼女は帝室の貴婦人でありながら、自らの裸身によって美の女神ヴィーナスを表現しようという彫刻家の情熱に応じ、モデルを務めた。そういう勇ましく粋な気風もまた、実にナポレオンお気に入りの妹らしい。

ナポレオンの美しき強敵、プロイセン王妃のルイーゼ・フォン・メックレンブルク＝シュトリリッツも、肖像画が凡庸な作品ばかりで、その魅力は本邦に伝わっていない。1793年に彼女が17歳で結婚した王太子は、残念ながら王たる資質に恵まれていなかった。国王に即位してなお無力な夫フリードリヒ＝ヴィルヘルム３世に代わり、彼女が国政を掌握し、美貌と才気で宮廷を牛耳り、実践の場で政治力を身に付けて行った。1806年、ナポレオン率いるフランス軍の来襲を前に、彼女は自らプロイセン軍将兵に奮起を求め、戦意を高揚させた。敗北して降伏を強いられたものの、国を率いてナポレオンに立ち向かった美しい王妃を、プロイセンの軍民は深く愛した。美人薄命か、彼女は34歳で亡くなったが、事実上の摂政として軍事大国プロイセンを統治した期間は13年に及ぶ。

彫刻家シャドウ作のプロイセン王妃ルイーゼと妹フリードリケ。

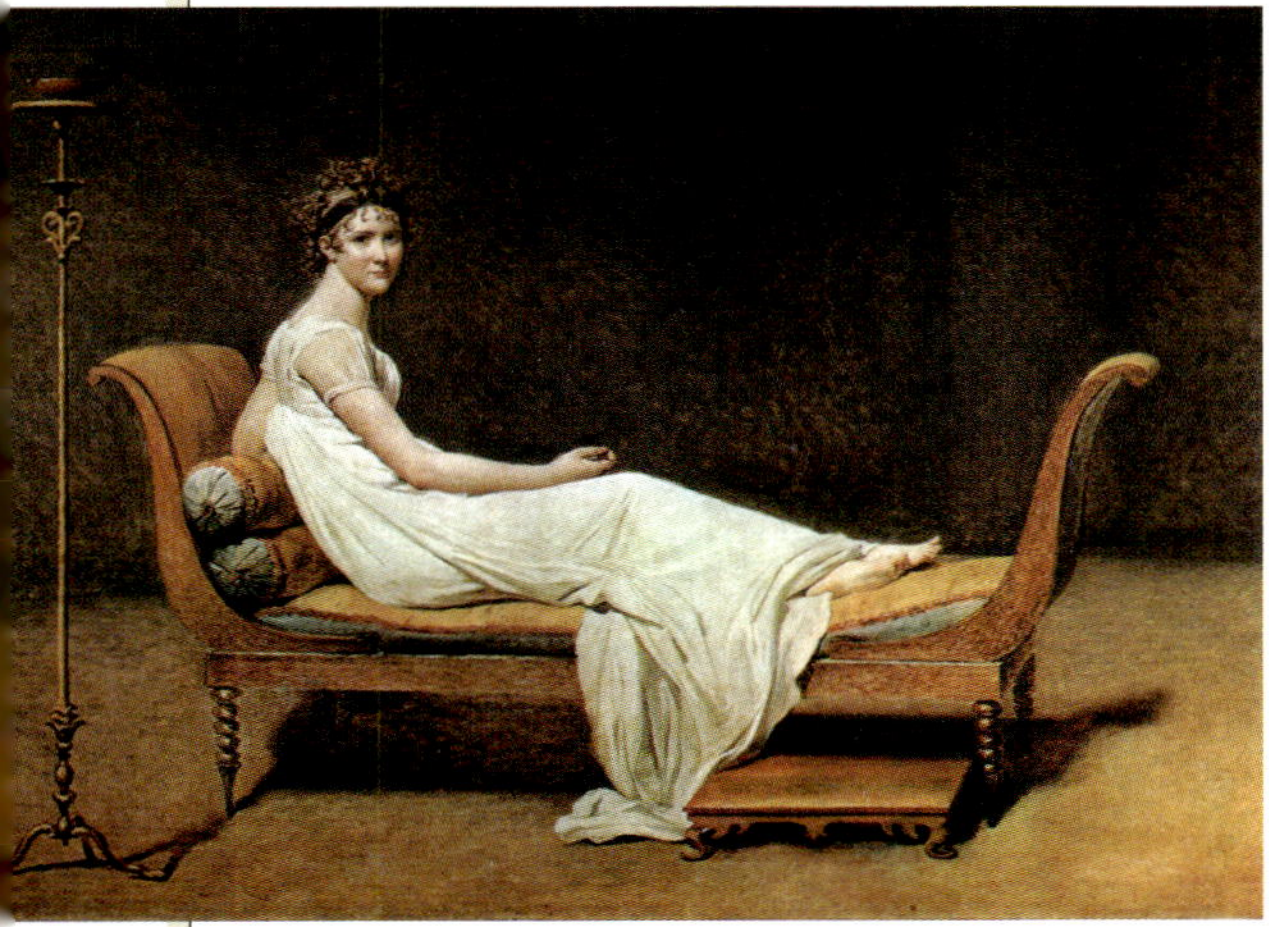

ダヴィッドの描いたレカミエ夫人の肖像。

ベルリンの国立美術館旧館には、彫刻家シャドゥによる王妃姉妹の彫像がある。彼女が21歳であった1797年の作である。完成の２年ほど前の19歳の頃に、王妃の２歳下の妹で王弟ルートヴィヒ＝カールの妻となっていたフリードリケとモデルを務め、制作に着手されたものと推定される。かつてベルリンの博物館島でこの像を前にした時、その美しさと魅力が、現代日本に発祥する一部独特な美的基準に照らしても、あまりにも完璧であることに度肝を抜かれた。ダメ亭主に悩まされるツンデレの姉と、そんな姉を支えるゆるふわで男運の悪い妹という、美人プリンセス姉妹の「現実としてありうべからざる希有な組み合わせ」が、パーフェクトに表現されている。彫刻家シャドウ、18世紀末ドイツ人ながら侮りがたし。

彼はミュラと違ってナポレオンを見限らず、イタリア副王として戦い続けた。その貢献により、イタリア方面から敵軍がフランスに侵攻する事態は阻止されたのである。

彼の妹のオルタンスについては、ナポレオンがボナパルト家とド・ボアルネ家の血縁も強固なものにしようとして、一八〇二年に次弟ルイと結婚させた。ところが、この夫婦は性格が合わずに別居ばかりしていた。ただし、この夫婦の間に子供が三人生まれ、その一人がのちに皇帝ナポレオン三世となった。ジョゼフィーヌの関係者では、本人の実家であるタシェ家の出身者に加えて、断頭台に消えた最初の夫の血族であるド・ボアルネ家の人々も、皇后の引き立てで出世を果たした。元夫の兄のフランソワはスペイン大使に抜擢《ばってき》され、甥のクロードは元老院議員に任じられている。

皇后ジョゼフィーヌ自身は、後継者を産むことできないために常に離婚の危機にさらされていたものの、その他の点では貢献が大きかった。彼女は、美しい容姿と細やかな気配りのできる性格、ころころとよく変わる愛らしい表情、薔薇の品種改良や骨董品に対する深い造詣《ぞうけい》、そして身振りに漂うたとえようもないほどのエレガンスで、若き日のナポレオンやロシア皇帝アレクサンドル一世ら、当代一流の殿方のハートを鷲摑みにしている。

同時に、国民の間でも尊大なところのない美しい皇后の人気は非常に高かった。それに加えて、彼女の衣装道楽は、彼女を王妃マリ＝アントワネットに匹敵する卓越したファッションリーダーの地位に押し上げた。彼女のつくりだす最先端ファッションによって、フランスは再び各国の宮廷の服飾に圧倒的な影響を与えるようになったのである。

流行の先端に躍り出たジョゼフィーヌは、以後、同じ衣装に再び袖を通すことをきっぱりとやめた。その証として、彼女が愛したマルメゾン宮には、彼女の衣装や履物のための収納がいっさい存在しなかった。アントワネットが暮らした小トリアノン宮には衣類の収納が備えられていたことを見ても、「マダム

子宝に恵まれたオルタンスと彼女の二人の息子達、二男ナポレオン＝ルイと三男ルイ＝ナポレオン（後の皇帝、長男は夭逝）。

ジョゼフィーヌの最初の夫、アレクサンドル・ド・ボアルネ子爵。

恐怖政治で逮捕された夫アレクサンドルを訪れるジョゼフィーヌと子供達。

財政赤字」と誹《そし》られた王妃をお洒落で上回ろうとする、恐るべき衣装道楽であった。

　ジョゼフィーヌの場合、その波瀾万丈《はらんばんじょう》の生涯そのものが魅力の源泉であり、同時にナポレオン体制の持つ幅広い包摂力を象徴していた。

　彼女はカリブ海の砂糖植民地で富裕な貴族のプランターの家庭に生まれ育ち、革命前に本国へ帰国して名門貴族と結婚したクレオール（植民地生まれの白人）であった。その夫は自由主義貴族として革命初期に活躍したものの、恐怖政治で処刑された。

　夫を失った彼女は、子供二人を抱えて生きるために権勢《けんせい》を誇る総裁バラスの愛人となり、ナポレオンと出会って恋に落ち、再婚し、ついには皇后となった。彼女の生涯そのものがナポレオンの掲げる「旧体制と革命の融合」であり、新しい時代の到来を体現する存在だったのである。さらに、彼女を介してナポレ

ジョゼフィーヌはマルメゾン宮の庭でバラを育てることを好んだ。彼女を取り巻く宮廷の貴婦人達が、その美を競う集団肖像画では、さすがのナポレオンも浮いた存在である。

動きと変化の中に表れる、流麗な美しさで知られる皇后ジョゼフィーヌの一瞬の表情をとらえたプリュドンによるデッサン。

主の愛に包まれた繁栄は過ぎ去り、マルメゾン宮のバラ園は今や物悲しい。

マルメゾン宮の庭で育てられた花を描いた水彩画もジョゼフィーヌは愛した。皇后はバラの愛好家であった。

第一統領夫人ジョゼフィーヌ。ルビーのティアラにはナポレオンのカメオが嵌められ、揃いの胸飾りにはヘラクレスの12の功業のカメオが飾られた。夫の偉大さを称えるデザインの豪華な宝飾品も、彼女の美しさと「王者としての風格」の引き立て役に過ぎない。

離婚後も皇后の称号を許され、その誇りと美しい容貌とファッションリーダーの座において、一切妥協することは無かったことを伝える、1813年のジョゼフィーヌの肖像。

皇后ジョゼフィーヌのファッションリーダーとしてのセンスは、今なお新鮮さを失わない。

華麗なコレクションでジョゼフィーヌの審美眼を今に伝える、マルメゾン宮の音楽室の模様。

オンの人脈は王党派へと広がっていた。気取ったところのない彼女は兵士たちからも愛され、勝利の女神、あるいは俗にあげまんのように言われていた。彼女との離婚を境にナポレオンの運命が暗転するのも、彼女の果たしていた役割の大きさを考えれば無理からぬ話である。

ナポレオンと側近達

ナポレオンの周囲には、参謀総長役を実直に務めたベルチエや、第二統領・帝国大尚書長として留守居役を務めたカンバセレスのように、出過ぎたことをしない「聞き分けの良い人物」も少なくなかった。

しかし、ナポレオンは身近にイエスマンばかりを取りそろえていたのではない。閣議のメンバーにも、ナポレオンから独自の意見を求められる大臣が二人含まれていた。外務大臣タレランと警察大臣フーシェである。

タレランは最強の外交官か、最悪の腐敗政治家か

外務大臣タレランは大貴族の名門に長子として生まれたが、乗馬中の事故で片足に後遺症が残る重傷を負って杖が手放せなくなり、爵位継承権を失って聖職者の道に進むことを強いられた。父の威光でオタン司教の地位を

得たが、父の命令で聖職者にさせられた彼はオタン司教区には赴かず、パリ社交界やヴェルサイユの宮廷で享楽的な日々を華やかにすごしていた。その頃から社交界の寵児《ちょうじ》であり、頭の回転が速く、寸鉄《すんてつ》人を刺す毒舌の使い手としてフランス宮廷のエスプリを象徴する存在であった。

革命が始まると彼は全国三部会議員となり、教皇ピウス六世を激怒させた数々の教会改革を主導した。彼が外交交渉で示した高い技量は、史上最強の外交官としての名声と、差し出されたらどんなに邪《よこしま》なカネでも躊躇《ちゅうちょ》せずに受け取ったという汚名によって支えられていた。一八〇七年にナポレオンとの緊張に満ちた関係は破綻《はたん》し、皇帝から罵声《ばせい》を浴びせかけられた上で外務大臣を解任された。

そのとき、捨て台詞で「お前は絹のストッキングに詰め込まれたウンコだ」と罵られたことが相当堪えたようで、タレランは謁見室を退出する折りに真っ青な顔で「あれほどの人物が、育ちが悪いのは困ったものだ」と述べたとされる。ただし、タレランの才気と経験を惜しんだナポレオンは、彼から大臣のポストを奪ったものの、次席大選挙人の資格で宮廷にとめおき、助言を求め続けた。

警察機構を牛耳る元恐怖政治家フーシェ

警察大臣フーシェは、教育を主な任務とする修道会オラトリオ会の会士であったが、革命に身を投じた。恐怖政治期にリヨンへ派遣議員として送られ、その悪名を不動のものとした。彼は数千ともいわれる反革命容疑者をリヨン郊外の野原に引き据え、対人攻撃用散弾を装填《そうてん》した野砲で砲撃を加えて全員を処刑するという大規模な惨劇《さんげき》を引き起こし、「リヨンの散弾虐殺者」と呼ばれるようになった。

そのやりすぎをロベスピエールに見咎められたものの、逆にテルミドール事件を主導して自分が生き残ったという強者である。総裁政府期に警察大臣となって警察組織の問題点を把握していたため、ナポレオン体制下では組織改革によって警察の強化を推進した。フーシェが全国に張り巡らした秘密警察の情報提供者ネットワークは、彼の非公式な権力の源泉となった。各県の警察は知事に直属する制度になっていたが、実際にはフーシェからの指示が出た場合にもそれに則して動いている。彼を彩る伝説の一つは、政権の有力者の表に出せないスキャンダルを書き留めた帳面を隠し持っており、折にふれて当人にその内容を囁いて屈服させていたというものである。

ナポレオンはフーシェの権力が過大なものになることを怖れ、一八〇〇年にパリ警視庁

意地悪狐のルナールが活躍する絵本を、クリスマス・プレゼントとして我が子に買い与えるという、一筋縄ではいかないフランス文化の一面を、一身に凝縮したような男の肖像。辣腕の外交官にして、したたかな政治家。寸鉄人を刺す毒舌で、サロンを牛耳った社交界の寵児。タレランは、自分の個人的利害と国家理性の貫徹とを、同時に達成する手腕と器の大きさを誇った。

ナポレオン体制を警察大臣として支えたフーシェは、ナポレオンの取り巻きの一人で、数少ない政策上の助言者の一人であった。彼はしたたかに恐怖政治を生き抜いた革命の古強者でもあり、使いどころの多い怜悧な切れ味を持つ政治家であった。ただ、使い方を誤ると主君の首でもはねかねない危険な存在であり、ワーテルローから逃げ戻ったナポレオンに、臨時政府の長として引導を渡すことになる。

陸軍大臣クラルクは、間近に迫ったイギリス軍上陸作戦の危機を一笑に付してフーシェの提案を退け、ナポレオンから職務怠慢を叱責されることになる。

総裁政府期にネオ・ジャコバン派の支持を集めたベルナドットは、軍と政界に強い影響力を持ち、ナポレオンもそれを無視できなかった。後にナポレオンは、彼をスウェーデン王太子とし、フランスから追い出す。

を創設した。フーシェは警視総監にデュボワが指名されたことを歓迎していたが、デュボワはフーシェの予想と異なり、御しやすい人物ではなかった。首都の治安維持を担う警視庁に与えられた権限は大きく、デュボワの管轄下にある事項にフーシェが口を出すことは困難であった。フーシェとデュボワの関係は緊張に満ちたものになり、ナポレオンの狙いどおり、警察が結束してナポレオンに反抗する事態は起きなかった。

ナポレオンとフーシェの決裂・ヴァルヒェレン島上陸作戦

ナポレオンは情報収集と治安維持におけるフーシェの手腕を高く評価していたが、両者の関係が破綻する日が来る。

一八〇九年、ナポレオンが対オーストリア戦に出征した留守中、警察大臣フーシェは現職の死去に伴って空席となった内務大臣の代行も兼任していた。七月八日、彼は極秘に入手したイギリス軍の上陸計画の情報を関係大臣に伝えたが、陸軍大臣クラルクと海事大臣ドゥクレによって一笑に付された。オランダでアントウェルペンの河港封鎖を狙い、下流のスヘルデ川河口に位置するヴァルヒェレン島に上陸して占拠するという、成功の見込みのない無茶な作戦だったためである。

しかし、フーシェの情報は正しかった。イギリス軍は後に第一次世界大戦ではガリポリで、第二次世界大戦ではディエップで、敵地に少数の兵力を強行上陸させる過ちを繰り返すが、このときもやはり無謀であった。七月二九日、イギリス兵四万五〇〇〇がヴァルヒェレン島に上陸し、島を占領した。その日のうちに知らせはパリに届き、フーシェは招集された閣議でノール県の国民衛兵動員を主張した。ところが、閣議を仕切る帝国大尚書長カンバセレスによって拒絶される。国内には動員できる他の兵力もなく、フーシェはナポレオンに事態を報告するとともに、内務大臣代行としての判断でノール県に国民衛兵の動員を命じ、さらに司令官としてベルナドットを任命した。彼はヴァグラムの戦いで士気の低さを皇帝に見咎められ、第一線から追われてパリに戻っていたのである。ナポレオンはフーシェの機敏な対応を賞賛するとともに、カンバセレスとクラルクの怠慢を叱責した。

ナポレオンも認めたフーシェの上策であったが、かの野心家の視線は、オランダの小島からイギリス兵を追い落とすという限定的な作戦を超えたところに向けられていた。

九月に入ると、フーシェは地中海沿岸も危ないと称して南部諸県に国民衛兵の動員を命じ、続いて英仏海峡に面したノルマンディの諸県、さらには首都パリにまで国民衛兵動員を命じた。革命的ブルジョワの社会貢献への熱情を基盤とする国民衛兵の活動は、一七九三年に頂点に達したが、それ以後は大幅に縮小していた。権威主義的なナポレオン体制のもとでは、市民の自発性に立脚する民兵組織である国民衛兵に、さしたる出番はなかった。フーシェの狙いも戦力の追加動員にはなく、むしろ騒然とした一七九三年の空気をフランスに呼び戻し、革命の伝統がまだ死に絶えていないことを国民に誇示することにあった。ジャコバン将軍として高名だったベルナドットを指揮官に据えたのも、その一手段である。

政権内の王党派シンパはすぐにそれに気付き、ナポレオンにフーシェは危険だと訴え出た。ただし、島での戦闘は継続中であり、ナポレオンは事態の沈静化を待った。九月に、まず指揮官を腹心のベシエール元帥と交代させ、続いて国民衛兵も正規軍部隊と置き換えた。この騒動でナポレオンのフーシェへの信頼は大きく損なわれた。ただし、この一八〇九年は教皇ピウス七世による皇帝破門が発生し、社会の動揺と反ナポレオン勢力の地下活動が高まった時期であった。治安の維持に、警察大臣フーシェの力量がどうしても必要であった。結果的に、ナポレオンがフーシェを切る決断を下したのは、翌年四月にフーシェがイギリス政府と内々に接触していることが発覚した時であった。六月にフーシェの解任が発表された。後任には、エジプト遠征にも従軍し、憲兵隊指揮の経験が豊富なサヴァリ将軍が任命された。

ヴァルヒェレン島の位置（オランダ・ゼーラント州）

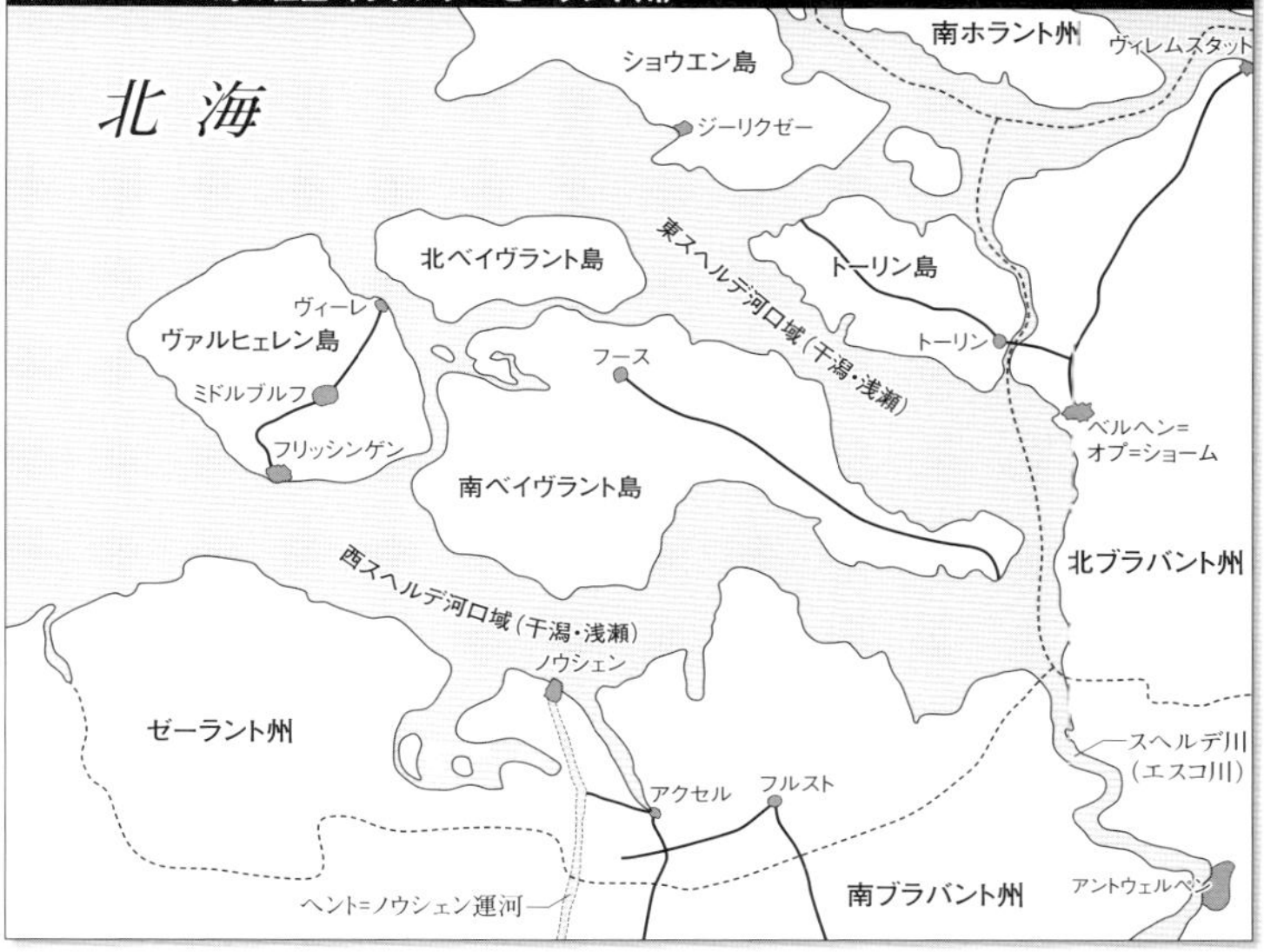

1810年、ナポレオンとマリ＝ルイーズのアントウェルペン行幸。商業港としての繁栄が遠く見える。イギリス軍によるヴァルヒェレン島への上陸作戦は、上流に位置する同港の封鎖が狙いだった。

フランス戦列艦フリートラントの進水式（アントウェルペン・1810年）。

第2章

ナポレオンと政治

ナポレオンの権力掌握――ブリュメールのクーデタ

行き詰まるフランス革命

一七九九年当時、時の政府（総裁政府）に命じられ、東方派遣軍を率いてエジプトに遠征したナポレオンであったが、間もなくエジプトで閉塞《へいそく》状態に陥ることになる。ナポレオンはイギリスとインドを結ぶ物流を断ち切り、あわよくばアレクサンドロス大王に倣ってインドへと進撃することまで構想していた。

しかし、地中海はイギリス艦隊によって封鎖されており、オスマン帝国軍による抵抗も激しく、エジプトに押し込められて進退窮まったのである。ナポレオンを危険視して首都から遠ざけようと企んだ、総裁政府の権力者達の狙いは達成された。だが、それで泣き寝入りをするナポレオンではなかった。彼はイギリス艦隊の封鎖で孤立する東方派遣軍を見捨て、側近とわずかな手勢をつれてフリゲート艦ミュイロンに乗ってエジプトから脱出し、フランスへと逃げ帰った。この敵前逃亡《てきぜんとうぼう》は国民に露見《ろけん》せず、ナポレオンは帰国を果たすと、フランスの国難を救うべく彗星《すいせい》のごとく現れた救世主として迎え入れられた。

東方派遣軍を見捨ててナポレオンがエジプトを脱出したことを揶揄するイギリスの風刺画。

総裁政府の末期、欠陥の多い共和第三年憲法が原因となって、政府は迷走を続けていた。革命で社会的上昇を遂げ、資産も増やした有産市民は、山岳派独裁の悪夢が甦らないように権力の集中を避け、力が弱い政府を望んだ。五人の総裁の合議制を取る総裁政府は、制度面で何者も強固なリーダーシップを発揮することができないようにされているうえ、政府に対する議会の発言力が強く、政府の指導者が主導権をとることができなかった。

そのうえ、毎年、議会の三分の一を改選する規定になっていたため、国政選挙が年中行事となっていた。そのたびに示される「民意」は、少なからず情況に流されて極端な形で示されるのが常であり、中道を模索する有産者層にとって受け入れがたいものであった。選挙のたびに王党派あるいはネオ・ジャコバン派が圧勝する。その選挙結果を無効化するため、一部の総裁が自らクーデタや蜂起を決行し、反政府議員が多数を占めることを防ぐ緊急措置が繰り返された。共和第三年憲法の構造的欠陥は誰の目にも明らかであり、政界にはシエイエスを中心として憲法改正を主張する改憲派勢力が形成された。しかし、共和第三年憲法の改正は、制定から九年間がすぎるまで許されないと条文に明記されていた。その条件を満たさない共和第八年の段階での迅速な改憲は、合法的な手段では実行できないことが明らかであった。

当時の政界で左翼護憲派に位置したのは、かつての山岳派独裁支持層を基盤として形成されたネオ・ジャコバン派である。彼らは非合法な手段による改憲をもくろむシエイエス派を、革命の成果を踏みにじる者と見て反発した。彼らはかつてロベスピエールを滅ぼし

ヴィクトワール通りのナポレオンの自宅玄関。

エジプトから帰還したナポレオンは、ヴィクトワール通り（旧シャントレヌ通り）にあった自宅に陣取り、クーデタ決行に向けて謀議を巡らした。

た者達によって起草された共和第三年憲法を、革命の成果の象徴に見立て、議会の内外で護憲を主張したのである。

クーデタによる現状打破の道

シエイエスは議会による政治改革を諦め、クーデタによる憲法改正を決意した。彼はその際に必要となる首都制圧部隊を指揮する軍人を探すようになる。戦勝の栄光に彩られて民衆の人気が高く、実戦指揮官としても有能で、政治にかかわって党派性をさらけだした過去がなく、若くて新鮮な印象がある将軍となると、そう適材はいない。フランスにいる軍人に適当な人物が見出せないなか、ナポレオンがエジプトから帰国し、パリに戻る道中、さながら凱旋《がいせん》将軍のように歓迎されているという情報が伝えられる。

シエイエスは自分の計画にナポレオンの人気を利用することに決めた。このような経緯から、かつてブリュメールのクーデタについて、ナポレオンはシエイエスの計画に乗っただけであり、シエイエスは「軒先貸して母屋を取られた」とする説が定番であった。しかし、現在ではそれは否定されている。

一七九九年一〇月一六日、ナポレオンはパリに帰還する。ヴィクトワール通りの自宅に腰を落ち着けると、弟のリュシアンや政界での指南役であったタレランと緊密に連絡をとり、政治情勢を把握した。そのなかで、彼は自分の準備を整えないうちにシエイエスと会って、そのクーデタ計画に取り込まれることを危惧した。つまり、一一月一日に彼がシエイエスとの面会を受け入れたのは、その時点で既に自分なりのクーデタ計画が策定済みだったことを意味する。ナポレオンの計画は議会主導のクーデタであり、議会の決議と承認を前提とするなど合法性の枠組みを極力逸脱しないよう練り上げられていた。

その内容は、三段階で構成されていた。第一に、議会の危機を口実とし、パリの市外、具体的にはセーヌ川西岸のサン＝クルー宮への立法府（元老会と五百人会）の移動を求める。その狙いは、パリ民衆が蜂起して両院を取り囲み、クーデタに屈しないように圧力をかける事態を避けるためである。第二に、現職の五人の総裁から辞表を提出させ、執行権の空白を現出させる。第三に、議会に執行権の空白を伝え、それを埋めるために国制の刷新を求め、新憲法制定を含む新方針を受諾させる。

このなかで、困難が予想されたのは、第二段階の総裁辞任において、クーデタの一味であるシエイエスとデュコは別として、残るバラス、ゴイエ、ムランの出方が読めなかったことである。ネオ・ジャコバン派に近いゴイエとムランの抵抗は、おそらく不可避であった。次に第三段階において、総裁全員の辞職による執行権の空白は、新総裁五名の選出によって容易に埋めることができ、新憲法制定に必然性がないことである。実際、クーデタの最中、そうすることを要求する議員が出ている。

ナポレオンの権力奪取は広く期待を集めた

ナポレオンに取り込まれる形で進むことになったシエイエスら改憲派のクーデタ計画であったが、のちに反ナポレオン派へ転じる左翼の人々も総裁政府の無為無策《むいむさく》に閉塞感《へいそくかん》を強めており、現状打開の希望を託されていた。

当時の左翼知識人であるイデオローグたちは、常連になっているサロンによって、オトゥイユのグループとパリのグループに分かれていた。オトゥイユには無神論者として知られたエルヴェシウスの亡き後、その夫人が開くサロンがあり、学士院倫理政治部門で急進的な思想を弁じる活動家達が溜まり場としていた。パリのグループはそれよりは穏健で、スタール夫人の主宰するパリのサロンに顔を出す人々はのちに自由主義派（リベロー）と呼ばれるようになる。クーデタ前夜、双方ともが、ナポレオンによる現状打破に期待をかけていた。とくに後者のサロンには、実兄ジョゼフが足繁く顔を出していたことが知られている。

さらに総裁政府の中枢でクーデタを取り締まる立場にあった者たちの多くが、積極的に

column

エジプトを脱出した理由は英字新聞？

東方派遣軍を率いていたナポレオンが、エジプトからの帰国を決意した瞬間は、以下のような劇的なものとして伝えられている。

アブキールの海戦に敗れてから、彼は中東で孤立し、フランスで何が起こっていたか、何の情報も得られなかった。イギリス軍との和平交渉中、テーブルの上に故意に置き去りにされたと思われる英字新聞を手に入れると、そこには戦いに次々と敗れた祖国フランスが危機的な状況に陥っていることが報じられていた。もはやエジプトで無駄にできる時間は無い。そう覚悟を決めたナポレオンは、エジプト脱出を決意し、少数の側近と共にフランスへと船出した。港を封鎖していたイギリス艦隊は、補給のために一時撤収しており、ナポレオンの船は拿捕されず、まんまと裏をかくことに成功したのである。

エジプト脱出行については、ナポレオン本人もエジプトではフランス本国のことは何も知ることができなかったと語り残している。その上、この経緯はナポレオンの副官の回想録に詳細に書かれている。そのため、この話が実話として流布されているが、実は完全な作り話である。

実際には、イギリス地中海艦隊による航路封鎖にもかかわらず、細々とではあるが小艦艇を使ったフランス本国との通信は保たれていた。その証拠に、エジプトに封じ込められたナポレオンは、1798年7月28日付の兄ジョゼフに宛てた手紙で、次のような愚痴をこぼしている。「29歳にして栄光は消え失せていく。ああ、私は疲れ果ててしまった」。

脱出を決意するに至る経緯の劇的な演出は、ナポレオンの自己演出でもあるが、むしろナポレオンにとって不利な、真に劇的な事実を覆い隠すためのものだったのではなかろうか。彼が見捨てた東方派遣軍の指揮を引き継いだのは、男気にあふれ、部下にも敬愛される名将クレベールであった。彼は置き去りにされた将兵の悔しさを代表してナポレオンの裏切りを罵りながらも、司令官として立派に職務を果たした。そして、最後はカイロの地で暗殺者の凶刃に斃れたのである。

クレベールは、1800年6月14日、カイロで暗殺され、祖国フランスに帰ることはかなわなかった。

エジプトのクレベールを描いた肖像はあくまで凛々しい。

荷担《かたん》するか好意的な中立の姿勢をとった。政府派遣セーヌ県執行委員（県知事職に相当）のレアルは、ナポレオンの熱烈な支持者であり、計画の実行日はブリュメール一八日が好適であると進言した者であった。警察大臣フーシエは、一味に加わらなかったものの、計画を知りながら摘発《てきはつ》はせず、むしろ親近感を示していた。法務大臣カンバセレスも、計画を知りながら何の行動もとらず、好意的な中立を保っていた。

　クーデタ前夜のパリ周辺に、名の通った将軍がほとんど集まっていたのもナポレオンを利した。政界でも活躍するネオ・ジャコバン派の将軍では、ムランは総裁、ベルナドットは元陸軍大臣で、ジュルダンとオジュローは五百人会で議席を占めていた。さらに革命戦争で武勲を上げたルフェーヴル、マクドナルド、モロに加えて、ナポレオンの腹心であるベルチエ、ランヌ、ミュラもパリにあった。

　モロのように、ナポレオン自ら支持ないし好意的中立を求めて接触するほど、無視しえない力量を持つ者もあれば、オジュローのように、警戒されて計画から遠ざけられる者もいた。ただ、好都合なことに皆がパリ近郊にあった。地方や前線に位置する有力な将軍が、クーデタを粉砕しつつ権力を横取りするため、共和国守護の大義を掲げ、指揮下の部隊を率いてパリへと攻め上ってくる「カウンター・クーデタ」の危険性は、最初から存在しなかったのである。

モロ将軍はフランス陸軍の主力であるライン方面軍を指揮し、ハプスブルク帝国の主力部隊との決戦に勝利した。一時はナポレオンのライバルと目された彼は、指揮官としては天賦の才に恵まれていたが、政治センスを欠いていた。

スタール夫人は、ナポレオン体制期を代表する作家の一人として知られる。彼女はナポレオンが最も苦手とした文学・思想の深い教養を身につけ、権力者批判の舌鋒も鋭く、知的な雰囲気のサロンで戦わされる熱い政治談義の中心にあった。ルイ16世の財務長官であったネッケルの娘として育ちながらも、革命以後の新たな政治文化を象徴する存在となった。ナポレオンとは、それぞれの価値観が対極に位置していたため、相容れることはなかった。

優れた騎兵指揮官だったセバスチアニはナポレオンの信頼が厚く、ブリュメールのクーデタでも重要な役割を与えられた。

クーデタの決行

　シエイエスがナポレオンの計画を受け入れた一週間後、一一月九日にクーデタは実行に移された。同日未明、パリに駐屯《ちゅうとん》する部隊から多数の将校がボナパルトのヴィクトワール通りの自宅に呼び集められ、彼自身から計画に加わるように求められた。それと並行して、元老会に対し、臨時会議の開催のために緊急召集がかけられた。議場のあったテュイルリ宮の前には、セバスチアニ大佐の指揮する竜騎兵連隊が議会警護のためと称して整列し、威を放っていた。

　七時半に始まった審議では、議会は危機にあるという動議が出された。改憲派の多い元

ブリュメール19日、クーデタの場となったサン＝クルー宮。

老会では、少数のネオ・ジャコバン派議員の反対を抑えて、危険を回避するための議会のサン＝クルー宮への移動と、議員の警護任務をボナパルト将軍に委ねることが決議された。ボナパルトはこれで合法的にパリ周辺に駐屯する全部隊の指揮権を掌握した。それまではボナパルトの行動に疑念を抱いていた軍の将兵も、元老会が彼の行動にお墨付きを与えたため、彼に従った。総裁の辞任においては、バラスはタレランの説得に応じたものの、ゴイエとムランは反発した。

　しかし、彼らがいたパレ＝ロワイヤルは、クーデタに同調したモロ将軍の部隊が固めていたため、身動きがとれなかった。彼らはパリの民衆にクーデタを倒せと呼びかけようとしたものの、何もできずに終わる。この事件は通常、ブリュメール一八日のクーデタと呼ばれるが、実は一八日はさしたる見せ場もなく淡々とすぎていった。クーデタの山場は一九日であった。このブリュメール一九日については、さまざまな伝説が語り継がれている。そのため、日本で人口《じんこう》に膾炙《かいしゃ》している事件の推移と、現在の定説は内容が大きく異なっている。

　一九日の朝、議会の受け入れ先に指定されたサン＝クルー宮では、関係者が準備に追われていた。ナポレオン自身が率いるセバスチアニの竜騎兵連隊に護衛された議員たちの馬車列は、粛々《しゅくしゅく》とパリ市内を東方へと向かう。ところが、騒ぎを聞きつけた記者と野次馬がサン＝クルーへの道筋に集まったため、道路は渋滞し、騒然とした空気が漂い始めた。審議の開始は午後からとなった。

　改憲派が多数を占める元老会でも、議会を移転させるほどの危機とは何か、まず説明を要求する議員が現れ、審議は紛糾《ふんきゅう》した。現行憲法の規定を無視した完全な新体制への移行は容易には受け入れられず、議会によるクーデタの要である体制転換の決議は遅々として進まなかった。ただし、異議を申し立てるネオ・ジャコバン派の議員も、パリ民衆に蜂起を呼びかけるなどの違法行為に踏み込んでクーデタを潰す策には出ようとしなかった。

　膠着《こうちゃく》状態に苛立《いらだ》ったナポレオンは、幕僚《ばくりょう》と共に元老会に乗り込んで、演壇からたどたどしい演説を行った。議会の演壇でのナポレオンの演説下手は今ではよく知られているが、それがこのとき初めて披露《ひろう》されたことになる。彼の演説は、逆上した反対派議員たちから罵《ば》声《せい》を浴びせられただけで終わった。

　彼は懲りずに、ネオ・ジャコバン派議員が勢力を張っている五百人会にも乗り込んで、演説を行おうとする。ただ、身の危険を感じてか、護衛として武装した擲弾兵《てきだんへい》を数名伴って行った。彼はそれが議会政治の禁忌《きんき》だと知らなかったのである。見咎めた議員から「議場に武装した奴がいるぞ」という警告の叫びが上がった。一部の議員は国家の危機とばかりに激昂し、議員が制服の帯に装着している短刀を引き抜き、ナポレオンに襲いかかる。

　彼らの暴挙は護衛の擲弾兵によって阻止された。陸軍でも屈強な猛者《もさ》ぞろいの擲弾兵は、軟弱な議員など相手にせず、軍服に穴をあけられた程度で誰一人として傷を受けなかった。しかし、ナポレオンは、大混乱となった議場から彼らに守られて脱出せざるをえなくなった。

　五百人会議長だったリュシアンも混乱する議場を鎮めることはできず、合法性を装いつつ議会によって権力を我が物とする議会クーデタの計画はここで頓挫《とんざ》した。兄に続くように、彼も同僚議員の力を借りて議場を脱出する。そして、屋外で目にとまった軍馬にまたがるや、居並ぶ兵士に向かって熱弁をふるった。今や五百人会の演壇は短刀を抜いた一部の議員によって占拠されており、自由を奪われた多数の議員を解放するためには諸君の出動が必要であると。議員の安全を守る義務を負うナポレオンは、ミュラの指揮する議会護衛部隊に五百人会議場への突入を命じ、ここに事態は軍事クーデタへと歩を進めた。議員たちは議場から追い出されたが、その過程で抵抗して犠牲となる者は出なかった。この間、首都パリでは、セーヌ県執行委員レアルが、ナポレオンのクーデタに呼応して市内の関門をすべて封鎖していた。この措置でパリは周囲から孤立し、市内各地区間の移動もできなくなり、パリ民衆が蜂起してクーデタ阻止に動くことは不可能になった。

ブリュメールのクーデタの舞台となったサン＝クルー宮は、1871年にコミューン兵によって焼き払われ、主要な建物を失った。現在、宮殿の跡地は庭園公園として市民に公開さている。

宮殿裏の王妃マリ＝アントワネットの秘密の花畑には、焼け落ちた宮殿の部材と思われる黒く煤けた大理石の建材が積まれている。

ブリュメール19日の夜、サン＝クルー宮の五百人会議場。武装した兵士の監視を受けて、五百人会議員達はクーデタ追認の決議を進める。

新体制作りが始まる

　五百人会での騒動をよそに、元老会では審議が続けられていた。夜七時までには、総裁政府の執行権空白状態が認められ、五百人会の解散が決まった。さらに、執行権を三名の臨時統領が構成する臨時執行委員会に委ねることが決議された。議会工作はシエイエスの担当であったが、合法性を装ううえで元老会の決議だけでは不十分であり、五百人会による承認の決議が必要であることを指摘する者がいた。

　シエイエスは、まだサン＝クルー宮の周辺に居残っていた五百人会議員を兵士に命じてかき集めさせ、かろうじて元老会の審議を承認する体裁を整えた。明けてブリュメール二〇日、一一月一一日未明、臨時統領に就任したナポレオン、シエイエス、デュコの三名は、徹夜で審議を進めた元老会の議場に現れて宣誓を行い、権力を掌中《しょうちゅう》に収めた。同時に、両院議員から立法者として実績のある者が二五名選ばれ、新憲法制定委員会が編成された。最後に、クーデタに反抗したネオ・ジャコバン派議員の追放や投獄による粛清《しゅくせい》が決定された。一連の仕事を終えた議会は、サン＝クルー宮を去ってパリへと帰還した。

　クーデタは成功したが、それで終わりではなかった。ヨーロッパでは権力者ですら、ダモクレスの剣というべき恐怖に常にさらされるものだからである。その恐怖の源とは、教《きょう》皇《こう》による破門《はもん》と、議会による法外処分であった。そのいずれもが、義務を踏みにじった者から法による保護を奪い取り、もはや人として扱う必要はないと宣告する措置である。

　令状によらない逮捕や裁判によらない処刑、

下克上《げこくじょう》的な部下の叛逆《はんぎゃく》・弑逆《しいぎゃく》までが容認される。そのため、ヨーロッパの政治には、「勝てば官軍」的な価値観は存在しない。明らかに違法な手段で権力を簒奪《さんだつ》すれば、それを理由に法による保護の外に置かれ、すべてを失う危険が生じる。

ナポレオンもまた、違法な権力奪取という自覚はあり、パリ民衆の反応に不安を隠そうとしなかった。しかし、総裁政府ができてから毎年のように繰り返されるクーデタ騒ぎに、パリの市民は飽き飽きしていた。新政府に対しては様子見の態度が一般的で、ナポレオンを咎め立てする声はほとんどなかったのである。

その背景には、テルミドール事件以降、フランス政界で定番となった政治体制交代時の人材の入れ替えを、おおむね三分の一に抑制するルールが存在している。よく知られているのが、総裁政府の両院である元老会と五百人会である。その発足時に、両院の総定数の三分の二が横滑りで議席を与えられた元の国民公会議員委員によって占められていた。この政策には批判が多い。

曰く、恐怖政治の責任者であるテロリストの中で、ロベスピエールに連座しなかった連中が温存された。曰く、新鮮味のない人材ばかりで、体制転換の勢いを弱めて阻害した。

しかし、この方針を提言したシエイエスらは、政治体制が変わっても人材が継承されることで、政治的な安定が達成できると考えていたのである。すでに革命以後のフランス社会では、各界で既得権益を握る層が形成されていた。彼らにしてみれば、政治体制が変わったとしても、似たような面々が権力を担っていれば、政治が大きく変わることはないと安心する大きな材料になる。

ナポレオンはこの発想を受け入れ、新体制の発足に臨んだ。三名いる臨時統領の二名は、クーデタ時に総裁であったシエイエスとデュコであった。のちに召集される新しい議会でも、多くの元老会議員や五百人会議員がシエイエスや元老院に選ばれて再任されている。立法院では定数三〇〇のうち二四一名が、総裁政府期に議員を経験していた。護民院では定数一〇〇のうち六七名がそうである。新憲法の起草を進める委員会のメンバーに至っては、全員がクーデタの時点で現職議員であった。粛清で追放されたのは、左翼議員を中心とする反ナポレオン派に限られた。

グロ作『第一統領の制服を着たボナパルト』列強と締結した講和条約とコンコルダを列挙した書面を指し示し、国民を平和へ導く者として描かれた若きナポレオン。

共和第八年憲法の施行を記念した版画では、憲法の左にいるフリジア帽をかぶった「共和国」が、三色旗を手にした第一統領ナポレオンを見守っている。地面に置かれている砲架から外された砲身と砲弾は、平和の到来を示す。憲法の上で、フランスの歴史と伝統を象徴するガリアの雄鶏が夜明けを告げている。

新憲法の起草では、クーデタ一味の内紛《ないふん》があらわになった。シエイエスと彼に連なるイデオローグのシェニエ、ドヌと、ナポレオンの息のかかったブレ・ド・ラ・ムルトとルニョ・ド・サン＝ジャン＝ダンジェリの間で、起草の方針、とくにナポレオンに与えられる地位と権力について激しい争いが起きた。前者が構想していたのは「大選挙人」というポストである。これはナポレオンを政治的に棚上げし、実権を与えないための名誉職であった。口の悪いナポレオンは、ふんだんに名誉と報酬を与えられながら、何の権力も持たない大選挙人を「肥育《ひいく》されるための豚」と嘲《あざけ》った。後者はクーデタの首謀者であるナポレオンへの権力集中をめざし、前者を押し切って、第一統領ナポレオンに多大な権限を与える憲法案をまとめ上げた。

ここで制定された共和第八年憲法の最大の特色は、第一統領に対する権力の集中である。それに加えて、それまでのフランス憲法と異なり、人権宣言に類する規定がまったく含まれていないことも注目される。権威主義的なナポレオン体制の下で、優先されるのは秩序と安定であり、国民に求められるのは最高指導者の威光に服することであった。革命の成果である基本的人権や個人の自由は二の次にされ、秩序の再建と国家による円滑な統治のために軽視されたのである。革命による混乱が一〇年続いたあとで、混迷に倦んだフランス国民によって、この新方針は受容された。

初期統領政府の行く手は判然とせず

戦場からの凱旋こそ権力基盤を固める

ブリュメールのクーデタを支持した諸勢力のなかで、イデオローグとされる人々はナポレオンに賭けた思いを裏切られた。彼らは共和第八年憲法に示されたナポレオンの独裁志向に激しく反発した。そんな彼らにとって希望の光となったのは、第二次対仏同盟が、フランスを締め上げる包囲の輪を着々と狭めていたことであった。権力を握ったナポレオンにとって、国境を接する衛星国が次々と占領されて崩壊し、敵の大軍がフランスを守る要塞を各地で脅かしている危機を看過することはありえなかった。

間もなく、彼はイタリアを自らの決戦の地に選び、出征を決めた。イデオローグにとって、ナポレオンがイタリアで敗北して国民の期待を裏切って失墜《しっつい》すること、あわよくば本人が戦死してくれることこそ、独裁の危機に瀕したフランスを救う最高の解決策であった。その反面、ナポレオンにとって、自分が国家元首としてパリに残り、候補者から司令官を選んで戦地に派遣することは、あまりにも政治的なリスクの高い選択であった。自分が一番という比類《ひるい》なき軍事の天才としてのナポレオン本人の自負はともかく、古来、洋の東西を問わず、時の権力者にとって、大戦果をあげて凱旋《がいせん》する戦勝将軍より厄介な存在はいない。とくにナポレオン自身が凱旋将軍として国民の支持を集め、権力を奪取したのであるから、なおのこと二匹目の泥鰌《どじょう》の出現は容認できなかったのである。どのようなリスクを冒そうと、本人の出陣以外ありえなかった。

イタリアでナポレオンは負ける、あるいは死ぬ。そう期待する声は本人がパリを出発したあとで確信へと変わる。タレランやフーシェら政府の要人までが「ナポレオン以後」を当然の前提として権力闘争を開始し、権謀術数《けんぼうじゅつすう》の限りを尽くした。しばらくして、彼らの期待に応えるように「ナポレオン、マレンゴで敗死」という速報が伝えられ、パリの政界は沸騰《ふっとう》した。

しかし、間もなくそれは虚報であり、死んだのは自ら敵陣に切り込んだドゥゼ将軍であることが判明する。命をかけたドゥゼの突撃により形勢は逆転し、マレンゴの戦いはナポレオンの大勝利に終わった。

ハプスブルク帝国を屈服させ、パリに凱旋するナポレオンは、死んだドゥゼの功績まで我が物として自分の手柄を宣伝し、それによって国民の絶対的な信認を獲得した。クーデタ直後はあやふやだった統領政府の基盤は、マレンゴの勝利に対する国民の支持によって確たるものとなった。それを足がかりに、ナポレオンは改革を次々と実行に移していく。マレンゴの戦勝以後、ナポレオンは国家元首と国軍最高司令官を兼任するに留まらず、ナポレオン本人が野戦軍の最高指揮官として最前線に出陣し、実地で軍の統帥権と指揮権とを一身に行使する体制が確立された。これはナポレオン体制が続く限りにおいて続けられ、彼が指揮すべき部隊をすべて失ったワーテルローの敗戦によって終焉を迎えることになる。

ネオ・ジャコバン派とナポレオン

かつての歴史研究では、九三年に恐怖政治を推進した党派をジャコバン派と呼んだが、現在ではそう呼ばれることは稀である。それはジャコバン・クラブの政治志向が革命の時期によって変わっていることが判明したからである。この政治クラブは、初期はフイヤン派が中心で、ジロンド派の時代を経て、恐怖政治の高揚に応じてロベスピエールら山岳派が牛耳るようになった。当時、公安委員会で辣腕を振るったロベスピエールらは、全国に広がるジャコバン・クラブの支部や姉妹クラブのネットワークを通じ、自らの権力基盤を強化するよう努めた。その結果、議会勢力としての山岳派はジャコバン派と名乗り、そう呼ばれるようになった。

ただし、テルミドール事件によって恐怖政治が終わるとき、グループの内部で権力から追い落とされた者と追い落とした者に分裂が生じ、党派的な実態は失われた。その後、生活苦にあえぐパリ民衆の間に、恐怖政治が打ち切られたことを嘆き、革命政府が自分達を裏切ったことに怒りを蓄える者たちが現れる。彼らはロベスピエールの時代を懐かしみ、富裕な有産者を優遇する総裁政府に怒りを向けた。そして、失われたジャコバン派の衣鉢を受け継ぐと称し、自らネオ・ジャコバン派を名乗ったのである。

自らが先駆的な政治的プロパガンダの活用者であったナポレオンは、言葉の持つ力に自覚的であり、ネオ・ジャコバン派が政治的な狙いで言葉を操り人々を動かすことに長けていることを危惧していた。そのため彼は「政府にとって良好な環境の整備」に心を砕いた。

具体的には、ネオ・ジャコバン派系の出版・報道メディアを解体して数を減らし、ネオ・ジャコバン派の活動家が交流する場であったマネージ・クラブを閉鎖させ、政治的な趣旨で開催される政治集会も禁止した。これらの措置は、革命以来、民衆運動の伝統となっている手法を封殺することを狙いとした。ナポレオンが忌み嫌っていたその手法とは、公共圏で活発な政治的議論を展開することによって、公論を望む方向へ誘導しようとする、革命が生み出した政治文化そのものであった。

その一方で、ナポレオン体制に加わろうとする者には広く門戸が開かれていた。ナポレオンの差し出す甘い蜜の魅力に屈し、山岳派残党を自任する者、恐怖政治を推進したテロリストの過去を持つ者のなかからでさえ、統領政府に荷担《かたん》する者が続々と現れた。ネオ・ジャコバンの旗印を掲げ続けようとした者は少数に留まった。ナポレオンになびかない彼らには、冤罪《えんざい》も含めたさまざまな理由で、南米ギアナ植民地への追放を含む過酷な弾圧が

ジョルジュ・カドゥダルはフランス西部の反革命反乱を率いた有力指導者で、ナポレオンの仇敵の一人であった。サン＝ニケーズ街の爆弾テロは、彼の指示によるものであった。暗殺失敗後、彼はイギリスに保護を求めたものの、したたかな同国によってフランスの世情を乱すための捨て駒にされた。孤立したフランス潜入は察知され、逮捕、処刑。後に復古王政は、彼の死に元帥位の追贈で報いた。

サン＝ニケーズ街での王党派による爆弾テロ。

課されることになる。

一八〇〇年の秋から冬にかけて、追い詰められたネオ・ジャコバン派の中から、第一統領ナポレオンの暗殺を企む者が現れた。いずれも未遂で摘発されたが、その中には時限爆弾の炸裂実験をやって逮捕された者がいた。そのため、パリで大胆なテロが起きたとき、つまり一八〇〇年一二月にサン＝ニケーズ街を通過中の第一統領の馬車列を狙って「地獄装置」と呼ばれる時限爆弾が炸裂したとき、誰もがネオ・ジャコバン派の犯行だと思ったのである。その結果、第一統領の指示を受け、フーシェの警察が捕縛した一三〇名のネオ・ジャコバン派が国外に追放された。しかし、サン＝ニケーズ街でのテロは、王党派の陰謀であった。当時、第一統領の暗殺に成功しても王政復古が果たされる見込みはほとんどなかった。テロの狙いは、革命政府の最高権力者を暗殺することで、王党派のプレゼンスを誇示することだったと考えられている。

政治勢力としての王党派

ナポレオンの王党派対策

革命勃発以降、とくにルイ一六世の処刑による死に直面してから、フランスの王党派はブルボン王家の正統王朝を復古することを主張するグループと、開明的王族のオルレアン公家を王位に就けることを主張するグループとに分裂していた。総裁政府期にフランス国内でも王党派の勢力が復活するなかで、両者は対立を乗り越え、共和国の打倒による王政復古の一点において手を結んだ。

ところが、ブリュメールのクーデタと強力なナポレオン体制の確立によって、王政復古の可能性は大きく後退した。しかしながら王党派にとって、ナポレオンの権威主義的独裁体制は、民衆運動によって支えられる山岳派の恐怖政治と比べれば、彼らが理想とする君主政にまだしも近いものであった。

権力を握ったナポレオンは、その政治的な翼を右へ伸ばそうとして、王党派の取り込みを狙った政策を次々と打ち出した。

その代表的措置が、帰国禁止の国外逃亡者・国外追放者を登録したエミグレのリストからの名前の削除である。総裁政府期の一七九七年に、フリュクティドールのクーデタの結果として、ポルタリスら王党派に近いと見られた政治家や議員、聖職者らも国外追放された。

彼はまず、その復権を決め、リストから削除する。続いて、革命の勃発以後に続々と生じた貴族の国外逃亡に対抗する措置、つまり革命政府が彼らを帰国禁止のエミグレとして認定し、国内で発見次第処刑すると定めた規定を見直した。リストに記載されている人物から、ナポレオン体制を承認するので帰国を希望すると申請があれば、登録の削除に応じるとしたのである。これにより、多数の亡命貴族が帰国しはじめる。

さらにナポレオンは、革命政府によって没収された亡命貴族の財産、とくに不動産について、未売却であれば返還に応じるとした。帰国した貴族達は続々と返還請求をしたが、取り返すことができたのは没収量の四分の一程度だったとされる。この措置は亡命貴族の取り込みのうえで、一石三鳥の妙案であった。

まず、ナポレオン体制を承認し、帰国を許されてからでないと返還請求ができない。意地でも共和国には屈しないと強固な信念を持つ過激王党派ユルトラと、革命を怖れて国外へ逃亡したにすぎない一般の亡命貴族とを分断する効果があった。

次に、まだ没収財産の売却が続けられているなかで、返還の対象が未売却のものに限定されたため、早く帰国して申請しないと取り戻せなくなる可能性が高まるようになっていた。ためらっている者の背中を押して帰国を急がせ、彼らを自称国王ルイ一八世こと王弟プロヴァンス伯の反革命活動から離脱させる効果があった。

最後に、名門貴族の場合、帰国して取り戻した不動産の大半は先祖伝来の領地である。貴族達はその地域の住民と、長い歴史を共にして醸成した保護者と被保護者の紐帯、いわゆるパトロン＝クライアント関係を結んでいる。彼らの場合、単に土地を取り戻すのではなく、地域の領主として築き上げた社会的地位と名声、住民からの信頼も回復することになる。共和第八年憲法では、各地域の名士のリストから選挙人や市町村長、議員が選ばれる制度になっていた。かつての領地を回復することで、貴族が土地の名士のリストに記載される可能性は大いに高まる。そうなれば、政官界で栄達の道が開かれる。亡命先で屈辱的なじり貧生活を送ってきたエミグレにとって、非常に魅力的であったのは間違いない。

王政復古で帰国したユルトラは、「忠誠」の見返りに高位高官を求め、それは軍の将校位にも及んだ。この風刺画の冷ややかな視線は、歴戦の古参兵のそれに通じる。

1802年に大ベストセラー『キリスト教精髄』を刊行し、公認宗教体制下のカトリック信仰復活を主導した文豪シャトーブリアン。ナポレオン体制に一度は与したものの、その変容に反発して野に下った王党派の人々を代表する存在。

王党派もナポレオンに期待した

王党派の取り込みに熱心だったナポレオンは、王党派系の出版・報道メディアの活動にも寛容であった。王党派のド・フォンターヌは、リュシアン・ボナパルトとのコネクションで帰国すると、一八〇〇年に王党派新聞の『メルキュール』紙を創刊した。『メルキュール』紙には、文筆で身を立てようとする王党派シンパが続々と編集者や書き手として加わった。シャトーブリアンは編集に加わり、モレも文章を寄せている。一八〇二年四月にコンコルダを含む共和第一〇年ジェルミナル一八日法が施行されると、フランスでは政府が認めた各公認宗教が、国の保護のもとで平和裏に共存する公認宗教体制が発足する。それに伴い、フランスでは公的礼拝が全国規模で再開されたため、ネオ・ジャコバン派とイデオローグを中心とする左派勢力から激しい批判を受けた。

その議論の渦中で刊行され、大ベストセラーとなったシャトーブリアンの『キリスト教精髄』は、カトリック保守主義と先駆的なロマン主義思想の混在した書物で、時代の空気をよく掴まえていた。この本が世に広く受け入れられたことは、一八世紀から革命期まで続いた脱キリスト教化の潮流が大きく後退したことを示した。この一冊のベストセラーが、ナポレオンの宗教政策に対する異議申し立てを沈静化させた。統領政府もまた、『キリスト教精髄』によって喚起《かんき》されたカトリック信仰への人々の熱情が、さまざまな礼拝の形で発露されることを容認したのである。

そんなナポレオンの王党派との友好関係の真相を読み誤ったのが、王弟プロヴァンス伯であった。彼は代理人をパリに送り、イングランドでスチュワート朝の王政復古に貢献し

フランスには、かつて聖王ルイ９世が入手したイエス受難の聖遺物（茨の冠・鉄の釘・真の十字架の破片）が保存されている。毎年春、復活祭の折にノートルダム大聖堂で行われる公的礼拝で、信徒に公開される習わしになっている。

たモンク将軍の事績を引いて、ナポレオンに王政復古へ協力するつもりはないかと問い合わせてきたのである。ナポレオンは最終的に権力返上を拒否し、「フランスへのご帰還を望まれるべきではないでしょう。そうしようとすれば、一〇万の亡骸を踏み越えねばなりません」と回答した。

統領政府の議会制度と立法権

ナポレオンは議会政治を嫌った

共和第八年憲法によって設立され、立法権を担った議会は二つである。第一は議員一〇〇名からなる護民院であり、その任務は政府が提案した法案を審議することである。第二は議員三〇〇名からなる立法院であり、その任務は法案を採決することである。

護民院は議論を行って意見を取りまとめるが、採決を行う権限はない。立法院は政府から派遣された委員による法案の趣旨説明を聞き、続いて法案に対する護民院代表による意見の提示を受け、すぐに採決に入る。

いずれの議会も法案を提出する権限がないうえ、法案修正を政府に要求することもできない。護民院は意見を述べるだけであり、立法院は秘密投票で採決するだけである。何も決められない護民院にだんまりの立法院という一種異様な両院の組み合わせは、この憲法の基本構想を定めたナポレオンが、議会政治の政治文化に対して抱いていた不信と嫌悪を具現している。彼は議場で口角泡を飛ばして白熱した議論を展開する議員という連中が、何よりも大嫌いであった。議論を喚起して英知を集め、広く社会に合意を形成し、大多数の国民から支持される良い法律を制定し、より良い政治を実践するという、民主的な議会政治の根幹をなす発想が、権威主義を好むナポレオンには理解の外だったのである。

護民院議員。

立法院議員。

議会の政治文化に関してナポレオンが自覚的であったのは、議員の口に扉を立てることはできないということであった。そこで彼が選んだ対策は、それぞれの議場を地理的に遠ざけるということであった。

元老院は、セーヌ左岸の川岸からややモンパルナスの丘のほうへ上がった場所にある、リュクサンブール宮に置かれた。リュクサンブール宮は、現在の元老院も議場としている。立法院は、総裁政府期に両院が置かれていたブルボン宮に置かれた。現在の国民議会もここに陣取っている。護民院は、当時エガリテ宮と呼ばれていたパレ＝ロワイヤルに設置された。絶対王政の下で、パレ＝ロワイヤルは王家の血族大公であるオルレアン公が持ち主であったため、その内部は風紀警察の監視と規制を免れており、売春や賭博など違法な大人の遊びも提供される享楽的な遊興施設であった。統領政府当時も蓮っ葉な雰囲気が残されていたようで、一部の謹厳実直な護民院議員から議場の選定に不満が出たとされる。

立法院（ブルボン宮）。

パレ＝ロワイヤルのギャラリーは享楽的な雰囲気を漂わせる。

ナポレオンの定めた選挙制度

議会や議員に対するナポレオンの不信、あるいは衆愚政治やポピュリズムに対する嫌悪、要するに革命が生み出した新しい政治文化の本質的部分に対する反感は、共和第八年憲法の定める選挙制度にも色濃く反映されている。

彼は人民主権や代議制の原理を捨て去ることはなかったが、その形骸化《けいがいか》は大いに進めた。総裁政府期の資産税納税者による制限選挙制は破棄され、形のうえでは男子普通選挙が復活させられた。しかし、それは民意を反映する部分の少ない、制限の多い多段式の間接選挙だったのである。しかも、議会の発足時には準備が間に合わず、全議員が元老院による指名で議員に選ばれた。そのため、議員に選ばれたのは、すでに政界で活躍した経歴があり、選考に当たったシエイエスやカンバセレスにまで名を知られた、ブルジョワ出身の政治家ばかりであった。

採用された選挙制度では、まず市町村で土地の名士の名簿を作成し、そのなかからフランス市民である成人男子の投票で市町村の選挙人が選ばれる。名目上は男子普通選挙制度であるが、地域で名士と目されない限り被選挙権はない。続いて市町村の選挙人の投票により、郡の名士の名簿から郡の選挙人が選ばれる。郡の選挙人の投票で、県の名士の名簿から県の選挙人を選び、彼らの互選で議員が選ばれる仕組みであった。

それぞれの名士の名簿に記載されたのは、多額の財産を持ち、近隣で評判の良い人物、要するに土地の名士として衆目が一致する人物に限られた。彼らは歴史家によって名望家と呼ばれるため、一九世紀フランス社会に特有とされる名望家支配の起源を、ナポレオン体制に置く根拠の一つが、この選挙制度であった。

統領政府の発足直後は、議会の発足に際して議員の多くをシエイエスが主導して選んだこともあり、護民院ではしばしば議員がナポレオンの独裁志向を糾弾する場面が見られた。立法院も、イデオローグとして知られた者を議長に選出したり、法案を否決したりすることで、護民院に同調することが少なくなかった。政府が提案した法案の良し悪しとはかかわりのない抵抗や批判に、ナポレオンは苛立ちを強めた。

共和第一〇年の通常国会（一八〇一年秋召集）で、ナポレオンが自信を持って提出させた民法典法案を護民院の反体制派議員が徹底して糾弾し、立法院も法案否決でそれに続いたことで、第一統領は議会粛清を決意した。粛清には、憲法に定められた五分の一の年次改選規定が利用された。ナポレオンは、議員の部分入れ替えの際に通例となっていた抽籤ではなく、元老院に命じて反ナポレオン派議員を選択的に排除させたのである。排除された議員の後任にはナポレオン派が据えられた。演壇で反政府議員がナポレオン批判を述べていた護民院の作業は単純だったが、秘密投票の立法院の粛清は難航し、排除は不十分なものに終わった。年次改選終了後の一八〇二年初頭に召集された臨時国会では、護民院は静かなものであったが、第一統領ナポレオンが全会一致での採決を望んだ立法院では、公認宗教体制を発足させるジェルミナル一八日法に一定数の反対票が投じられたのである。

議会への反発を強めた第一統領は、更に大幅な護民院の制度変更を行ってその形骸化に努めた。三月の改革により、護民院は内務・財務・立法の三セクションに分かれて法案の審議を行い、しかもその議論は非公開で、結論だけが文書化されて公表されることになった。その年内に施行された共和第一〇年憲法では、護民院の定数は半減されて五〇名となり、改選では半数の二五名が三年ごとに入れ替えられることになった。最終的に帝政を発足させた共和第一二年憲法で、護民院は廃止された。政府提出の法案の是非を論じる場が、フランスから消滅したのである。

独裁権力を支える基盤

ナポレオンの元老院は「上院」ではない

共和第八年憲法で発足した権力機構では、不十分な権限しか認められなかった議会の不足を補うために、いくつかの措置が取られた。その第一が元老院である。

元老院は体制の安定と継続性を担保する、高い威信を持つ組織として構想された。その議員は発足当初六〇名、のちに四五名で編成された。元老院は統領の後継者を指名する権限に加え、護民院および立法院の欠員を指名する権限も与えられていた。ただし、一般的な上院とは異なり、法律の制定に関与するのは法案が憲法に抵触《ていしょく》するのではないかという疑念が生じた場合の判断に限られた。そのため、立法権の担い手ではないとされる。

また、ナポレオン体制期の元老院議員は、就任時に他のすべての公職を退くことが義務づけられていた。ナポレオンは、野放しにしておくとやっかいな革命以来のベテラン政治家たちを、巧妙に事実上の政界引退へと追い込む手段としてこの規定を活用した。その被害者第一号は、統領政府の発足時に真っ先に元老院議員に指名されたシエイエスであった。

ただしシエイエスは、元老院に与えられた議員を選ぶ権利を最大限活用してナポレオンに対抗した。彼は統領政府の発足に当たって、元老院、護民院、立法院に自分と志を同じくする多数のイデオローグを送り込んで存在感を示した。そのなかには、亡き革命家コンドルセの盟友カバニス、啓蒙思想家のデステュット・ド・トラシやヴォルネ、ギャラといった革命の古強者の名前が見える。

元老院議員。

ブーガンヴィルは世界周航の成功で知られる。

ナポレオンは元老院に大所高所から国家の進むべき道を見定める役割を期待しており、著名人を次々と任命している。シエイエスら政界の大御所に加えて、数学者のラプラスとモンジュに代表される知識人、名高い騎兵将校のケレルマン将軍や冒険航海で知られるブーガンヴィル提督ら高級将校、引退した大臣や高級官僚も元老院議員に指名されている。

権力の中枢を支える参事院

第二の措置として、法案作成の準備に加えて、第一統領ナポレオンに対する政策提言を期待され、政策決定機関として大きな役割と権限を認められたのが参事院《コンセイユ・デタ》である。そのため、法案を携えて護民院の議場に現れるの

参事官。

は、多くの場合は所管の大臣ではなく、担当の参事官であった。参事院は絶対王政期の国務顧問会議《コンセイユ・デタ》に起源を持つ。

ただし、閣議に相当する国政の最高意思決定機関であった国務顧問会議は、構成人員が国務大臣級のごく少数に限られた。それに比べて、参事院は定数が五〇名ほどで相当に大きな組織である。多様な改革を進め、フランスを力強く再建しようとする統領政府において、参事院こそが政策決定の中枢であり、権力の行使される場であった。当時の参事院には、社会的上昇を遂げようと野心をたぎらせる若者達を強力に惹き付ける磁場が存在した。ただし、参事官達はナポレオンによって指名された官僚であり、選挙で選ばれた国民の代表ではない。ナポレオン体制の参事院を議会の一角とみなす古い学説があるが、それは誤りである。

ナポレオン体制下で、参事院の全盛期は長く続かなかった。一八〇二年から、ナポレオンは大人数が加わって長引く参事院の政策論議を嫌っているのを隠そうとしなくなった。それを受けて、共和第一〇年憲法で設置された第一統領直属の政策執行会議が、参事院の役割を侵食していく。この会議は第一統領の信任が厚い限られた大臣と参事官だけで構成され、その顔ぶれは仕事の内容に応じて変更された。この会議で国家の重大事項を決定することにより、くだけた親密さのなかで議論がすぐに決着し、仕事が捗《はかど》るという、第一統領の望みが叶えられた。それによって、ナポレオン個人が果たす役割と彼に集中する権力は、さらに増大したのである。

参事院の政策決定機関としての重要性は後退したものの、一八〇三年からは傍聴官職が設置され、各参事官に書類の整理などを行うサポート役として直属するようになった。このポストは、知事や参事官を志して政治的キャリアを歩むことを希望する旧貴族や上層ブルジョワ出身の若者達を念頭に、彼らの登竜門として機能することが期待されていた。

形だけの「三頭政治」

第三に、三名の統領が置かれた。ナポレオン個人への過度の権力集中という批判を緩和するためか、あるいは王政を倒して成立した古代ローマ共和政が終焉を迎えた際のユリウス・カエサルの故事にならったのか。最高権力者として三統領が置かれ、執行権は三頭政治の形態をとった。ただし、古典古代の先例では、勢力が拮抗する二人の実力者、具体的にはカエサルとポンペイウス、あるいはオクタヴィアヌスとアントニウスの抗争を一時的に収める狙いがあったのとは異なり、実権は第一統領のみに集中させられた。

ナポレオンの優れたバランス感覚は、第二、第三統領の選定でも遺憾《いかん》なく発揮された。

第二統領に選ばれたカンバセレスは、貴族であったが名家の生まれではない。彼は、南仏モンプリエで高等法院司法官の職を手にすることで、ブルジョワから貴族に成り上がることを許された法服貴族の出身であった。本人も家門の伝統を継いで弁護士となり、革命前にはモンプリエで租税法院に職を得ていた。革命期には全国三部会、国民議会、国民公会で議席を占めた。彼は旧体制で実務官僚の経験を積み、革命後は議員としてのキャリアを重ねている。ただし、国民公会の議場ではあまり主体性を発揮していない。政治を動かそうと主導性を発揮したジロンド派や山岳派に、日和見《ひよりみ》的に付和雷同《ふわらいどう》するに留まったいわゆる沼地派の議員だった。ただし国王裁判で処刑に賛成票を投じたため、王党派から国王弑逆者として疎まれていた。そのため、新政権においても王党派と妥協の余地はなく、革命の成果継承を担保する存在と目されていた。また、カンバセレスはフリーメイソンの有力会員であり、第二統領就任によって結社のなかで急速に存在感を増すと同時に、政権におけ

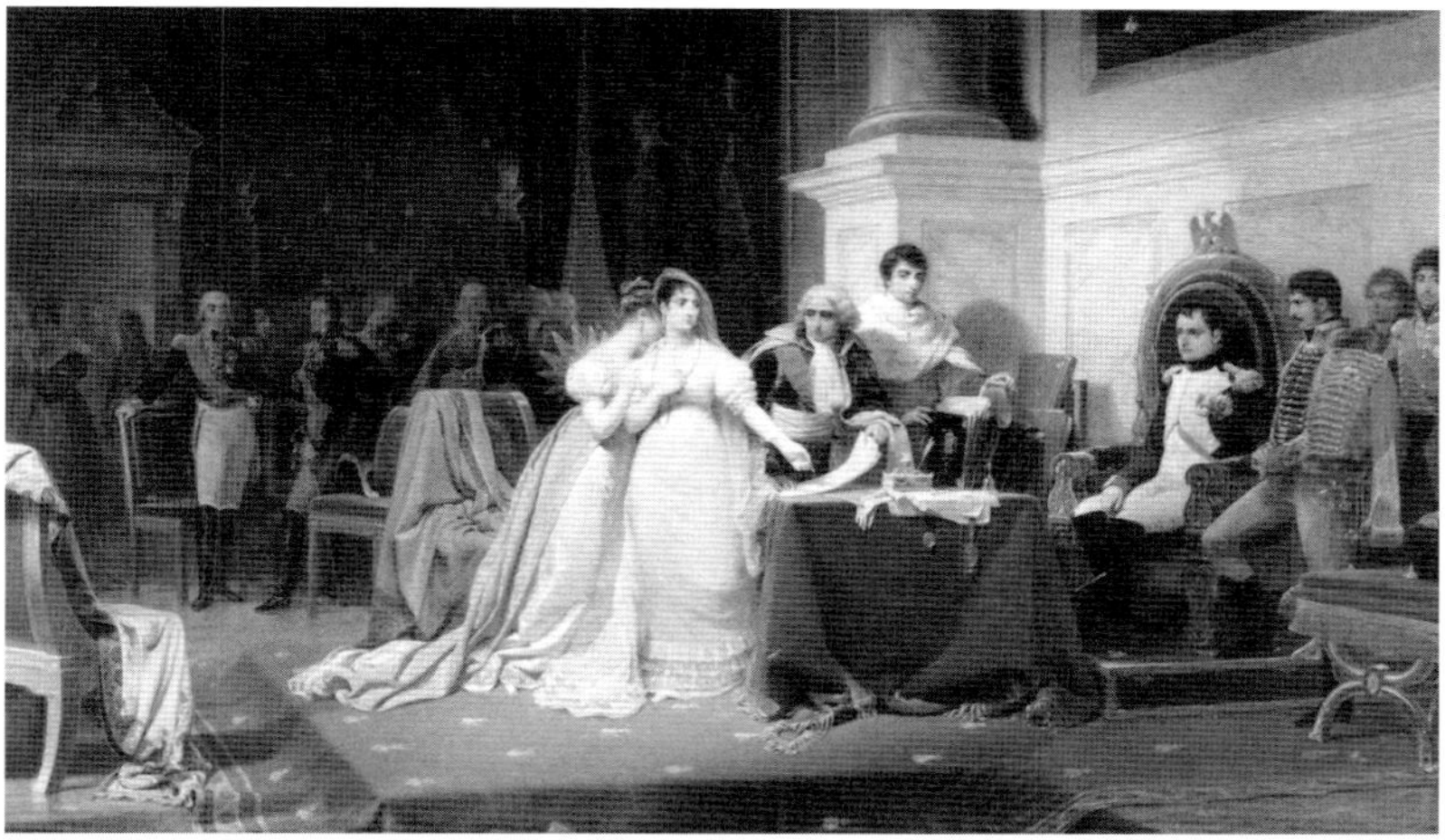

皇后ジョゼフィーヌは、帝国大尚書長カンバセレスが差し出す書類に署名し、ナポレオンとの婚姻の無効を承諾した。母を支える付き添いの立場の娘オルタンスが、先に泣き出してしまう。

第三統領ルブランは、新政府に安定感を与えることを期待された。

る組織の代弁者ともなっていく。

第三統領ルブランは、北仏ノルマンディの貴族であった。家門の歴史だけは古く中世にさかのぼるものの、ヴェルサイユの宮廷とそこにあふれた利権に接近することはできず、貧しい生活を強いられた田舎貴族であった。

若いナポレオンにとっては親の世代にあたる年齢で、三統領の長老格であった。彼はルイ一五世時代に尚書長モプーの司法制度改革に加わったものの、それが頓挫してからは不遇であった。革命前夜にヴェルサイユに召集された全国三部会の議員選挙で、貴族を代表する第二身分議員として選出された。ただ、取り立てて功績を残してはいない。恐怖政治の渦中で嫌疑をかけられて逮捕され、釈放されたのはテルミドール事件の後であった。一七九七年に元老会議員となって、ようやく政界での活動を再開している。ブリュメールのクーデタの一味に加わることはなかったが、それを支持した。長い立法者としてのキャリアを買われ、新憲法制定委員会の一員に選ばれたことが、凡庸《ぼんよう》だった彼の人生を変えていく。王党派とも接点を持つルブランの目立ったところのない中庸《ちゅうよう》の人物像が、むしろ暴走する革命という悪夢の再現に歯止めをかける存在として、国王弑逆者である第二統領カンバセレスのカウンターウェイトとして、王党派からの支持を集めることを期待されたのである。

三色旗と歌で フランス国家をイメージさせる

かつてベネディクト・アンダーソンは、近代国家の総体は実像として思い浮かべることが困難であるがゆえに、政府は代替物として国旗や国歌を国民に示し、それらを通じて人々に国家をイメージさせていることを、著書『想像の共同体』で指摘した。フランスで国旗・国歌が法で定められたのは第三共和政の時代であるが、革命以来、青・白・赤の三色のシンボルカラーと革命歌ラ・マルセイエーズが共和国を象徴していた。ナポレオンはこの三色を愛用しており、帝政への移行以後も、大陸軍の連隊旗や帽章を中心に、三色はフランス国家のシンボルであり続けた。

それに対し、革命歌ラ・マルセイエーズは扱いが異なった。この歌は、それを高歌《こうか》放吟《ほうぎん》しながら上京したマルセイユ義勇兵の勇姿と、彼らが加わった一七九二年八月一〇日の革命と降伏したスイス衛兵の殺戮《さつりく》、それに続いた九月虐殺の惨劇の記憶に彩られていた。パリで流血の惨事を実地に見聞し、暴徒化した群衆への嫌悪を強めたナポレオンにとって、ラ・マルセイエーズは忌むべき歌であった。さらに、ブリュメールのクーデタで政権を握ったあと、王党派の取り込みを進めるナポレオンにとって、この歌を公式行事で声高に歌わせることは非常に具合の悪い話であった。

しかし、ラ・マルセイエーズに対する民衆や兵士の思い入れは強く、無下に歌唱を禁止するのは得策ではなかった。そのため、この歌を作詞作曲したルジェ・ド・リルに白羽の矢が立ち、ラ・マルセイエーズ以上に魅力的な、フランス共和国の新たな象徴たるべき歌が発注された。しかし残酷にも、究極の一発屋という彼の汚名を返上するような奇跡が起きることはなかった。第一統領ナポレオンからの発注を受けて彼が作った『戦いの歌』は、ひどい仕上がりの駄作で、ほとんど歌われることなく忘れ去られた。

1804年にナポレオンが制定した軍旗は、鷲の旗竿に、金糸で連隊名が刺繍された三色旗がつけられていた。

結果的に、ナポレオン体制を象徴する歌の役割を担ったのは、一七九一年にライン方面軍外科医長ボワが作詞した『帝国の安寧のために寝ずの番を』であった。工兵将校ルジェ・ド・リルが、のちにラ・マルセイエーズと呼ばれることになる『ライン方面軍の歌』を作詞作曲した前年、同じくライン方面軍でのことであった。

なお、革命以来、フランス国家の広がりをイメージしてそれを「帝国」と表現することが多くなり、この歌でもその表現が用いられている。当然、国制がフランス帝国に移行したあとは、歌詞中の帝国も、後付けでナポレオン帝国を指し示すことになった。

ナポレオン史の大家であるブドンによると、この歌はまるでナポレオンの権威主義的支配体制を批判しているような歌詞である。具体的には、「我々の権利を守るために寝ずの番をしよう」とか、「生ある者すべてが讃えるもの、それは自由」とか、「奴隷になるくらいなら、死んだ方がましだ」といった部分がそれに当たる。

ナポレオンが個人の自由の保障を削減し、検閲《けんえつ》を強化して表現の自由を奪い、公共圏で国家が果たす役割を大幅に強化して民衆の自発性を抑圧し、国民に対する監視を徹底させ、すべての権力を自己に集中させたことを考えると、歴史家ブドンの指摘するとおり、この歌詞が問題視されなかったのは不思議でさえある。

ナポレオンの権力観と人材登用

ナポレオンが支持を期待した人々

独裁権力の強化に努めていたナポレオンであったが、国民主権の原理を信奉しており、それをないがしろにすることはなかった。ただし、ナポレオンが支持を期待していたのは、国民のすべてではなく、富裕な人々、いわゆる有産者であった。貧困層に期待する部分はほとんどなかった。農村であれば、人を雇って農業を営んでいることが最低限の条件であり、広大な耕地を借り上げて大人数を雇い入れ、企業的経営を行う大規模借地農に始まり、自ら農作業をしつつも小作人や農業労働者の力も借りて営農する大規模自営農までがそれに含まれる。

　彼らは農村社会の名士であり、選挙のための市町村の名士のリストに名前が記載される人々であった。ナポレオンは彼らを地域の代表者としてとらえていた。地域を代表する名士とは、代々受け継いできた資産を保ち、衣食足りて礼節を知るという意味で良識を身につけていて、周辺住民の評判もよく、社会の安定と国民の幸福の基盤たりうる者であった。彼らによって支持されることが、自分が国家元首として国民から支持されていることを具現しているとナポレオンは考えていたのである。逆にナポレオンは、投機的なビジネスで成功し、短期間に巨富を蓄えた工業分野の起業家達は軽く扱った。その判断は、レジオン・ドヌールの授与や帝政貴族の授爵《じゅしゃく》によって国民に可視化されていた。

　また、農村社会において、地主層の経済的安定は、彼らのもとで働く小作人や農業労働者の生活の安定にもつながった。そのため、農村の名士を優遇する政策は、単なる地主層への利益誘導に留まらない広がりを持ち、農村部に強固な政権の支持基盤を形成した。

　さらに、亡命先から帰国した貴族達が名士のリストにその名を掲載され、さまざまな政府や地方行政の役職に就いて、徐々に支配体制に組み込まれていく。それにつれて、元領主と農民を結ぶ「パトロン＝クライアント関係」も復活を遂げ、地域社会を安定させると同時に、ナポレオン体制を支える機能も発揮するようになった。ナポレオン体制のもとで耕地の地価は大幅に上昇しており、農村部に不動産を持つ者達を大いに潤したことも、体制の安定につながった。

ナポレオンの人材登用の理想と現実

　ナポレオンは革命で分裂した国民の再統合を進めるため、才能のある人物であれば、政治的な過去を問わず、自分に与《くみ》することを望めば誰でも体制に取り込んだ。たとえば将軍としての才能でも、民衆の間での人気でも、自分に匹敵するライバルだったモロ将軍ですら、クーデタを容認する姿勢を示せば、その時点ではそれ以上の措置をとることはなかった。亡命した旧貴族であっても、自分に帰順《きじゅん》した者には赦《ゆる》しを与え、積極的に登用した。同時に、政府の役職などで、革命由来の人材と旧体制出身の人材の割合が、極端に偏らないようにも注意していた。彼はこれを「旧体制と革命の融合（アマルガム）」と呼んでいた。

　しかし、ナポレオン体制が長期化するにつれて、公教育制度の十分な整備が進まないなか、家庭で充分な教育を受けられる旧貴族出身者の社会的上昇が目立つようになる。

　たとえば、採用に当たって広く門戸を開いたはずの参事院傍聴官のポストは、実際の運用が始まると旧体制貴族の若者で大半が占められてしまった。社会的流動性の低下は陸軍でも変わらなかった。ナポレオンが陸軍元帥に任じた者の多くが、旅籠の息子や粉屋の息子、田舎貴族の息子といった家柄の良くない者達によって占められていた。しかし、彼らのすべてが革命戦争に参戦した古強者で、短期間で将軍にまで上り詰めた成功者であった。ナポレオン体制になってから軍人になった者にとって、もはや栄達の門戸は開かれていないも同然であった。彼らの場合、元帥どころか将軍になることさえ至難の業であった。

任命制を基本とするナポレオンの人事

　ナポレオンは統治制度を整備するうえで、革命以来の伝統であった役職者の選挙制と意思決定における合議制を嫌った。彼は自分が任命した単独の責任者がすべてを仕切る仕組みに、人事制度を次々と作り替えた。その代表が県知事制度であるが、これはかつて定説で言われていたような、ナポレオンの発案による仕組みではない。実際には、絶対王政期に国王が任命して派遣した地方長官の制度を手本にしたものである。県知事の任命に当たっては、内務大臣によって推薦された候補者をナポレオンが任命することになっていた。市町村長は県知事が任命することになっていたが、任命に当たってはナポレオンの承認が必要であった。裁判官も革命で導入された選挙制が廃止され、ナポレオンによる任命制になった。

ナポレオン体制期には、各県を代表する公的役職は県知事と司教であったが、その人選には民主国家の一般常識からは理解できないルールが課されていた。

それは、当該県に縁を持つ者を選考段階で必ず排除することである。ナポレオンは、地縁・血縁を持たない県に赴任することで、地域社会との馴れ合いを避け、地域の圧力に屈せずに指導を徹底し、国家理性を完徹することができると考えていた。

統領政府時代の県知事と郡長の制服。高位にある者ほど飾りの多い制服を身に着け、地位が可視化されている。

その一例として、一八〇二年の司教の選考をあげよう。人選に際し、地縁や活動実績があって、住民から敬愛されている高位聖職者の任命を求める請願が、各地から送られてきている。ところが、それらはすべて無視された。たとえばブルターニュ半島の出身で、革命を支持する宣誓派教会のリーダーの一人であり、レンヌ宣誓派大司教だったル・コズも、高潔な人柄で地域から支持されていた聖職者の一人である。しかし彼には、それまで縁のなかった東部のフランシュ＝コンテ地方に位置するブザンソン大司教座が与えられた。

ナポレオンが選挙制を嫌った理由として、選ばれた者は投票してくれた人々に借りができるうえ、有権者の側に「選んでやったのはこっちだ」と選ばれた公職者を下に見る傾向があることも指摘されている。ナポレオンは、国家元首による任命によって、公的役職者に高い権威と威信を授けることができると信じていた。同時に、知事や裁判官が人事権を握った自分に逆らえなくなることも、重々織り込み済みであった。

ところが実地では、ナポレオンに任命されて「落下傘」で現地入りする県知事らが、地元出身の市町村長や主任司祭の意向を無視できない場合も少なからずあった。地域共同体は、日々その土地に暮らして住民に密着し、利害を共にし、同じ方言でしゃべる市町村長や主任司祭の味方であった。聞き慣れない言葉を話す知事や司教には、冷ややかな視線が向けられた。市町村長と主任司祭は、地域との信頼関係を基盤として強い力を発揮した。

ナポレオンが自ら適材を任命するためには、効率的で徹底した人材情報の収集が必要となる。権威主義的な独裁者というと、他人の意見に耳を貸さないような印象が一般にはあるだろう。ところが、高度な全国規模の情報収集網の構築こそ、権威主義的支配にとって必須の存在である。ナポレオンは常に自分の周囲に取り巻き達がいることを好み、その場で大臣や参事官から報告や意見具申を受け、信頼を置いている身近な人間の言い分を把握した上で、自分の決断を下すのを常としていた。このような人事の進め方も、ナポレオンの権威主義体制を象徴する一面である。

ナポレオン時代の社交

ナポレオンの「パンとサーカス」

ナポレオンはその統治において民衆の取り込みにも成功している。警察国家による恐怖政治であるとか、強権的な家父長制原理で、国民を国家に縛り付けたのではない。彼は古代以来伝統の「パンとサーカス（娯楽）」を人々に与えることに熱心であった。ナポレオンの経済政策の成功で物価がおおむね安定したこと、失業対策の狙いも含めて大規模に行われる公共事業によって貧しい人々に仕事を与えたことで、かつては飢えていたパリの民衆を満足させた。

　そのうえで、ナポレオンはロベスピエールと異なり、国家主催の祭典を教育的趣旨のものとすることはなかった。国家的祝日の食卓を豪華に彩るため、食肉を中心とする豪華食材やワインが配給された。夜が明けると、パレードやコンサート、バル（ダンスパーティ）といった娯楽が始まる。誰でも競技に参加できて一等賞には豪華賞品が出る運動会もあり、日が沈むと花火大会、ランプを使ったライトアップやイルミネーションも行われ、市町村が主体となって企画される祝日のイベントは終日続いた。

　それが多くの市民にとって忘れられない楽しみであったことは、その日の思い出に、色ガラスで作られたイルミネーションの簡易ランプをこっそり持ち帰る者が後を絶たなかったことからも分かる。それと同時に、イベントの内容を近隣の自治体より豪華なものとしようとする競争意識も働いた。運営は熱を帯び、ナポレオン体制の進める国民統合に大きく寄与した。

ルーヴル宮で開催された博覧会の企画として、イルミネーションが中庭を照らし出す。

花火・イルミネーション・パフォーマンス。帝政の発足を祝って民衆に与えられた「パンとサーカス」。

ハイソサエティの社交

　パリでは、各界の有力者や知性にあふれた貴婦人、人目を奪う美姫が集う社交界が繁栄を迎えていた。ナポレオンは元帥や大臣にパリで大邸宅を購入するように促し、そこでそれぞれの夫人の主宰でサロンを開くようにさせた。それらのサロンには、政権に近い各界の実力者が集い、華やかで贅沢な時間がすごされていた。しかも、サロンの運営は非常にオープンにされていて、有力者のコネクションを求める者や立身出世のチャンスを探している者にとって、そこに顔を出すことは得がたい出会いをもたらすものであった。ナポレオン体制の有力者達の自宅で開かれるサロンは、当時の社交界の花形であり、社会的影響力も強かった。それを批判する過激王党派のサロンは、警察による監視の対象にされていたこともあり、密告を怖れて閉鎖的な運営がされていた。新参者が加わる機会もなく、結果的に存在感は希薄なものとなった。

　反ナポレオンの立場にある知識人が集うサロンでは、パリを追われてスイスのコペでサロンを開いていたスタール夫人が中心的な存在となった。そこにはパリに居場所がないイデオローグだけでなく、フランス社交界の名花レカミエ夫人、ドイツ旅行中に知り合ったシュレーゲル兄弟など、当代を代表する知識人や社交界の花形が西ヨーロッパ中から集まっていた。ナポレオンは自分を批判するスタール夫人が女主人としてサロンで活躍していることが気に入らず、彼女を最終的に自分の勢力圏の外へ追い出すことを考えるようになる。

　革命で花開いた政治クラブは統領政府の発足に際して禁止され、二〇名以上が集まる集会には当局の許可がいるようになった。それ以下の集会にも警察のスパイが送り込まれ、うかつな発言は監視されるようになっていた。しかし、絶対王政期から強まっていた社交への欲求は鎮まることがなく、イギリスで創始された男性限定の会員制社交クラブを手本にして、ナポレオン体制期には遊びのためのクラブがフランスでも普及しはじめた。その活動には政治色はなく、飲んで食べて遊んで話して、という活動内容であった。しかし、かつてジャコバン・クラブで名を轟かせた猛者達の名が会員名簿を賑わしていることがあり、舌鋒鋭く政権を批判する議論はなくとも、社交のなかで形作られたクラブとしての政治志向は、おのずから明らかになっていたものと思われる。

かつて社交界の名花としてジョゼフィーヌと妍を競ったことが、のちにレカミエ夫人にとって、自分の居場所がフランスにないという結果を招く。画家グロによる肖像。

レジオン・ドヌールと帝政貴族

勲章の授与で功績と地位を可視化する

ナポレオンによるレジオン・ドヌールの創設は、単に授与すべき勲章を創設したのではない。ブルボン朝の時代に、功績をあげた王の近臣だけが加入を許される聖霊騎士団が存在していたが、それにならった制度である。勲章に位階制が取られているうえ、勲章を授けられた者は「名誉ある軍団（レジオン・ドヌール）」に所属が認められ、その団員としてさまざまな特権を享受できるなど、多くの点で聖霊騎士団と共通性がある。

　かつての学説では、この制度はナポレオンが革命による平等の原則を踏みにじる第一歩として施行したもので、実質的にはのちの帝政貴族制の準備であったと批判された。現在では、一八〇二年に高まった陸軍内部の危機を克服するための手段として有効であったとされる。同年、列強との全面講和が達成されて軍の規模が縮小されたため、失職ないし半給待機職に追いやられる陸軍士官が増えていた。当時のフランス陸軍は、九二年に多数のサン＝キュロットが志願したため共和派軍人が多く、革命勢力の強固な地盤になっていた。同時期に表面化したナポレオンと教皇の和解に対しても、強い反発が軍から出ていた。

　その渦中で制度が施行されたレジオン・ドヌール勲章は、フランスに貢献した者に与え

レジオン・ドヌールの多くは戦功を上げた陸軍軍人に授けられた。戦場で両腕を失い、平衡を保てない傷痍軍人を、次に受章する軽騎兵将校が支える。

彫刻家にレジオン・ドヌール勲章を授けるナポレオン。

られる。官僚や知識人にも授与されたが、やはりその多くは陸軍将校に与えられ、彼らに社会的地位の向上と年金など経済面での利益供与の制度的保障となり、不平不満の解消に大きく寄与した。

帝政貴族の授爵で功臣に報いる

帝政貴族の制度もまた、ナポレオンが作り上げようとした「国家に対する貢献によって、社会的上昇を果たす社会」を可視化するために創設された制度であった。帝政貴族は発足時には三六〇〇名ほどで、その六割弱が武勲を上げた陸軍士官によって占められていた。また、その時点で帝政貴族の二割強は旧体制貴族の称号も持つ者達であった。大公と公爵は、ミュラなど帝室関係者に加えて、タレラン、フーシェといった超大物政治家、ベルチエやランヌなど陸軍元帥といった、ごく限られた高位高官に限って授爵された。

伯爵を授爵されたのは五〇〇〇名であり、その内訳は名の通った将軍と元老院議員、大臣、参事官などであった。一五〇〇〇名に授爵された男爵の内訳は、手柄を立てた陸軍士官に加えて破棄院と租税法院の裁判長、大都市の市長などである。最下級である騎士は一五〇〇〇名に授爵された。帝政貴族の爵位には、一代限りのものと相続が可能なものがあったが、相続ができる爵位を与えられても、所有する資産の基準を満たせない貧しい一族には相続が認められなかった。

帝政貴族を旧貴族の制度と比較すると、侯爵と子爵が存在せず、シンプルな構成を取っている。そのため、リヨンのような大都市の市長やパリ警視総監でも、爵位は男爵どまりとなり、職務や社会的地位にくらべて爵位が軽いという印象を受ける。また、帝政貴族の爵位は領地と結びつけられておらず、爵位に伴う地名は名目的なものであった。たとえばダヴ元帥は戦勝を記念してエックミュール大公を授爵されているが、それは勝利を挙げた地名であって、そこに領地があるわけではない。帝政貴族の場合、売官制も敷かれておらず、爵位付きの領地や官職を購入して貴族に成り上がるという、旧体制の貴族制では一般的だった社会的上昇の手段が存在しなかった。帝政貴族は、あくまで皇帝ナポレオンが功績を認めた相手にのみ、爵位が授けられる制度であった。

旅籠の息子として生まれたミュラは、皇帝家の血族大公として帝国大提督の公式肖像画を描かせた。派手な衣装に大きな羽根飾りの帽子、虎の毛皮と、「けれんみ」に満ちたかぶき者ぶりに、本人の人柄がしのばれる。

第3章

ナポレオンとフランス経済

ナポレオン時代のフランスが革命以来の経済的な落ち込みを脱して発展に転じたこと、そしてナポレオンが対イギリス戦争のための戦略の一環として大陸体制を構築し、いわばフランスが盟主となってヨーロッパ大陸のブロック経済化を進めようとし、同時に同盟諸国にイギリスとの通商を禁じる大陸封鎖を強いたことはよく知られている。かつては、この大陸体制や大陸封鎖はナポレオンの発意によるものとされたが、現在ではそれは見直されている。

大陸封鎖。フランクフルトの河港で燃やされるイギリスからの輸入品。

フランスはなぜ産業革命に出遅れたか

革命直前の時期のフランス王国が、その経済規模と工業生産の両面においてイギリスを凌駕《りょうが》していたにもかかわらず、革命中に経済面で逆転を許し、その後の一九世紀には格段の成長力の違いによって完全に置いていかれたことは、経済史ではよく知られている。そのため、経済発展の視点に立って、革命は有害無益だったのではないかという議論が一部に存在する。ただし、この種の「革命はやらなかった方が良かった」という説は、主に経済指標の変遷だけで論を立てているという欠陥がある。より広い視野の経済史や、政治史や社会史の視点に立てば、おのずから見えてくるものが違ってくる。

たとえば政治史上の注目すべき変化としては、封建的特権の廃止宣言により営業の自由が確立されたことがあげられる。さらに在地の貴族が特権として各地の交通の要衝に設置していた内国関税を徴収する関所はすべて廃止され、往来の自由が確保されたことも無視できない。同様にパリを取り囲んで設置されていた「徴税請負人の壁」と、その出入り口にあった入市税徴収所も全廃され、パリでの売価設定は自由になり、商業の自由が確立された。これらの改革なくして市場の拡大や新規ビジネスの開拓は困難であり、革命なしにフランスがその後も順調に経済発展を続けられた可能性は低い。

また社会史の視点に立てば、革命の原因の一つでもある一七八六年の英仏通商条約が問題である。この条約は結果として、イギリスの新鋭工場で生産された繊維製品の集中豪雨的輸出を招いた。フランスの繊維関連市場はイギリス製品に席巻され、それまで市場の主たる供給者だったフランスの農村手工業を壊滅させた。副業による現金収入を失った農民たちは貧窮し、流民化する者も増えた。彼らの困窮がフランスを革命へと追いやる原因となった。ここで生じた破滅的な経済状況と社会に残されたその爪痕は、革命によって生じたものではない。

経済発展のための議論

フランスでは、革命以前からイギリスで進む工業化にどう対処するべきかという議論が行われていた。自由貿易主義を提唱する重農主義者は、安価な工業製品の市場はイギリスに引き渡し、フランスは得意とする農業と奢《しゃ》侈《し》品《ひん》生産に集中すれば、海外に充分な輸出市場を確保でき、それによって経済発展を遂げられるとした。

その際に念頭に置かれていたのは、フランスの有する広大な農地と多数の農民に加え、コルベールの殖産興業政策に発し、それ以後も王朝が手をかけて保護・育成してきた高級家具や服飾・宝飾品の分野である。それらの競争力はたしかに圧倒的であった。この重農主義的な意見が王権によって採用され、それが英仏通商条約締結に道を開いたのである。

それに対し、のちに統領政府で内務大臣を務めるシャプタルら政治経済主義者は、機械化された工場生産の推進とコスト削減でイギリス工業に真っ向勝負を挑んで勝利し、フランス工業製品の市場を広く確保するべきだと主張した。彼らによれば、高価な奢侈品は輸出金額の総額こそ大きくなるものの、製造が困難で商品の数量が確保できず、製造にあたって職人の熟練も必要であるため、好況を迎えてもそれによる成長、とくに生産規模の拡大は遅々たるものに過ぎない。結果として雇用や関連産業の規模に則して生じる経済的インパクトや波及効果は小さくならざるをえない。政治経済主義者たちは、奢侈品製造業も軽視すべきでないが、主戦場はあくまで低価格の普及品によるイギリスとの競争にあると主張した。ナポレオンの大陸体制は、主にこの政治経済学者達の主張に依拠して構想された。

シャプタルは今日の経済学の先駆者の一人であり、自分の学説を政治家として実践していた。

フランス工業総生産の部門別構成

部門別	1781〜90年	1815〜24年
採掘	0.2	0.2
冶金・金属加工	6.0	5.0
化学	1.7	3.7
繊維	42.0	45.6
食品	22.3	22.1
建設・土木	14.0	12.9
木材	12.7	9.3
製紙	1.1	1.2
合計	100.0	100.0
近代的部門	9	10
伝統的部門	91	90

（注）数字は工業総生産に占める各部門の比（%）を表す。繊維には被服、皮革を含む。
服部春彦『経済史上のフランス革命・ナポレオン時代』多賀出版、2009年、131頁、表5-5を参照。

フランス革命とナポレオン体制の下での経済発展と工業化の進展にもかかわらず、フランスの産業構造そのものは大きく変化しなかった。

海事上のフランス革命

制海権を喪失するフランス

一七八九年の革命の勃発により、フランス海軍は主に人材の面で大きな打撃を被った。フランス王国海軍の将校、具体的には艦隊を指揮する提督や軍艦を統括する艦長は、基本的にすべて貴族出身者であった。いわゆる軍に具現される身分制である。海軍の高級将校は、海上で単独の決断を強いられる局面が多いうえ、戦闘だけでなく気象の知識とその急変への対応力も求められる。それゆえに、その育成には長い年月と多くの経験を必要とする。革命が始まると、現役海軍将校の多くが職務を放棄して外国へ亡命した。当時、艦艇数のうえではイギリス海軍に対しても優位にあったフランス海軍であったが、満足に軍艦を動かせる将兵を揃えることもできなくなり、その戦力は大きく低下した。

一七九二年の革命戦争の開戦は、深刻な問題をフランスの海事に引き起こした。これまで対英戦が始まるたびに繰り返されてきた、イギリス艦隊によるフランスの主要港湾の封鎖が再来したからである。しかも今回は、封鎖に対抗するフランス艦隊の戦力が壊滅的な状況にあり、港の沖合を遊弋《ゆうよく》するイギリス艦隊を撃破して商船隊を無事に出港させること

サン＝ドマングで反乱奴隷を導き、ハイチ革命を率いて成功させた、卓越した指導者トゥサン＝ルヴェルチュール。

通商破壊戦の一幕。1800年10月7日、シュルクフ艦長率いるフランスの私掠船コンフィアンスは、インド洋でイギリスの重武装大型商船ケントに戦いを挑み、果敢な切り込みで拿捕に成功する。

は期待できなかった。

封鎖が始まると、荒天など気象条件による例外を除き、フランス商船隊の出港はほぼ不可能になった。商船が貿易に行かなければ、海上ルートによる通商は止まる。それまでフランス経済に大きな利益をもたらしていた西インド諸島の砂糖植民地との貿易を中心とする遠距離貿易が消滅したことは、大西洋沿岸の港湾都市に深刻な不況をもたらした。

不況はすべての海事関連の業種に及んだ。遠隔地との貿易を行う大貿易商人、商船を作り艤装する造船業者、商船を運航する船長や水夫、商船から積み荷を降ろし倉庫で保管する港湾荷役業者、輸入品を国内で販売するために仕入れに訪れる卸売業者、そして彼らを相手とする飲食業者や宿屋が軒を連ねる歓楽街まで、それまで活気にあふれていた貿易港はすっかり火が消えたようになった。この貿易港に閑古鳥が啼く状態は、一八〇二年のアミアン和約によって全面停戦となった短期間を除いて、基本的に一八一四年の第一次王政復古まで続いた。

大西洋貿易の構造転換とハイチ革命

フランスの遠距離貿易、とくに大西洋貿易とその繁栄を支えた西インド植民地経営にとって革命戦争は破滅的であった。イギリス艦隊が海港を封鎖し、イギリス私掠船がフランス商船を襲撃して拿捕《だほ》するようになったため、フランス商人による遠距離貿易は事実上不可能になった。それに加え、西インド諸島のサン＝ドマングでは黒人奴隷が反乱を起こして白人の農園主を追い出し、その他の砂糖植民地もイギリス軍の攻撃を受けて占領された。破局のあと、ナポレオンが完全に失脚する一八一五年までの間に、フランスの海事は、ボルドーを中心に行われていた西インドとの砂糖貿易が存在しないものとして再構築された。砂糖の主要貿易港でもあったボルドーは、後背地で生産される上質なワインの輸出港として再編成されるが、過ぎ去りし日々の繁栄を取り戻すことはなかった。

革命フランスにとって、一七九一年八月にカリブ海の砂糖植民地サン＝ドマングで始まった黒人奴隷の反乱は、経済的に大打撃となると同時に、革命の真価を問われる事態となった。

つまり、自由と平等を掲げた革命が、肌の色による差別を肯定するのか否かという問いを突き付けられたのである。一七九四年二月、国民公会は黒人奴隷の解放を決議したが、反乱は収束せず、植民地支配の打倒と独立へと向かう。サン＝ドマングの奴隷反乱は、周辺地域で奴隷制サトウキビプランテーションを経営して利益を上げている他の列強の危機感を強め、スペインやイギリスによる軍事介入も行われた。しかし、反乱の勢いは止まらず、卓越した黒人指導者トゥサン＝ルヴェルチュールの指導下に、黒人による独立国家建設が現実のものとなりつつあった。

しかしナポレオンは、権力を握ると軍を派遣して鎮圧を進め、トゥサン＝ルヴェルチュールを拘束して獄中死させるなど、強硬手段を用いてサン＝ドマングを再制圧した。それでも独立をめざす現地の勢いは止まらず、フランス軍は撤退を強いられ、一八〇四年にハイチの独立が宣言された。

ナポレオン体制期の貿易

「大陸体制」の先駆けとなった総裁政府（一七九五〜九九年）

ナポレオンの「大陸体制」とは、ヨーロッパ大陸にフランスを中心とする経済構造を構築し、周囲の国々をフランス産業の市場及び原料供給地に仕立て上げ、それらを搾取《さくしゅ》してフランスが繁栄を遂げようとするものである。実は、これもナポレオンの発案によるものではない。その発端は、一七九四年に国民公会でロベスピエールを失脚させ、以後の実権を掌握したテルミドール派にさかのぼる。

テルミドール派は、早くも一七九五年八月には公安委員会の内部でスペイン本土及び植民地の権益獲得を狙った分析を行っている。そして、一七九五年に総裁政府の外務大臣に就任したシャルル・ドラクロワは、政治経済主義による政策を進めるため、フランス工業の市場とすべき地域を探した。彼はフランス各地の自治体に対し、主に貿易商人の意見聴取を命じた。その結果、フランスがスペインの権益を獲得することに期待を持つ者が多いことが判明する。ドラクロワは「大陸体制」と同様の狙いを秘めてスペインに接触し、一七九七年五月からスペインの宰相ゴドイとの交渉に着手した。工業化に出遅れたスペインにとって、仏外相ドラクロワの提案を受け入れ、フランスと通商条約を締結して関税障壁を撤廃することは、スペイン本土及びスペイン領アメリカ植民地の市場をフランスに引き渡すことを意味した。当時のスペインはフランスの同盟国であって、被征服国ではなかったため、ゴドイは不当な内容の申し出を断固として拒んだ。

さらに一七九八年一月、フランス総裁政府はイギリス商品をフランス国内から駆逐することを狙い、新政策を打ち出した。イギリスに寄港してからフランスに到着した商船の入港を禁止すると共に、船内でイギリス商品が発見された商船の拿捕と積載商品の没収が法で定められた。その結果、多数のアメリカ商船が拿捕されて大量の商品が没収されたため、米仏関係は緊迫する。それと共に、フランスへと向かうアメリカ商船は激減した。

不敵な表情を浮かべるスペインの宰相ゴドイ。

対スペイン交渉を強硬姿勢で進めたドラクロワだが、フリュクティドールのクーデタを前に外相の座を追われた。外相が交代したものの、同様の外交政策が後継の外相タレランによって進められた。タレランは、一七九八年二月にフランスの衛星共和国であるチザルピナ共和国に対し、フランスが一方的に有利な内容の通商条約を押し付けることに成功する。北イタリアの市場は、低価格のフランス製衣料品に席巻されることになる。フランスにとって、フランス軍が占領して各地に衛星共和国を建てたイタリアは、同盟国スペインと違って、駐留する軍の威圧による強要で屈服させうる相手であった。肥沃な北イタリアの権益確保とフランスへの従属化は迅速に進められ、帝政期のフランスへの併合も他地域より先に実施されることになる。

貿易商人は戦時中もしぶとく稼ぐ

一七九三年二月に革命戦争が海上における対英戦に拡大した結果、フランスの貿易港はイギリス艦隊によって封鎖された。フランスの貿易は壊滅的な打撃を受けることになったが、しかし海外の物産、とくにフランス領植民地産の商品がまったくフランスへ輸入されなくなったわけではなかった。一七九三年末までに、英仏は相互に、たとえ中立国の商船であっても、相手国産の商品を積んでいるもの、相手国に商品を輸送するものは拿捕すると定めた。つまり、それまでは中立国の商船が港湾封鎖をかいくぐって物資を輸送していたのである。

この決定に反発したのが、自国の商船を拿捕対象に入れられた中立国のアメリカ合衆国であった。激しい反発を受けたイギリスは、一七九四年一月に拿捕対象を制限し、フランス植民地の産品をそこから直接ヨーロッパの港に運ぶ船に限ることにした。

結果的に、フランスの植民地産の商品を中立国であるアメリカにいったん持ち込めば、そこからフランスに再輸出することが可能になった。コーヒーや砂糖などの新大陸産の物産は、このルートをたどって、中立国の商船に積載されてボルドーを中心とするフランスの大西洋貿易の拠点港へ輸送されることになる。しかし、封鎖下にあるボルドーは新大陸から持ち込まれた商品をヨーロッパ圏内へ再配分するハブ港としての機能を果たすことができず、その地位は戦火を免れていたハンブルクに奪われた。ボルドーは後背地で産出される良質なワインの輸出港としての機能は維持し、中立国商船によってボルドーワインの輸出が活発に行われた。

ナポレオンと大西洋貿易

一七九九年、ナポレオンはクーデタで権力を掌握すると、すぐに中立国商船の拿捕を定

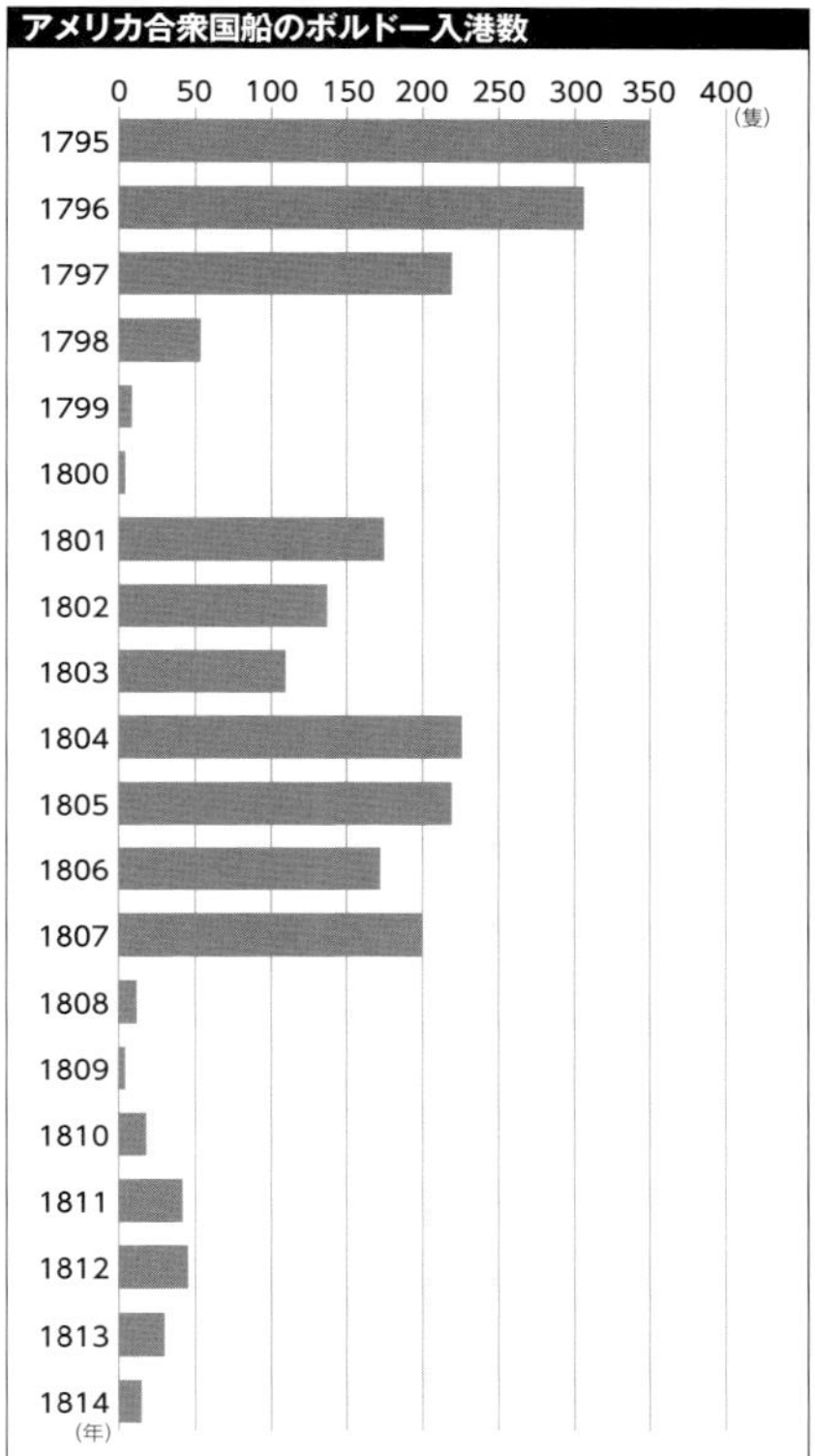

服部春彦『経済史上のフランス革命・ナポレオン時代』多賀出版、2009年、131頁、表6-1を参照。

めた総裁政府の法を破棄した。彼の狙いどおり、アメリカを中心とする中立国の商船は再び活発にボルドーへ入港するようになり、大西洋貿易は再生する。しかしナポレオンは、一八〇七年一二月一七日、大陸体制の強化を狙ってミラノ勅令を発し、中立国に対してヨーロッパ大陸との貿易を完全に閉ざすという決定を下す。

アメリカ合衆国はただちにこれへ対抗措置をとり、その後、自国の商人に対しても英仏両国との貿易を事実上禁止した。その結果、ボルドーへの中立国商船の入港はほぼなくなり、フランス経済にも無視できない悪影響が生じ始めた。ナポレオンは合衆国政府に対し、アメリカ商船に対する大陸封鎖令の適用除外を提案して譲歩し、それに合衆国も応じてフランスとの貿易禁止措置を撤回した。その後は中立国商船のボルドーでの貿易は徐々に復活していったが、ナポレオン体制のもとでは大陸封鎖令以前の水準に戻ることは無かった。

ボルドーの高級赤ワインはアメリカ船でイギリスへ

この時期、ボルドーに入港していた中立国商船は、誰によって運行されていたものであろうか。建前上はデンマークやアメリカの商人による運行であったが、後者の場合、その実態は多様であった。

まず、輸入する商品が少量なら、フランスの商人がアメリカ商人に商品を発注し、ボルドーに向かうアメリカ商船で輸送することが可能であった。商品の量が多ければ、フランス商人がアメリカ船をチャーターする場合もあった。さらには、フランス当局の同意のもとで、自分の所有するフランス船をアメリカ商人に売却したかのように書類の上で偽装し、船に星条旗を掲げてアメリカ船として運行する場合もあった。

そして、ボルドーで高級ワインを積んで出航した中立国商船の行き先は、なんとイギリスであった。ナポレオン戦争中もイギリスの貴族たちがフランス産の高級ワインを好んで嗜《たしな》んでいたことはよく知られている。彼らがこのルートによって輸出された高価なボルドーワインを愛飲しつづける限り、ボルドーの高級ワイン醸造業者が「干上がる」こともなかった。赤ワインを飲みたいイギリス貴族と、高級ワインを買ってもらいたいフランスの醸造業者は、戦時であってもワイン貿易は続けることで利害が一致していたのである。

大西洋を挟んで形成されたボルドー商人のネットワークもまた、この危機の時代を克服する上で果たした役割が大きかった。ボルドーがイギリス艦隊の封鎖下に陥った一七九二年以降、ボナフェ家やグラディス家など、有力なボルドーの貿易商人家系から多くの者が合衆国の東海岸へ移住し、現地で市民権を取得してアメリカ商人として商業活動を開始した。フランス本国からの移住者に加えて、大規模な奴隷反乱を逃れてサン＝ドマングからディアスポラした入植者達もまた、合衆国の東海岸に位置する主要港湾都市へ移住している。それらの移住者達は故郷ボルドーとの間に血縁による人的ネットワークを形成し、それを介して大西洋上で商品と情報を流通させ、相互に支援し合ったのである。統計上はアメリカ商船の活動に数えられる数字の多くが、実はボルドー商人のネットワークによって支えられていたのであった。

ナポレオン時代の工業化

フランス革命期には植民地を中心とする海外との貿易が途絶したため、海外貿易に関連するすべての工業が打撃を受けた。造船・海運業、輸入された砂糖やタバコなどの加工業、輸出目的で麻と亜麻を糸や布に加工する繊維産業は大きく衰退した。しかし、一八〇〇年からフランス工業は成長へと舵を切った。その後の一〇年間に、フランスは産業革命の最初期段階に入ったと考えられている。

革命フランスとナポレオンを心底嫌ったプロイセン王妃ルイーゼでさえ、フランス発の綿モスリンドレス姿であった。

その中心となったのは、新たに勃興した産業であった。機械生産による綿工業、それに綿糸や綿布の製造機械を供給する機械工業、それに機械の原料を供給する製鉄業、染色や紡績に必要となるソーダ等の化学物質を生産する化学工業の各工業である。新興の綿工業を中心に、多様な分野へ波及効果が生じて経済成長が始まるのは、まさにイギリスの産業革命によく似た様相である。

奢侈品製造業の明暗

ナポレオン帝国で宮廷が再興されたことから、奢侈品の分野で旺盛な発注が行われ、絹織物を中心に生産の回復が見られた。また、革命によって身分制が打破されたため、それまで貴族身分固有の生活スタイルの表徴だった奢侈品が身分の束縛を離れ、富裕なブルジョワをも市場とするようになった。

貴族よりも層の厚い大ブルジョワたちの消費意欲は旺盛であった。華麗な装飾を施した家具、金銀細工の装飾品、貴金属と宝石を多用した時計、セーブル焼に代表される美しい磁器、金糸銀糸を使用した刺繍と飾り紐。これらの贅沢な生活を彩る奢侈品は、フランスが圧倒的な競争力を有しており、国の内外でよく売れた。好景気を受けて、パリを中心に立地した工房で生産も旺盛に行われた。しかし、かつてルイ一五世の時代、フランスの輸出用奢侈品を代表する存在だった極細亜麻糸製の高級手織りレース製造業は、その波に乗ることができなかった。

最高級手織りレース製造業の終焉

亜麻糸で作られる高級手織りレースの製造

30代後半になっても、肌の露出度が高い綿モスリンドレスを着こなした第一統領夫人時代のジョゼフィーヌ。

業は、革命前から長く不振に陥っており、ナポレオン時代に至っても、いまだ復活の糸口をつかめずにいた。かつて王妃マリ＝アントワネットが、レースを装着しない綿モスリン製のシュミーズドレスを中心とするファッションを流行らせた時期から、消費が落ち込み始め、長い低迷のなかにあった。

フランスを代表する産地のアルジャンタンですら、商品が売れなくなり、決定的な打撃を受けていた。ポンパドゥル女侯爵が愛した繊細で優美な製品は、使用する極細糸を製造する技術が失われ、腕の良い女工も確保できなくなり、彼女の時代に頂点に達した超絶技巧の手編みレースは、ナポレオンの時代にはもはや再現することは不可能であった。

ワーテルローの古戦場に、可憐な青い亜麻の花が咲く。かつてベルギーも高級手織りレースの著名な産地であった。

手織りレースは最高級の製品が質を落としていた上、手頃な価格の品ですら市場を見出すことも困難な時代であった。ナポレオンの宮廷でも、アントワネットが魅力を見出したシュミーズドレスから発展したアンピールドレスが女性モードの主流であった。このドレスも綿モスリン製で、デコルテを大胆に露出した古代ギリシア風のデザインが特徴であった。この時代の女性モードは、ふんわりした質感で薄いシースルー生地のドレスをじかに身につけるのが特徴で、豪華さを演出する装飾である手織りレースを装着する余地は存在しなかった。

ナポレオンは経済成長戦略から高級レース産業を重視して復興支援を進めたが、うまく運ばなかった。まず、モードの女王の地位に就いた妻ジョゼフィーヌを始め、流行に敏感な宮廷の女性に、時代遅れとなったレースを多用するポンパドゥル風の服装を強いることは困難であった。そのためナポレオンは、主に男性に高級レースを使用させることを考えた。軍人や高級官僚、高位聖職者に、襟元や袖口の装飾として高級レースを使用するよう奨励した。

しかし、一七世紀の武人のように、磨き上げられた甲冑の上に巨大な高級手織りレースの胸飾りを装飾として装着し、自らの権力と財力をひけらかすことが賞賛された時代は過ぎ去っていた。ナポレオンの振興策も、衰亡の危機に瀕した高級手織りレース製造業を救うほどの需要を喚起するには至らなかった。

繊維産業で機械化が進む

繊維製品のなかで、経済戦略の主戦場である低価格の普及品の生産においては、革命期からナポレオン体制期にかけて大きな構造転換が生じている。羊毛工業は主役の座を綿工業に譲り渡すことになるが、イギリスでも製造上の技術革新と機械化は羊毛工業で最初に生じており、フランスのたどった道もそれに追随するものとなった。当時、イギリスでは、自国で開発された先進的な繊維産業用製造機械を戦略的視点から輸出禁止にしていた。他国に対する生産コストの優位を守るためである。しかし、実物を持ち出すことは阻止できたとしても、機械製造のノウハウを持ち、設計図を暗記した人間のフランス行きを止めることまではできなかった。

一七八五年、イギリスからやって来たミルン親子は、ルイ一六世の特許を受けてパリ郊外でアークライト式水力紡績機の製造を羊毛工業向けに開始した。ミュール紡績機の場合、一七九一年にパリ郊外でピックフォードがイギリスから製造ノウハウを持ち込んで生産を開始している。

この流れは、革命戦争の勃発やナポレオン体制の確立によっても、止まることはなかった。かつてマンチェスタ近郊で羊毛紡績業を手掛けていたイギリス人のウィリアム・ダグラスは、一八〇二年に統領政府の資金援助を受けて、パリで羊毛紡績用機械の製造を開始した。そこでは開毛機・刷毛機・粗紡機などはフランス北部に位置する工業都市に続々と出荷された。北フランスの機械制羊毛工業は、ダグラスの製造した機械がなければこの時期に誕生できなかった。統領政府期には、ランカシャ出身のイギリス人ウィリアム・コックリルも、当時フランスに併合されていたベルギーで機械製造業を始めた。彼はまず小都市ヴェルヴィエで紡績用生産機械の製造を始めた。彼は一八〇七年に、ベルギーの工業都市リエージュに生産拠点を移転し、大規模な工場で製造を開始した。イギリス政府は紡績機械を基本的に禁輸としていた上、大陸封鎖が実施されると密輸で持ち込むことも困難になった。需要がいくらでもあるなかで供給が制限されたため、性能が良いと評判の彼の精紡機は、主に南フランスの羊毛工業を相手に飛ぶように売れた。

ウールからコットンへの転換

工業化の進展において一つの重要な転機となるのが、機械制羊毛工業から機械制綿工業への転換である。それはフランスにも訪れるが、その際、ナポレオン戦争と大陸体制が大きな足かせになった。羊毛工業の原料はヨーロッパ内部で調達が可能であるが、綿工業の原料である綿花はヨーロッパでは生産されていない。そのため、原料の輸入が不可避であるにもかかわらず、海上の交易ルートはイギリス艦隊によって封鎖されていた。綿花はドイツ方面から東部のストラスブール経由で、あるいはオスマン帝国商人の媒介によってバルカン半島方面からハプスブルク帝国経由で、陸路ないし河川交通を利用してフランスへ持ち込まれることになる。大型船で貿易港に大量に持ち込むのと比較して輸送効率は悪く、原料不足とコスト高が生産現場に常についてまわることになる。

フランスの機械制綿工業では、革命前に早くも一部のマニュファクチュアに、人力で動かすジェニー紡績機がイギリスから導入されていた。農村手工業に従事する農民が使っている従来型の糸車は紡錘《ぼうすい》が一つだけだったのに対し、一七六〇年代にハーグリーヴズが発明したジェニー紡績機は、労働者一人で同時に八個の紡錘を扱えるために生産効率がはるかに良かった。ただし、人力で動かしているため、労働者が疲れると生産効率が下がるのと、人間が糸車を回す速度は不安定なため、それが製品の質にばらつきを生じさせる欠点があった。

フランス北部の工業都市ミュルーズで稼働する大型マニュファクチュアには、最新の生産機械が投入され、低コストで繊維製品が生産された。

一八〇三年頃からは、パリとその近郊に新型で生産力の高いミュール紡績機を備えた紡績工場が次々と建設され始める。ミュール機は一七七九年にイギリスでクロンプトンが開発し、その後の改良で実用性が大幅に向上した当時最新鋭の紡績機であった。開発当初は人力で動かしていたが、水車を動力に利用する改良が行われてからは、一台につき二百数十の紡錘を倦《う》むことなく一定の速度で稼働させ、質の安定した糸を大量生産できるようになった。

当然、ミュール機もイギリス政府は輸出を禁止していた。質の安定した細い糸を大量かつ効率的に生産するミュール機の生産コストは圧倒的に低く、それがイギリス繊維産業の国際競争力を支えていたからである。しかしミュール機もまた製造技術の漏洩を阻止できず、ヨーロッパ大陸で海賊版が生産されるようになった。一八〇六年には、早くもフランスの紡績業において、ミュール機を使用する業者が支配的になっていた。当時フランス最大の紡績業者であったリシャール＝ルノワール社の主力工場は、ミュール機を多数設置し、紡錘の総数が二万個に達する巨大なものであったという。

水車から蒸気機関へ——機械工業の勃興

工業化を支える動力源の面でも、フランスは一七八九年の段階で炭鉱に排水用蒸気機関の設置を果たしていた。ナポレオン体制期には、地下坑道で採掘した石炭を地上に運び上げるために、より進歩した形式のフランス製蒸気機関の運用が始まっており、生産性の向上に貢献していた。それらの蒸気機関はパリにあったペリエ兄弟の工場で製造されたものだったが、彼らの工場では蒸気機関だけでなく、製鉄業で使う圧延機や鍛造ハンマー、紡績業向けのミュール機も製造されていた。唸りを上げて稼働するその工場は、始まったばかりのフランスの工業化に力強い推進力を与える役割を果たしていたのである。

革命は経営者の出自を変えたか

フランスにおける工業化の過程を見るうえで、革命、とくに恐怖政治による経営者家系の断絶を強調する説は過去のものとなった。伝統的な製造業の場合、ナポレオン時代の工業化を支えたのは、革命前から起業家・経営者としての経験を蓄積してきた富裕なブルジョワであった。彼らは特権マニュファクチュアを中心として、王政と癒着することでさまざまなビジネス上の利権を手に入れていた。そのため、革命で特権を失って経済的な打撃を受けたのは間違いない。

しかし、フランスにおける工業化の進展という未曾有《みぞう》のビジネスチャンスを前にしたとき、投資すべき資金を持ち、工場経営のノウハウを蓄積してきた彼らが、それを見すごすことはなかった。同時に、ナポレオン体制期には、綿工業がまったく新しい分野の製造業として立ち上がった。既存の製造業と異なり、すでに市場を押さえていたり、製造ノウハウを我が物としたりしている者はまだおらず、多くの新規参入者が集まった。結果的に、それが多様な成功者を生み出した。先行者利益を争った起業家のなかには、革命戦争で海外貿易の機会を失って綿紡績業に未来を見出した大貿易商人もいた。しかし、綿紡績業で大多数を占めていたのは、絶対王政期には製造業の経営で実績を残していない家系の新人経営者達だったのである。

第4章

ナポレオンと宗教

ナポレオンの信仰観

なぜフランスではナポレオンの信仰心が問われるのか

イタリア的なカトリック世界で、その周縁《しゅうえん》に位置するコルシカ島に生まれたナポレオンは、生まれながらのカトリック信徒であった。しかしフランスでは、しばしばナポレオンの信仰心が問題とされてきた。

書面のうえではカトリック信徒ということになっているナポレオンであるが、宗教的な問題行動を伝えるエピソードは多い。たとえば、エジプト遠征中、現地住民の支持を期待して自分はムスリムであると公言したことがある。権力を握ったあとは女好きを隠そうともせず浮気を繰り返したうえ、オーストリア大公女マリ＝ルイーズと再婚するためとあれば、躊躇《ちゅうちょ》なく皇后ジョゼフィーヌとの結婚をそもそも無効だったとした。

教義に忠実なカトリック信徒からすれば、ナポレオンははなはだ「行儀の悪い」人物であった。そのうえ、帝国の統治において国家理性を優先し、しばしば教皇と対立した。そして、利に聡く徳が高いとは言えない人物を、政治上の都合でパリ大司教など教会の要職に抜擢しようとしたり、大陸封鎖を強化するために教皇国家を占領して帝国に併合したりしたため、ついには一八〇九年に教皇ピウス七世によって破門されるに至っている。

素行の面からは敬虔《けいけん》とは言えないナポレオンであるが、その事績のなかで、とくに彼の信仰心が問題とされて来た理由がある。それが一八〇一年に教皇との間で行われたコンコルダの締結《ていけつ》である。これはフランス革命以来、十余年に及んだフランスの宗教的混乱を打開するために結ばれた政教協約であった。革命による礼拝の途絶からカトリック教会を救い出し、その再開をもたらす選択をナポレオンは担った。

彼はなぜそうしたのか。ナポレオン自身が、神の救いを必要としたのか。つまり、コンコルダは、カトリック教会の長女と讃えられたフランスに、カトリックの祭壇を復興するための栄誉ある壮挙だったのか。それともナポレオンは、神の救いを求めない不信心者か。彼の選択は、宗教紛争に悩まされる内政上の損得勘定の結果にすぎなかったのか。通常は歴史学が研究対象としない、不可知であるはずの「人の内面」に関する問いかけが、二一世紀に至ってもなお、フランスの保守派カトリックの歴史家には問われ続けている。

フランス革命による既成宗教の否定

革命以前、フランスでは公共圏で活動できる宗教がカトリックだけに限られていたうえ、

愛人のヴァレフスカ伯爵夫人が懐妊し、私生児とはいえ自分の種の息子を産んだことで、ナポレオンは糟糠の妻ジョゼフィーヌとの離別を決意する。

善悪の価値基準はカトリック教会が決めており、その聖職者が「死後裁きを受ける」という教義を通じ、一般信徒に対して支配的な影響力を持っていた。フランス革命はそれを打破しようとし、カトリック教会の力を削《そ》ぐために反教権主義的な政策を次々と打ち出した。その結果は破壊的であった。

一七八九年の夏には、早くも教会の財産が財政赤字を解消する狙いで没収されはじめ、各地に多くあった教会堂も数が多すぎるという理由で次々に廃止され、それに付属する財産で国有化されたものは順次競売で売却された。革命が進むなか、一七九三年の恐怖政治と脱キリスト教化運動の高揚や、一七九五年に公共空間での礼拝を全面的に禁止する法律が制定されたことによって、屋外の人目につく場所で礼拝を行うことは事実上不可能になった。

カトリックの宗教行列（ゴヤ画）。

革命に反発する聖職者は地下に潜伏して活動を続け、敬虔な信徒達は彼らに従った。革命に対する賛否で教会は分裂し、革命を支持する宣誓を課された聖職者団は、宣誓をした者と拒んだ者に別れて、互いを非難しあった。革命支持派である宣誓派教会は信仰の伝統より革命の求める改革を優先したため、信徒の支持を失って急速に勢力を衰えさせていた。

ブリュメールのクーデタによる宗教政策の転換

ナポレオンはブリュメールのクーデタで権力を握ると、宗教問題の解決が権力を確かなものとするうえで不可欠であることに気づいた。国内で礼拝に関する不満が蓄積した結果、各地で法律が禁止する礼拝を強行する事件が続発していた。当時の法律では、屋外に宗教性のある音声が漏れることと、屋外で宗教色のあるしるしを人目に触れさせることが禁止されていた。そのため、賛美歌を斉唱したり、鐘楼の鐘を鳴らしたり、屋外で十字架を掲げて行列で行進することが、すべて禁止されていた。つまり、伝統的なカトリック礼拝の大半が挙行できなくなっていたのである。

当時のフランス社会では、日々、定められたカトリックの礼拝を淡々とこなしていくことが信徒の義務であると同時に、彼らの日常生活の基本リズムを作っていた。にもかかわらず、望むように礼拝ができない日々が続いていた。

その不満が、国外に亡命している王党派指導層と連携する国内の反体制派を支持する方向へ、敬虔な信徒たちを追いやっていた。その結果、反革命派や王党派は敬虔な信徒達の不満を吸収することで実力以上に膨れ上がり、政治的な意味での本来の姿よりもはるかに強大な勢力になっていたのである。ナポレオンはそれを見抜いた。

彼は王党派と敬虔な信徒達を切り離すため、教皇との和解によって公共圏での礼拝の秩序ある再開をめざしたのであった。そのため、彼は権力を握ると、総裁政府が一七九七年のフリュクティドールのクーデタ後に定めた厳しい規制を撤回した。それは既成宗教を危険視し、警察と司法によって厳しく監視する厳罰主義の抑圧政策であった。

教皇庁との和解交渉へ

ブリュメールのクーデタで権力を握ったナポレオンが、具体的に教皇庁との和解に着手したのは、一八〇〇年五月に始まる第二次イタリア遠征中のことである。クーデタ後の新体制作りに一段落をつけると、彼はグラン＝

サン＝ベルナール峠を越え、ハプスブルク帝国の勢力圏でその財政を支える肥沃な北イタリアに侵入した。高名なナポレオンのアルプス越えである。そして、ミラノに入城して市内のハプスブルク勢力を一掃すると、フランスの衛星国として同市を首都とするチザルピナ共和国を再建した。彼はミラノ大聖堂に現地の聖職者を集めて演説を行い、聖職者による貢献に期待感を示した。

　彼の演説の主たる狙いは、征服者フランスに対する聖職者たちの反発を抑えてチザルピナ共和国の再建を円滑にすることであったが、それだけではない。当時のフランスでは、彼の留守をいいことに、ナポレオンが戦死することを期待して権力者同士の暗闘が始まっていた。統領政府の巨魁の一人である警察大臣フーシェも、その主役の一人であった。当時の彼は、革命的政策への回帰を主張するネオ・ジャコバン派を支持基盤としており、自分たちの政敵として聖職者に狙いを定め、彼らの圧迫を強化し始めていた。それを受け、統領政府の宗教政策転換が真摯なものであるかどうか、聖職者の間からは疑問の声が上がった。ナポレオンのミラノ演説には、このような策動を抑制する狙いがあった。

ナポレオンのアルプス越えを称揚する宣伝画。

　ナポレオンはその後も北イタリアを転戦しながら勝利を重ね、六月一四日、マレンゴでは敗北に瀕しながらもドゥゼ将軍の来援で劇的な逆転勝利を遂げ、ハプスブルク帝国軍を講和に追い込んだ。凱旋将軍としてのパリへの帰路、彼はマルチニアナ枢機卿が司教を務めるヴェルチェッリに立ち寄った。六月二五日、和解の意思があることを教皇ピウス七世に伝えるよう、枢機卿に対し内々に依頼している。

コンコルダ交渉の展開

教皇庁との和解を妨げるガリカニスム

ナポレオンがマルチニアナ枢機卿に伝えた提案は、凱旋途上でふと思い立って実行に移した思いつきの産物ではない。革命に伴う混乱に加えて、教皇権とガリカニスムの対立の歴史を踏まえたもので、よく練られている。

　ガリカニスムは、古代ローマのガリア属州を管轄したガリア教会に起源を持つカトリック教会内部の主義主張である。古典古代の末、ローマ帝国の辺境でキリスト教の布教が始まったとき、現地に設置された司教区を治める司教にとって、帝国が崩壊する危機の渦中でローマ教皇との連絡を密にすることは不可能であった。新しい司教の叙任は先任司教によって行われ、教義上の問題の解決は現地で司教が集まって司教会議で議論された。困難のなかで信仰を守った営みは尊いものとされ、それはガリア教会に属する各地のキリスト教共同体にとって守るべき伝統となった。

　しかし、中世になって交通が容易になり、さらに教皇権が伸張すると、状況は一変する。ガリアを中心として、各地の教会が過去の司教たちが下してきた判断を尊ぶ伝統を、教皇は教皇権の侵害として指弾《しだん》するようになる。司教を叙任する権限も、教義上の問題を判断する権限も、すべて教皇だけの権利であると。それがフランスの教会に対立をもたらした。

　一方に、教皇の首位性を絶対視し、ガリア属州以来の伝統を無視して教皇に従おうとするユルトラモンタニスムが位置した。他方に、ガリアの伝統を重んじ、教皇による首位性の

啓蒙思想家としても名高いグレゴワールは、カトリック教会の革命支持派（宣誓派教会）を率いることになる。

主張を、聖アウグスティヌスら教父が活躍した時代にさかのぼることはできないと批判するガリカニスムがあった。

　フランスでは、かつて国王ルイ一四世が、主権は王に属しその権利は不可分であるとし、外国勢力が国内に干渉する事態を拒絶する主権論を掲げた。その際に、ルイ一四世は教皇権のフランス国内での行使についても制限を試み、いわゆるガリカニスム四箇条を採用して教皇と対立するに至った。ガリカニスムは絶対王政との良好な関係の下で勢力を蓄え、一八世紀にはフランスの教会内で無視できない勢力を持つに至った。その後、カルヴァン派の影響も指摘される改革運動のジャンセニスムがフランスでも勢力を拡大するなかで、ガリカニスムの有力者がジャンセニスム運動にも加わり、教皇から異《い》端《たん》認定を受けるに至って、その勢力は大きく毀《き》損《そん》された。

　異端となったジャンセニスムとのかかわりから退潮を強いられたガリカニスムは、革命で息を吹き返す。一七九〇年、国民議会が教会を革命化するために定めた教会組織法（いわゆる聖職者民事基本法）は、革命を支持する熱烈なガリカニスト聖職者らの主張を多く入れて起草された。ガリカニスムに依拠した規制により、フランス国内で教皇がその権限を行使する余地は抹消された。

　その後、恐怖政治によって革命支持派の聖職者は大きな打撃を受けたものの、ガリカニスムの立場に立つ者たちは勢力を残した。ブリュメールのクーデタ以後も、彼らは教皇権への「過剰な譲歩」を許さない姿勢をとっていた。ガリカニストの主張や行動を教皇権の侵害と批判する教皇庁は、新たに革命政府を担うようになったナポレオンの真意を疑っていた。教皇庁保守派の有力者には、フランスにおける教会の革命化政策やそれに続いた脱既成宗教政策の背後に、ガリカニストの関与を見る者もいた。このとき、ナポレオンが提言のなかでガリカニストへの配慮を示せば、交渉は始まる前に終わっただろう。実際には、ナポレオンの提言は教皇庁の立場に配慮して定められた内容であり、その趣旨も明確なものであった。提言に含まれる重要な論点は以下の三つである。

ナポレオンの三つの論点

① 聖職者団の刷新

　第一は、既存の組織にとらわれず、まったく新しい安定的な教会組織を確立すること。つまり、新しい聖職者団は、旧体制のそれとも、革命支持派が作った宣誓派教会とも、別のものとなる。しかし教皇庁にとって、旧体制の教会組織だけが正統なものであって、宣誓派教会は聖職者のポストを簒奪した違法な存在でしかなかった。

　教皇庁側では、ナポレオンが宣誓派教会を温存することを望まないことは評価された。ただし、王党派の亡命聖職者と教皇庁の保守派は、旧体制の教会組織を復活させることが筋だと考えていた。ピウス七世がフランスの教会分裂を解消して教皇権のもとに再統合することを優先し、旧体制の聖職者団を切り捨てると、別の軋轢を生む可能性が高かった。フランスと教皇庁の両者にとっては妥当な線の提案であるが、利害関係者はその二者だけではない。これを実行に移す際に難しい立場に置かれるのは教皇庁である。

② ガリカニスムとの決別

　第二は、統領政府は、司教の叙任《じょにん》手続きに関してガリカニスムを支持せず、教皇庁に譲歩すること。当時、伝統的なカトリック司教の叙任は、四つの手続きからなっていた。その中で教会法上の叙任は、教皇庁の主張どおり、教皇が授けることを認めると明言した。

　手続きの第一は、司教区のある地域を支配する世俗の権力者による司教候補者の任命である。これは、その権力者がカトリックではない場合には、教皇庁は認めない。第二は、司教候補者に対する教会法上の叙任であり、教皇が授ける場合は大勅書の授与による。第三が、新任司教による教皇及び世俗の権力者に対する忠誠の宣誓である。第四が、秘跡的叙階（按手礼《あんしゅれい》）であり、使徒の時代から代々継承されてきた司《し》牧《ぼく》者としての権能を受け継ぐ儀式である。これは先任司教が新任司教の頭に両手を置き、神に継承の無事を祈ることで行われる。これらとは別個に、担当司教座に赴任した時点で司教座着座式が行われる。

このなかで、常々問題となっていたのが教会法上の叙任である。教会法上の叙任は、神から司教へ直接委ねられる司教区の裁治権を、新任司教に授けるための手続きであり、これを済ませることで司教候補者は正規の司教となる。

革命初期の教会組織法では、ガリカニスムに依拠し、教会法上の叙任は先任司教が授けると定めていた。古代ガリア教会では、ローマと密な連絡をとることが困難で、教会法上の叙任は先任司教が授けていたからである。ところが、教会組織法によって選ばれた最初の宣誓派司教達に、教会法上の叙任を授けようという奇特な旧体制司教は誰もいなかった。そのため、すでに僧籍を離れて還俗《げんぞく》していたオタン旧体制司教タレランが、急遽、紫色の司教の法衣に袖を通してその役目を務めることになった。このことは宣誓派司教の正統性を著しく損なった。彼らが「教会法上の叙任を受けていない偽司教」と誹られ、国民の広範な支持を得られずに終わる原因の一つになったのである。

タレランを側近に置き、この混乱を知るナポレオンは、近世以来続いてきた革命以前の伝統に回帰すると明言した。ガリカニスムと教皇権の対立は、中世から続いてきたものである。この点で譲歩を行わないかぎり、教皇庁と実りある交渉を行うことは不可能であった。

たとえば、フランス王フランソワ一世も、一五一六年のコンコルダの交渉に着手する際にまったく同じ譲歩を行い、かつてシャルル七世が一四三八年に採用したガリカニスムを放棄した。なお、現在のカトリック教会内には、新任の司教に授ける教会法上の叙任を、教皇が専権事項としていることに疑義を差し挟む勢力は存在しない。結果的に、司教の叙任手続きにおいて、教会法上の叙任は近世のような重要性を失った。今では、先任司教によって授けられる秘跡的叙階（按手礼《あんしゅれい》）のほうが、はるかに重要な儀式になっている。

③革命の成果継承

第三は、革命によって進められた教会改革について、その一部を継承すること。具体的には、司教区の改廃と統合、教会十分の一税の廃止と教会財産の売却を補う聖職者の俸給制、国有財産購入者の権利尊重の三点であった。

司教区の統合については充分な先例があり、原則的に問題がないことであった。ただ、教皇庁によって、一部の廃止司教座復活が求められることになる。司教座聖堂が聖地として崇《あが》められている場合や、かつて聖人が司教を務めたことがある著名な司教座は、一般の司教座よりはるかに格が高い。教会人として、廃止によって名高い司教座に刻まれた歴史の重みが失われることを残念に思うのは、当然のことであった。またそれはのちに、各県の主都と司教座都市を一致させようとするナポレオンの中央集権化政策を、不徹底なままで終わらせる原因ともなった。

教会十分の一税は、小教区の救貧や救荒のため、主任司祭が各信徒から収入の十分の一を徴収する税である。近世のフランス農村社会では重税と見なされて反発が強く、革命で真っ先に廃止された。教皇庁の保守派は、十分の一税復活と売却済み教会財産の回収を求めていたが、フランスでそれを実行した場合、反発する者が無数に現れると考えられた。教皇庁も交渉では拘泥《こうでい》しないことにするが、その必然的帰結として、俸給制ないし聖職者の公務員化を拒むための代替の収入源が用意できなくなった。教皇庁としては、収入を国家に握られた聖職者は、政府の意のままに動かされると警戒したが、代替案がないのでは折れるしかなかった。

なお、この教皇庁に対する提案のなかで、第一統領はすでに宗教的多元性の保障を政策として実施していながら、それにはまったく言及していない。当時のカトリックの正統教義において、他の宗教宗派はすべて全面否定すべき謬説《びゅうせつ》、つまり信じれば地獄行きが確定する間違った教えであった。当時のカトリック教会の教義では、他の宗教宗派との共存を受け入れるどころか、それが見える範囲に存在することを許容する余地さえなかったのである。そのため、ナポレオンが提案のなかで宗教的多元性に言及すれば、教皇庁は自動的に交渉を拒否することになる。のちの交渉においても、両者はこの点については沈黙を守り、暗黙のうちに現状維持を受け入れていくことになる。あえて事を荒立てず交渉の妥結を優先する方針を、それと言わずに提案したのはナポレオンであるが、それを飲んで交渉を進めたのは教皇ピウス七世であった。

教皇ピウス七世は提案を受けて立つ

和解提案の知らせは、七月五日に教皇ピウス七世に届けられた。教皇庁では、革命フランスへの反発が強く、交渉を受けるかどうかについて激論が戦わされた。過去の和解交渉では、フランスが教皇庁にさまざまな圧力をかけながら一方的に要求を突き付けるだけに終始したため、今回も交渉の成り行きが危ぶまれた。さらに総裁政府は、教皇ピウス六世を捕縛《ほばく》してフランスに連行し、南部の都市ヴァランスで捕囚の身に置き、一七九九年八月末にそこで客死《かくし》させていた。

1804年頃の教皇ピウス７世の肖像。

それだけでなく、教皇の死後、その側近達をフランスから退去させたときに、教皇の遺体の正式な埋葬やローマへの遺体移送さえ許さなかった。前教皇の遺体はヴァランスで小さな礼拝堂の地下室に仮安置されたままで、それが交渉受け入れを困難にさせていた。そこでナポレオンは、ピウス六世の遺体のローマ移送を認めると発表し、重大な障害を取り除くと共に、フランスの姿勢変化を印象づけた。

教皇庁は交渉に応じることを決め、フランスに派遣する交渉者としてコリント名義大司教スピーナを選んだ。彼は教皇庁の高級官僚として有能であり、取り扱う重大な実務との整合性を取るために、司牧の責務を伴わない名義上のコリント大司教座を与えられていた。当時のコリント大司教区はオスマン帝国支配下のギリシア正教地域にあり、現地にカトリックの大司教区は実在しなかった。彼はかつてピウス六世がヴァランスで捕囚下に置かれた際に最後まで付き従った側近で、地下室での遺体の仮安置も取りはからっていた。

彼は革命フランスの実情に精通しているうえ、フランス語運用能力も高かった。今回、パリへ向かう途上、ヴァランスに立ち寄り、ピウス六世の遺体のローマ移送の手筈を整えることもスピーナの任務の一つとされた。教皇庁では、フランスの革命派が歴代国王の墓所があるサン＝ドゥニ大聖堂を襲って棺を暴いた前科があるため、ピウス六世の遺体も辱めを受けているのではないかと心配されていた。その無事を確かめるうえでも、教皇の遺体を棺に納める場に立ち会った彼以上の適材はいなかった。

教皇庁はスピーナをパリに送るにあたって、彼に与える権限を大幅に制限した。フランス代表と自由に交渉することを許したものの、交渉を妥結させたり、コンコルダ草案に調印したりするために必要な全権代表としての権限は一切与えなかった。これはフランス側がスピーナの自由を奪い、脅迫し、あるいは本人の同意を得ずに、勝手な内容でコンコルダの調印がなったと発表することを警戒してのことであった。この用心は、後に何度もスピーナの危機を救うことになる。

また、教皇庁はスピーナに対し、いくつか注意を与えている。まず、行政や警察の関係者と問題を起こさないようにするため、フランスで施行されている規則には従うことである。フランスの国境を越えるとき、スピーナは大司教の紫の法衣を脱ぎ、平服に着替え、パリ到着後もそれですごした。当時有効だったテルミドール派の定めた法律では、聖職者が公共空間に法衣を着て現れることが禁じられていたからである。フランスとの交渉は教皇庁の公務であり、その際に紫の法衣ではなく平服を着ているというのは、大司教である彼にとって屈辱であった。

次に、フランスの聖職者や信徒と極力接触しないことである。当時のフランスでは、あらゆる郵便物がフーシェの警察による検閲を受けており、革命に反発する非宣誓派聖職者達が教皇庁と連絡を取る手段がなかった。彼らの多くが正しい導きを欲し、教皇の生の声を求めていた。教皇庁の高級官僚がパリに来ているというのは実に得がたい機会であり、実際に宿舎へ来訪者もあった。スピーナは彼らと会おうとせず、「政治の話はしないからミサの司式だけでも」という懇願さえ断った。彼は極力目立たないようにすごし、注意深く人々との接触を避けた。教皇庁の大きな利害の前に、革命で痛めつけられた聖職者や信徒の苦悩や救いを求める気持ちは切り捨てられたのであった。そして冷徹ともいえるその原則は、ピウス七世が成就を望んだ革命フランスとのコンコルダ締結という大事業において、教皇庁代表によって終始一貫して守られるのである。

困難な統領政府側の交渉者選び

その頃、統領政府では交渉担当者を誰にするかという難問が立ち上がっていた。第一の適任者は外務大臣のタレランであった。彼は革命の荒波をしたたかに生き抜いた古参革命家であり、交渉術に長けた辣腕《らつわん》の外交官であり、享楽的な遊び人として醜聞を垂れ流しつつ、寸鉄人を刺す毒舌で社交界を席巻した頭の回転が速い教養人であり、元オタン旧体制司教でカトリック教会の内実に精通していた。ただし、教皇庁から宣誓派司教達に教会法上の叙任を授けたことを理由にタレランの拒否が伝えられていたため、代役を探す必要があった。勢力が衰えたとはいえ、宣誓派教会から選ぶという可能性もあったが、ナポレオンはそうはしなかった。宣誓派教会が試みた教皇庁との和解交渉は、互いに自分達の主張をぶつけ合うばかりで歩み寄りがなく、すべて短期間で破綻していたからである。

では、どこに人材がいるか。ナポレオンが白羽の矢を立てたのは、予想外の人物であった。ヴァンデのカトリック王党軍を率いて戦った、反革命派司祭のベルニエ師である。一七九三年に蜂起したヴァンデの叛徒たちは、長きに渡る政府軍相手の戦いで大きな打撃を受けており、彼らを支える地域住民も犠牲者が二〇万を上回るという政府軍による焦土作戦で疲弊していた。反乱軍はカトリノーら勇猛な指揮官を初期の敗戦で失い、それ以後、聖職者であるベルニエ師が主な指導者の一人となっていた。ベルニエ師ら反乱軍の主力はブリュメールのクーデタによる新政権の方針転換を評価して停戦に応じたが、その停戦交渉においてベルニエ師が発揮した交渉力としたたかさを、そして彼が胸の内に秘めていた上昇志向を、ナポレオンは見逃さなかったのである。

ベルニエの肖像画は数が少なく、この一枚も簡素な法衣と飾りのない説教壇、温和な表情からヴァンデの反乱以前のものか。

フランスを代表して教皇庁と交渉する役割を、数か月前までカトリック王党軍を率いていた「田舎者の反革命派司祭」に任せるという決定は、驚愕をもって受け止められた。しかしナポレオンの人選は間違っていなかった。

ベルニエ師はコンコルダ交渉で豪腕を振るい、フランスの国家理性を完徹しつつ、しかも何度も身を挺して交渉を決裂の危機から救うことになる。ベルニエ師にとってこの交渉を成功に導くことは、自身の社会的上昇と教会人としての立身出世とを約束するものであった。同時に統領政府の上層部に食い込むことで、謀《む》叛人《ほんにん》として投獄されている戦友らを救い、荒れ果てたヴァンデを復興するために必要な権力者との知遇を得ることもできる。背水の陣を敷いたベルニエ師の獅子《しし》奮迅《ふんじん》の活躍ぶりは、短気ですぐに交渉決裂や最後通牒を持ち出すナポレオン自身の暴走から、交渉を何度も救った。そこまで含めて、第一統領の当初の見込み通りだったのである。

パリで交渉が始まる

一八〇〇年一一月に始まった初期のコンコルダ交渉は、スピーナ大司教とベルニエ師の間で行われた。幸い、ヴァランスに安置されていたピウス六世の遺体に第三者が手を触れた形跡がなかったため、スピーナがパリに着くとすぐに交渉が開始された。最初は統領政府の意向を把握できていなかったベルニエ師も、すぐに状況を把握して軌道修正を図り、スピーナを相手にしたたかな交渉を展開していく。

ベルニエ師起草の第一草案、それに対するスピーナ案、続く第二草案という交渉の展開を見ると、この交渉の始まりはかけ離れた両者の立場を摺り合わせるものではなかったことがわかる。初期の交渉は、最終的に形成された合意からすると、かなり教皇庁の立場に近いところから始められた。

たとえば、カトリック教会の地位として国家の宗教を認めるという提案は、ベルニエ師から行われている。スピーナはそれに対し、ローマで与えられた指示書に則して、国家と国民の宗教とするべきだと反発するが、それはベルニエ師によって却下された。ベルニエ師は、国家の宗教は国家の法人格（法律上の人格）の信仰を定めるものであるから、各国民の個人としての信仰を束縛しないが、国民の宗教は全国民が加わったアトム的個人の集合体であるナシオンの宗教を定めるもので、結果としてナシオンに加わる各個人の宗教選択の自由が侵害されるから認められないとした。

スピーナはそれを受け入れ、以後は国家や政府の法人格の信仰を憲法でカトリックと定める線を交渉で推すようになる。一九世紀冒頭に、フランス法の専門家ではない教皇庁の高級官僚とフランスの田舎司祭とが、生まれたばかりの近代市民社会における自由について、このように細かい法律論を戦わせているのは驚きである。当時の知的階級の底力がどれほどのものであったか、よく示す例である。

ベルニエ師の第三草案によって、両者の交渉には妥協できる線が浮かび上がってきたが、交渉の場の外部からそれに修正が加えられる。第一統領の意向を受け、タレランが中心となって第四草案を起草したのである。スピーナとベルニエ師が形成しつつあった合意は第四草案によって白紙に戻され、交渉すべき争点の多くは大幅に教皇庁の主張から遠ざけられた。しかも外相タレランはスピーナに対し、この場で第四草案に調印するか、それとも草案をローマに送って調印させるかの二択を突き付けた。スピーナは自分に調印の権限はないとして、草案のローマ送付を選んだ。その後さらに、第四草案を精査したナポレオンは自ら修正を指示し、新たに第五草案を作成させた。外相タレランは自分が署名を済ませた第五草案を手にスピーナに調印を迫って揺さぶりをかけたが、同時にローマ送付を許容する姿勢も見せた。

交渉の場はローマへ

第五草案の内容は、それまで積み上げられた交渉の成果からはかけ離れたものであった。国家による教会の統制が大幅に認められていて、カトリック教会の公式な地位の規定を欠くなど教会の尊厳は軽んじられており、教皇庁にとってとうてい受け入れがたい内容であった。

ナポレオンはこれで教皇に調印か決裂かと決断を迫るつもりであったが、それは交渉の破綻《はたん》を意味した。危機感を募らせたベルニエ師は、統領政府の上層部に無断で交渉を救う手を打った。彼は教皇庁の主張を取り入れて第五草案を改変したベルニエ案を起草し、スピーナに第五草案と一緒にローマへ届けるように依頼するという策に出る。スピーナも教皇庁も、ベルニエ案を公式のものだと誤認した。一方的な内容の第五草案による衝撃を緩和して決裂を回避するというベルニエ師の目論見は当たった。

一八〇一年三月一〇日、第五草案とベルニエ案がローマに届けられた。国務長官枢機卿コンサルヴィを中心に、実務は書記官を務めるイェルサレム名義総大司教ディ・ピエトロが担当し、ピウス七世の側近と有力枢機卿だけで構成された縮小聖省でスピーナから届けられた草案の検討が始められた。第五草案は論外な内容として退けられ、パリに返送する教皇庁の対案はベルニエ案を更に教皇庁に有利な内容に修正することで起草された。

縮小聖省で作成されたディ・ピエトロ案は、教会の重大事を決定する機関である臨時教会事務聖省の審議にかけられることになった。反ピウス七世派も含む多くの枢機卿が列席するなかで検討が開始される。ディ・ピエトロ案の内容は手堅くまとめられており、おおむね妥当と審議の方向性が見えたところで、したたかなフランス外相タレランが放った二の矢がローマに飛んでくる。それはローマ駐在外交官カコの着任であった。

タレランはカコをローマに派遣するにあたって、第五草案の無条件調印か交渉の決裂か、いずれかを教皇庁に選ばせるよう命令していた。タレランもカコも、ベルニエ師が私的に作成したベルニエ案の存在を知らない。コンサルヴィからディ・ピエトロ案を見せられたカコは、ベルニエ案から継承された改変部分までパリでは拒否されると指摘した。教皇庁は混乱に陥り、パリに発送すべき教皇庁案が白紙に戻されて用意できないままの状態で、四月末と予告していたフランスに対する回答期限がすぎてしまう。

ようやくローマでパリに送る教皇庁案が用意できた五月一二日、パリでは教皇庁が何も伝えてこないことに激昂《げっこう》したナポレオンが、スピーナを呼びつけて第五草案の即時調印を要求していた。調印の権限がないとスピーナに断られると、一九日に第一統領は教皇庁に最後通牒を発送するよう命じた。しかし、教皇庁案が一三日にパリに届いたため、ナポレオンは態度を軟化させ、危機は緩和する。その頃、ナポレオンの発した最後通牒が五月末にローマへ届き、危機感を強めた教皇ピウス七世は交渉の妥結に向けて背水の陣を敷く。絶対の信頼を置く腹心、国務長官枢機卿コンサルヴィをパリに派遣し、事態の打開を委ねたのである。

タレランはコンサルヴィのパリ派遣の報に接し、自らの画策が実を結ばなかったことを自覚する。彼は慌てて第六草案を起草してスピーナに調印を強要したが、当然のように拒否された。したたかなタレランは情勢の不利を読み、日を置いて交渉の場から離れる道を選択した。元々足の悪かった彼は、湯治《とうじ》を理由に南の温泉保養地へと旅立ち、その後は交渉の妥結まで戻ってこなかった。交渉に臨む第一統領に対するタレランの影響力は、この時点で消滅する。

国務長官枢機卿 コンサルヴィの交渉

六月二〇日にパリに到着したコンサルヴィは、フランス入国にあたってテルミドール派が定めた規制に従い、枢機卿の赤い法衣を脱いで平服に着替えていた。ナポレオンからすぐにテュイルリ宮での謁見《えっけん》に出るように求め

コンコルダ締結の立役者の一人であるコンサルヴィは、教皇庁で国務長官枢機卿として辣腕を振るい、敬虔で開明的な教皇ピウス7世を支えた。彼は人を魅了する美声でも知られ、美しい歌声で船頭を惑わし船を難破させるライン川の妖怪セイレーンにも擬えられた。

1805年11月11日、テュイルリ宮の玉座の間で、ローマ市からの外交使節団を謁見するナポレオン。皇帝の左に赤い法衣の枢機卿がおり、ナポレオン時代の謁見の様子を良く伝える。

られたコンサルヴィは、ドレスコードを確認させる。それに対する統領政府の回答は、「まさに枢機卿というスタイルを」であった。赤い法衣をまとった国務長官枢機卿をテュイルリ宮に迎え、謁見の席に居並ぶ各界の有力者や列強の外交官の度肝を抜き、得意満面の若き第一統領の姿が目に浮かぶ。

しかし、コンサルヴィ到着で再開された交渉は、甘いものではなかった。第一統領は七月一四日に催される革命記念日の演説で、コンコルダ調印を公表することを望んでいた。残された時間はわずかであった。

コンサルヴィとベルニエ師による交渉で最大の焦点となったのは、礼拝の公共性に対して加えられる規制であった。礼拝の公共性とは、人目にふれる公共空間で自由に礼拝を行う権利のことである。革命による混乱のなかで、フランスでは礼拝の公共性が失われていた。カトリック教会では、祝日の宗教行列を中心に伝統の礼拝の多くが挙行不能となっており、聖職者や信徒の不満は強かった。フランス側もそれは把握していたが、カトリック信徒が国民の大多数を占めるというフランス社会の特性が、譲歩を困難にしていた。宗教的多数派が数の力を頼みに横暴なことを始めれば、宗教間対立が再燃する可能性が高いからである。

たとえば革命以前、とくに熱狂的なカトリックが多数を占める都市では、聖体大祝日の聖体行列をプロテスタント居住区へ進入させていた。そうすることで、教義的に聖体を崇敬しないプロテスタント達に、家の前の路面に平伏して聖体を敬う態度を示すよう強要する習わしだったのである。

その屈辱に対し、多数派のカトリックが強行する聖体行列を阻止することはできなくとも、少数派のプロテスタントが観客の雑踏に紛れてヤジを飛ばしたり、物を投げつけたりすることはできた。ことが信仰の問題であるだけに、何かちょっとしたトラブルでも容易に大規模な騒擾《そうじょう》に転化し、多くの血が流される恐れがあった。革命によって達成された自由である宗教的多元性の保障を重視する第一統領にとって、そのような危険性を内包する屋外での礼拝を自由に行わせることは容認しがたいものであった。ナポレオンの意思は、公的な礼拝であっても認められるのは教会堂のなかだけに限るという線にあった。この方針は、この交渉では例外的な第一統領自身の覚え書きによって、交渉の場に示された。

両代表の合意を受け入れないナポレオン

コンサルヴィやベルニエ師ら交渉に携わっている者の間では、礼拝の公共性は基本的に認めるという合意が形成されていた。これを大きく制限したり、まったく認めなかったりすれば、教皇庁は交渉を決裂させるからである。しかも、その他の要点では、教皇庁はフランスに対する譲歩を行っている。たとえばカトリック教会の地位は、ローマでの検討時に、ディ・ピエトロが報告書で「単なる歴史的叙述」と切り捨てた「フランス市民の大多数の宗教」という、何ら特権を伴わない中立的なものに定まった。しかし、交渉の場にいない第一統領は、宗教的多元性の保障の観点から、礼拝の公共性に対する厳しい制限を主張してやまない。しかも第一統領は調印の実現に楽観的で、七月一三日の『モニトゥール』

紙上で、翌一四日にコンサルヴィが交渉任務達成の見込みと報じさせた。さらに、調印の署名を前提に、実兄ジョゼフと参事官クレテにフランス全権代表団に加わるよう命じた。

新たに交渉の場に加わったジョゼフらは、ベルニエ師が敷いた合意形成に向けた既定の路線を受け入れ、それと乖離した第一統領の意向との調整に忙殺される。結果、交渉の最終段階では、両代表の間での合意形成によって作成された草案を、第一統領の執務室にジョゼフが持参し、ナポレオンの意見を確認するという手続きが仕上げとして付け加わることになった。交渉は、ある段階からは両全権代表の間ではなく、合意済みの両代表と彼らの合意内容に納得しないナポレオンとの間で行われていたのである。

ナポレオンは革命記念日の演説で盛大にコンコルダ調印を発表することを望みながら、礼拝の公共性への制限は譲らなかった。両代表が徹夜で続けた交渉は一四日をすぎ、一五日の夕刻になっても終わらない。両代表は最終的に、公的礼拝は基本的に自由に実践でき、治安の維持に必要な場合に限って、礼拝の公共性に警察的な手段による規制を加えるとい

column

「コンコルダ調印」を描いたのではない絵が描かれた謎

この著名な絵は、1801年7月15日に行われたコンコルダの調印の場面を描いたものとして1802年に描かれ、広範に流布されている。ところが、創造されたナポレオン伝説としても、事実に反するおかしなところがある。登場人物は左から、ジョゼフ・ナポレオン・ポルタリス・スピーナ大司教・ドトリヴ外務省第二局局長・クレテ参事官とされている。

この中で調印文書に署名したのは、ジョゼフ・スピーナ・クレテの三名だけである。ナポレオンはコンコルダの調印には参加しておらず、彼が9月に署名した文書はピウス7世が8月15日に書名を済ませた批准書である。そして、ポルタリスはこの年の10月に宗教監督官に任命されるまで、コンコルダには一切かかわっていない。最後に、ドトリヴは外相タレランの腹心であり、交渉の初期には色々と知恵を出したりしていた。だが、第六草案で夢破れたタレランが湯治に出かけ、コンコルダ交渉から身を退いてからは、外務省を挙げてまったくかかわっていない。このように、関係のない人物が厳粛な面持ちで画面に描かれているのに対し、なぜか交渉と調印に参加したコンサルヴィ枢機卿とカゼッリ神父、ベルニエ師が描かれていない。ナポレオンに羽ペンを渡している人物は、官房長官のマレとする説もある。ただ、そうするとジョゼフがいないことになり、さらに不自然さが増す。スピーナの背後にいて、顔がよくわからない人物は、ベルニエ師の可能性もある。

また、ナポレオンが署名した9月の批准の場面としても、おかしなことになる。民法典法案の起草に忙殺され、その場にいるはずのないポルタリスが描かれているからである。描かれた当時は明白だったメッセージは、今日では失われたと言える。

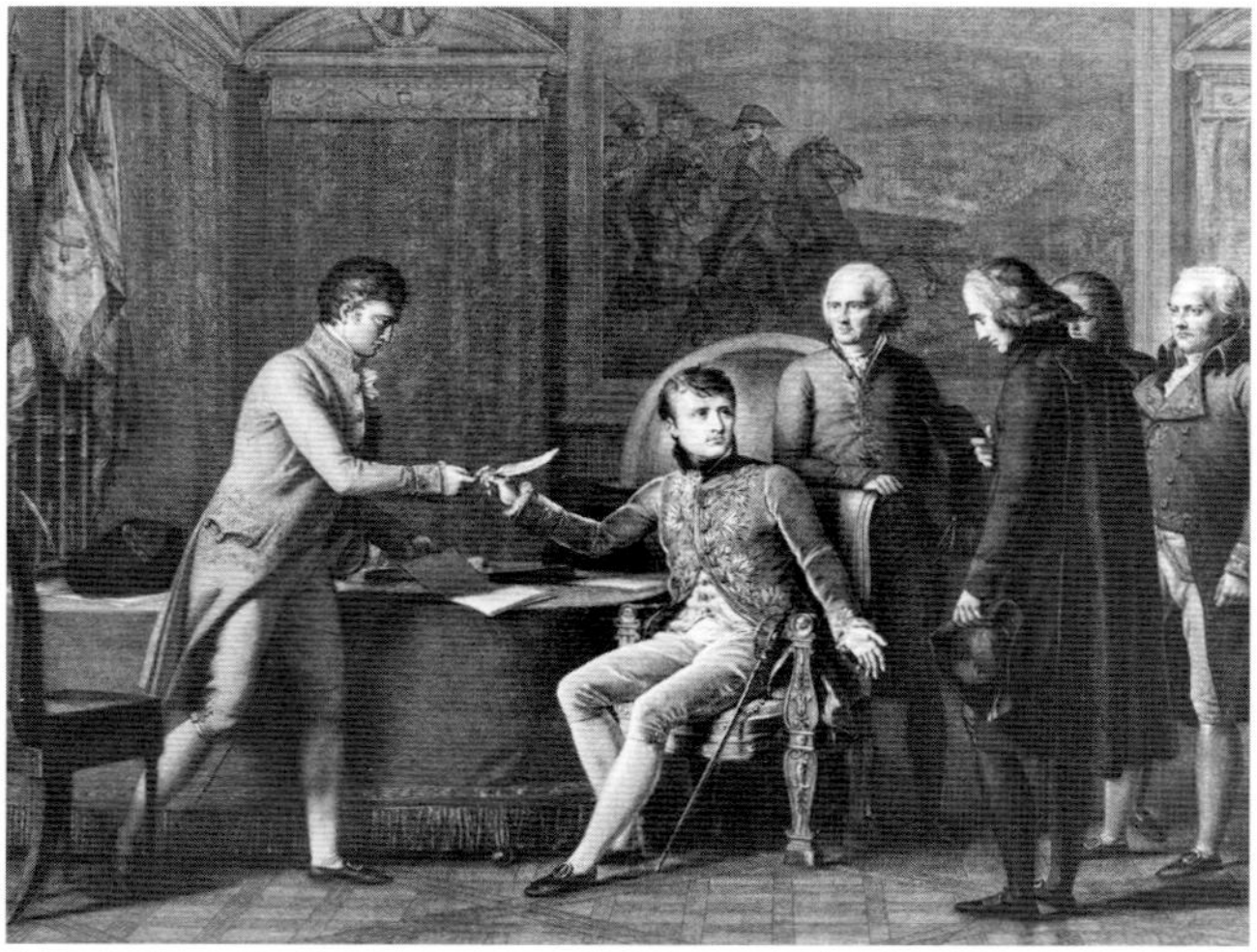

古くから『1801年7月15日のコンコルダ調印』という題名で世に流布されているが、画面の内容が史実に反するだけでなく、描かれた目的も判然としない。そして、この一枚が有名であるために、1801年夏の調印場面の絵は逆に知られていない。

う妥当な線で合意を形成した。

最後はナポレオンの同意を求めずに両代表によって調印が行われた。ジョゼフの回想録によると、調印時間は翌未明の二時で、交渉を終えたばかりの教皇庁代表の聖職者が、生まれたばかりの自分の娘に初めての祝福を与えたという劇的な展開になっている。歴史書の中には、それに依拠して調印を翌一六日としているものもある。ただ、ジョゼフの伝記や系図を見ると、この日に娘が生まれたとする証拠がない。調印は公式記録通り、一五日の二四時寸前に行われたと見るべきだろう。

締結後も通常国会を舞台に困難は続く

こうして幾多《いくた》の決裂の危機を乗り越えて締《てい》結《けつ》されたコンコルダであったが、実はその後、そのままの形で施行されることはなかった。当初はナポレオンも、このコンコルダを単体で施行することを考えていた。ところが、コンコルダを批准《ひじゅん》する予定であった共和第一〇年の通常国会が秋に召集されると、護民院の議場は反ナポレオン派議員が大々的に政府批判の熱弁を振るう場になってしまった。

政府が最初に審議にかけた民法典の各法案は次々と血祭りに上げられ、法案の中身に対する非難に加えて、ナポレオンを独裁者として糾弾する演説が延々と行われた。当時のフランスでは議会議事録への関心が強く、それは新聞の主要な掲載記事の一つであった。そのため、議員が演壇から第一統領に浴びせた批判は、新聞の編集局によってかなり省略されるとしても、基本的に紙面に掲載されてしまう。

これは世論の支持を重んじるナポレオンにとって、危機的な状況であった。しかも審議対象は重要法案ばかりで、民法典法案に続いて、調印が成ったコンコルダ批准も予定されていた。イデオローグとして反教権主義を信奉する反対派議員にとって、その審議はナポレオンが革命の大義を捨てて教皇に屈したと指弾する好機であり、批准の審議入りはむしろ望むところであった。

民法典の編纂事業は、革命期にばらばらに制定された法律をまとめ、相互の齟齬や矛盾を解消し、司法制度の根幹を整えるためのものである。いわば革命による社会改革の成果を集大成し、法治国家として軌道に乗せるために必須の一大事業であった。しかも、法典編纂は歴史上、ローマ帝国のユスティニアヌス帝ら偉大な統治者だけに許される不滅の業績として数えられてきた。ナポレオンも自負を持って推進してきた仕事であり、ユスティニアヌス法典と同様、その成果は時代を超えて受け継がれると確信していた。この対立についてはナポレオンに理があり、現在の日本の民法を含め、多くの国で民法がナポレオン法典を参照して定められている。自分が民法典制定にかけた熱い思いを徹底的に貶めた護民院の反対派議員を、ナポレオンは許さなかった。

急遽、統領政府は議会に提出した全法案を撤回し、審議を空転させる。そして、御用メディアを総動員して「毎日、議員達は仕事もせずに高給を食んでいる」とバッシング記事を放った。もちろん、コンコルダ批准の予定も雲散霧消し、コンコルダが本来の姿で世に出る機会は失われた。それと並行して、カトリック教会が進めていたコンコルダ施行の準備に大問題が生じた。ナポレオンがピウス七世に要請し、教皇が指導力を発揮して、新たな教会組織を作るために既存の司教全員に総辞職を促す手筈になっていた。それが辞表を集められずに頓挫したのである。

現職司教の解任は事実上不可能

なぜ現職の司教を辞めさせるのが困難か。日本ではルイ一四世が主張した王権神授説《おうけんしんじゅせつ》がよく知られているが、これは元々カトリックの司教権から発した考え方である。国王のブレーンであったモー司教ボシュエは、カトリック司教の裁治権が神から直接授けられたものであり、その行使に人間が口を差し挟めないと教義で定められていることに着目する。彼はそれを王権の行使に貴族が口を出せないようにする狙いで、王権神授説に転用したのである。

サン・ピエトロ大聖堂で、修道士から、敬虔の印である足の甲への接吻を受けるピウス７世。

司教の場合、司教の地位に抜擢されること、任地の司教座が定まること、行使すべき司教区の裁治権を授けられること、このすべてが神の意思であるとされた。そのため、現職の司教は、健康を害して寝たきりになろうと、自ら辞意を固めようと、とてつもない不品行で断罪されようと、決して司教の地位から退くことは認められなかった。

カトリック的には、司教自らの辞意ですら人間の意志であり、神の御業《みわざ》の前では無に等しい。近世末期にはその考えをさらに深化させ、司教は司教座と結婚すると主張する聖職者が現れ、教会内で教皇庁も無視できないほどの勢力となった。彼らは、実績を上げた司教が大司教座などより重要な司教座へ転任することや、老いた司教が聖職位階制のなかで司教のランクを維持したまま司教区とその裁治権だけ後任に譲るといった、実利ある行動さえ全否定した。

司教の辞任といえば、近年、ローマ司教でもある教皇ベネディクトゥス一六世が「辞任」したことが話題になった。ところが、「辞任」後も教皇専用の白い法衣と教皇の権威を象徴する指輪を身につけたままである。このことから、「辞任」したのではないと判明した。ベネディクトゥス一六世は聖職位階制のなかでの教皇のランクは温存したまま、教皇権とローマ司教区の裁治権を後任のフランキスクス教皇に譲ったのである。現在、教会では同様の行為が広く認められており、日本でも高齢の司教が司教区とその裁治権を後任の若手に譲り、無任所の司教となるのは稀ではない。

当時のカトリック教会では、教皇その人の意志や権限でさえ、他の司教の地位を左右することははばかられた。コンコルダ施行の準備として行われた教皇の辞任勧告は、旧体制司教団と宣誓派司教団の双方で猛反発を受けた。とくに教皇庁は反革命で味方だと思っていた旧体制司教団の抵抗は激しく、多数の辞任拒否者が「道を誤った」現教皇への不服従を宣言し、司教だけで数十名が加わる大規模な教会分裂を起こした。彼らは、ピウス七世は革命フランスに屈服し、教会の利益を損なう不当なコンコルダを締結したとする反対宣伝を、動きの鈍い教皇庁の先手を打って開始した。

教会の再編成をスムーズに進めるため、教皇による聖職者の教導に多くを期待していたナポレオンにとって、これは予想外の事態であった。教皇庁任せにしてフランス政府は目立たぬよう背景に退く当初の計画は破綻し、コンコルダを単体で施行する余地はなくなった。ナポレオンは苦境を打開するため、フランス政府がイニシアチヴをとってカトリック教会の再編成を進め、新たな宗教体制を築くことを決意した。その実行を命じられたのが宗教監督官ポルタリスであった。彼が用意し

宗教監督官として宗教行政を担当するようになったポルタリスは、帝政の発足と共に宗教大臣に就任する。公認宗教体制の確立と並行して、フランス民法典の起草に主導的役割で参加し、今も国民議会には偉大な立法者として石像が飾られている。その上でフリーメイソンのナポレオン体制との一体化を進め、その勢力拡充にも大きく貢献するという活躍ぶりを見せるとは、まさに常人のなせる業ではなかった。ただそれが、彼の寿命を大きく縮めることになる。この帝政期の公式肖像画は没後に描かれたもので、コンコルダ交渉時の気迫に満ちた顔立ちとは、まるで別人のような老け込み方である。

たカトリックの附属条項とプロテスタントの附属条項は、コンコルダと一本化され、共和第一〇年ジェルミナル一八日法として制定、施行される。この法律によって、フランスで公認宗教体制が発足することになる。カトリックの再編成、とくに公的礼拝の再開は、ポルタリスの監督の下、公認宗教体制の枠組みの中で進められた。

公認宗教体制の発足

公認宗教体制とは何か

ここでナポレオンが作り上げた宗教制度は、公認宗教体制と呼ばれる。西洋近代の通例として、政府が法律によって公認する宗教の数は一つである。同時に複数の宗教を公認したことがナポレオンの独創であり、他に類例を見ない。一つしか公認しなければ、公認宗教は唯一の特権的な地位を獲得する。これは政府が国民に宗教的自由を保障しながら、特定の宗教を都合良く優遇するために行う政策である。

具体的には、「宗派化」と呼ばれる北欧諸国によるルター派公認や、近代スペインにおけるカトリック公認がその例となる。ところが、ナポレオンによる宗教の公認はまったく狙いが異なる。それは宗教活動に国家が介在しつつ、争いやすい各宗教宗派を平和共存へ誘導することであった。中世以来のユダヤ教迫害や宗教改革以来の宗教戦争とそれが引き起こした流血の惨劇の記憶は、まだ過去のものになっていなかった時代であった。

公認宗教体制の前提

教皇との和解を足がかりにナポレオンが作り上げた公認宗教体制は、フランス革命による混乱、とくに反教権主義的な視点に立った既成宗教迫害政策が引き起こした社会の混迷を収拾し、安定した礼拝の場を各国民に保障する狙いで設計された制度である。そしてそれは、共和第一〇年ジェルミナル一八日法によって確立された。

ジェルミナル一八日法の基本は、宗教的多元性の保障と、礼拝の形態に対する不干渉の原理にある。前者は、国内に複数の宗教宗派が存在することを前提に、各国民が望むように宗教選択の自由を行使できるようにし、その自由を行使した結果で不利益を被らないことを保障するものである。その前提にあるのが、絶対王政期のフランスではカトリック以外の宗教宗派は差別され、公共圏での礼拝がカトリックだけに許されていたという過去である。

なお後世、宗教はたくさんあったほうが良いと考え、積極的に数を増やそうとしてさまざまな団体に支援を行う宗教的多元主義という思想が出現するが、名前は似ていても別のものである。

ナポレオンの公認宗教体制は、各宗教宗派が公共空間で行う礼拝は基本的に自由であり、外部からの干渉は治安維持上の必要性がある場合を除いて許されないとする原理に立脚する。その前提は、宗教改革以来フランスを血に染めてきた激しい宗教対立であり、同時に、絶対王政期から続く反教権主義的な宗教批判が革命政府の過酷な既成宗教弾圧に結実した近過去である。なお不干渉の原理は、国家と宗教の対立が存在する場合と、宗教同士の対立が存在する場合とで、規制される対象が変化する。

このシステムの主たる狙いは、国内の礼拝の場を安定化させ、紛争や抑圧を回避し、各国民が安心して日常の信仰生活を送れるようにすることである。ナポレオンは国家理性の視点から宗教を統治のために利用したとする説は根強いが、公認宗教体制は制度設計の根幹が宗教紛争の抑制に置かれている。そのため、結果として多元的・多重的な構造を内包し、中央集権的な一元支配からは利用しにくい制度となった。近世ヨーロッパに見られる「宗派化」は、その無駄を避けるために公認宗教を一つに限るもので、両者は根本から異なる。

宗教的多元性を守護するナポレオンは、諸宗教に天上の「神」を指し示す。

ジェルミナル一八日法の制定

法の形態の面で、公認宗教体制の基盤であるジェルミナル一八日法は、三本柱から構成されるフランスの国内法として制定された。柱の第一が、共和第九年メシドール二六日（一八〇一年七月一五日）に教皇庁との間で締結された協約（通称・一八〇一年のコンコルダ）である。第二はカトリック教会の活動を細かく規定し、規制を加えたカトリックの附属条項であり、第三は同様の内容でルター派とカルヴァン派について定めるプロテスタントの附属条項であった。

この三本柱は単一の法律を構成しており、本来なら外交条約に準ずる扱い方をすべき政教協約を、ナポレオンは国内法の一部として議会に提出して採決にかけたのである。その狙いは明白である。まず、三本柱という法律の形態によって、カトリックとプロテスタントを対等に扱うという政府の意志が鮮明に打ち出されていた。次に、国内法として制定された以上、改廃には議会の同意が必要となる。議員にはプロテスタントの有力者が含まれており、議場で彼らは利害関係者として発言の機会を与えられる。長期的な視野で、カトリック関係者だけで合意を取って、一方的に改廃することができないようにする配慮が込められていた。

このジェルミナル一八日法は、制定当初から厳しい批判にさらされた。教皇庁は、ナポレオンがコンコルダで合意した内容を制限する附属条項を無断で起草したうえ、それも含めて国内法として定めたことを批判した。教皇庁は、政教協約はそもそも国際条約として議会が批准すべきであって、議会で内容を審議して採決にかける、国内法制定の手続きを取ったこと自体がおかしいと激しく反発した。

さらに、カトリックの附属条項には他の宗教宗派を批判することを禁止する条文が含まれていたことも、批判の対象となった。カトリック以外の宗教宗派はすべて間違った教えだと信じていた当時のカトリックの人々は、大いに憤慨した。イタリア出身の枢機卿のリーダーで、教皇庁の実力者でもあったアントネッリは、フランスでは司祭たちがプロテスタントの「間違い」を指摘できない現状を憂い、「真実は司牧者の口の中に留まっている」と嘆いた。その後も、宗教的多元性を認めないカトリック過激派を中心として、ジェルミナル一八日法を改廃せよという要求は続く。しかし、三本柱をとった強固な形態と、国内法として定められ改廃には議会の同意が必要であるというハードルの高さが、この法律に手出しすることを困難にした。結局、一九〇五年に「ライシテ（共和国の世俗性）」原理を導入して公認宗教体制を破棄するために、この法律そのものが廃止されるまで、一言たりとも修正されなかったのであった。

公認宗教体制が安定的かつ強固に確立されるうえで、ジェルミナル一八日法を用意した立法者ポルタリスの貢献は大きい。しかし、多くの国民によって、安定した信仰生活が公認宗教体制によって再建され、それがその後も安定的に維持されたことが歓迎され、支持されたことが決定的であった。公認宗教体制の運用面では、多少の逸脱があっても事を荒立てずに処理する方針がとられた。

革命中の厳しい摘発や処罰とは裏腹に、公認宗教体制のもとでは、県知事や市町村長、警察や憲兵隊、司教や司教総代理、裁判官や治安判事といった地域の秩序維持に携わる関係者が連絡を取り合い、横の連携で問題を解決していた。厳正な処罰は避けられ、宗教の争いを起こした者に対する厳重注意や指導、トラブルメーカーだとわかった聖職者の配置転換が対応として好まれた。たとえば問題を起こしたのが司祭である場合、その上長である司教が現地に足を運び、司教の威信と影響力で事態の沈静化を図ることも異例ではなかった。絶対王政期には名門貴族出身の司教が任地の司教区には赴かず、権謀渦巻くヴェルサイユの宮廷で王の身近に留まる道を選ぶことも少なくなかったことを考えれば、大きな変化である。

宗教間に平和をもたらす公認宗教体制

公認宗教体制のもと、関係者が協力して事態に対応する経験を積んでいくなかで、双方向的な信頼関係が築かれ、そのつながりが全国に広がって複線的な問題解決の人的ネットワークが形成された。この柔軟な網目の構造体こそが、公認宗教体制の強靭さの基盤である。たとえばフランスカトリック教会の聖職者組織内部で対応できない事態であっても、パリに駐在する枢機卿教皇特派大使の力を借りることができた。警察や司法関係者のつてを介して、刑事裁判を避けるために手が打たれることもあった。県知事や市町村長も、直属の内務大臣ではなく、宗教大臣から事態への介入を指示される場合もあった。

枢機卿教皇特派大使カプララはパリ滞在が長くなるにつれ、徐々にナポレオンに取り込まれ、教皇と対立するようになる。

結果的に、ナポレオン帝国と教皇庁の関係が波乱を含んだ時期であっても、権力者の暗闘をよそに、公認宗教体制はその機能を果たしつづけた。少なくとも、かなり些細な出来事まで記録されているフランス宗教省の記録を見る限り、各司教区の公的礼拝の場で大きな混乱が起きることはほとんどなかったのである。

この平穏ぶりの背景には、当時のカトリック聖職者が好んで使った抵抗手段が、各種のサボタージュや不作為だったこともある。つまり、日曜に行われる主日のミサで説教壇に立った司祭が、説教のなかで定例となっている皇帝の壮健と帝国の安寧とを願う祈願をしなかったり、命じられていた帝国軍の勝利を言祝ぐ唱和を信徒に呼びかけなかったりしても、意図的にそうしたと言わない限り、司祭本人を罪に問うことは困難である。

そして、ミサでわざわざナポレオンの無法を糾弾する説教をして舌禍《ぜっか》事件を引き起こし、事を荒立てたのは、ごくわずかな人数の処罰覚悟の強硬派だけであった。それでも上長の司教らが彼らを救う余地があると考えれば、穏便な措置を求めて現地へと赴く。司祭を拘束した警察からの問い合わせに、司教から「裁判にかけてください」と即答があったと確認できるのは、容疑者の司祭が筋金入りの反ナポレオン派だったコルシカ島の一件だけである。

教皇庁の反攻とカトリック教育の復興

礼拝の復興を果たした教皇庁の次なる一手

フランスで新たなコンコルダが施行され、カトリック世界への復帰が正式に定まると、フランスと教皇庁の関係に変化が現れた。フランスが再び教皇庁と袂を分かつ可能性は大きく低下すると同時に、フランス国内では落

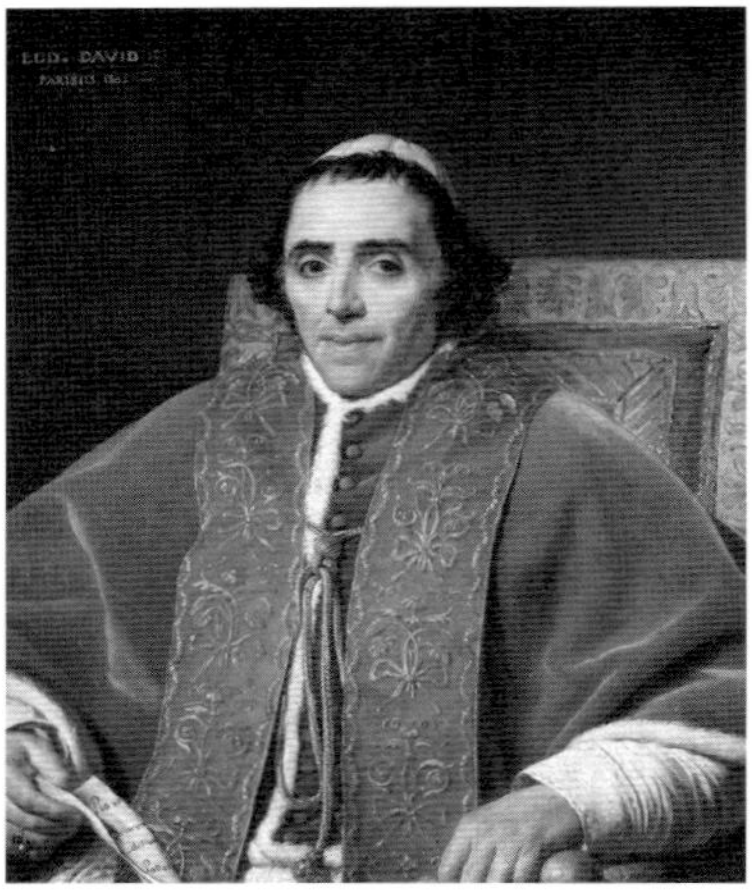

ピウス７世の真意は、フランスをカトリック教義に適合した「正しい」状態に戻すことにあった。

ち着いた環境で礼拝が再開された。公認宗教体制のもとで礼拝の公共性は制度的に保障され、行政や警察による厳しい監視も過去のものとなり、暦通りに祭礼が行われる平穏な日常が戻ってきたのである。

教皇ピウス七世は、コンコルダ交渉の段階では革命フランスの宗教的多元性に黙認の姿勢を取った。しかし、礼拝の安定をもって良き頃合いと見計らい、ナポレオンにプレッシャーをかけ始める。国民の大多数がカトリックを信仰する帝国を統べる皇帝がカトリック信徒である以上、フランス国家もまたカトリックであるべきではないか、と。そして、礼拝の公共性を制限し、プロテスタントにまで同等の権利を認めているジェルミナル一八日法は、カトリック国家であるなら改正すべきではないか、と。

そしてナポレオン帝国の官僚には、旧体制と革命の融合の原理によって登用された旧体制貴族が相当数含まれていた。彼らの多くは、風雲児ナポレオンの擡頭と統領政府による亡命貴族抑圧政策の転換を評価し、惨めな亡命生活を捨てて立身出世の可能性をナポレオンに賭け、一八〇二年の全面講和の時期に帰国を果たした。

そのなかには正統王朝による王政復古を待望する過激王党派ユルトラは含まれていないものの、思想や価値観の面では保守的で、フランス革命を内面的には受け入れていない者が少なくなかった。とくに信仰の面では、多くがカトリックの正統教義に忠実なユルトラモンタニストで、公認宗教体制による宗教的多元性の保障に批判的であった。彼らは宗教政策転換を求めるピウス七世の国内での受け皿となった。のちにナポレオンとピウス七世の対立が深刻化すると、彼らは信仰騎士団などの反体制地下組織に加わり、帝国高級官僚の仮面の陰で、皇帝の暴走に密かな抵抗を試みることになる。

国内でもカトリック教会は攻勢に出る

一八〇四年のナポレオンの皇帝即位以降、教皇に同調して宗教的自由の見直しを求める

勢力がフランス帝国内に形成され、それによって帝国の宗教政策は揺らぐようになった。その象徴が一八〇六年に制定された帝国教理問答書（カテキズム）である。これはカトリック教会が教義や道徳を子供に教える際に使う教科書で、問答形式で望ましい答えを学ぶことができるように編集されている。

当時の識字率の低さから、多くの場合、司祭は子供に丸暗記した上で授業に臨むように指導し、司祭の発する問いに覚えた内容を大声で答えることを求めた。これは帝国の制定する教科書なので、ナポレオンやフランス帝国を称揚する内容が前面に出ているが、道徳やキリスト教の教義の面ではカトリック的な内容が採用されている。つまり宗教政策の揺らぎとは、主に教育分野での再カトリック化の容認であった。さらに、カトリック聖職者団と一部官僚の働きかけによって、この帝国教理問答書が、宗教宗派を問わずにすべての子供に教えられるように定められた。続いて一八〇八年には、それまで行政が管理下に置いていた全国の中等レベル以上の教育機関を管理運営する組織である帝国ユニヴェルシテの議長職を、以後はカトリック聖職者に委ねる決定が下された。なお、ユニヴェルシテという名称ではあるが、今日の大学とはまったくの別物で学校ではない。

この時期のカトリックの攻勢は教育分野が中心であり、第一帝政の宗教政策全体を席巻するものではなかった。一八〇六年にはプロテスタント牧師を育成する神学部の設置が一部の大学に命じられ、一八〇八年にはユダヤ教が公認され、それを公認宗教体制に組み込むための立法が行われた。いずれも宗教的多元性の保障を充実させる政策であった。これらに敬虔で保守的なカトリックは反発しており、この時期、飴と鞭を使い分けるナポレオンのバランス感覚はまだ働いていたと言えるだろう。

称揚画『ユダヤ教に公的礼拝の再開を許す偉大なナポレオン』。

フランスの知識人の一部は、反教権主義の考えから、公教育にカトリック教会が関与することを重大視し、批判する傾向がある。帝国教理問答書や帝国ユニヴェルシテの問題は、たしかにカトリック教会保守派にとって一歩前進であった。その背後には、子供達にカトリック的な価値観を教え込むことで、将来的に敬虔《けいけん》な信徒になるよう育成する狙いがあった。しかし、カトリック教会の最も重要な活動は、礼拝を通じて信徒に魂の救済をもたらすことである。読み書きや道徳を中心とする教育事業は、宗教活動に比べれば優先順位が低く、副次的なものでしかない。たとえばコンコルダ交渉中に、教皇庁からカトリック系学校の再建や司祭の教育権に関して要求が出されたことはない。宗教的自由を定めたジェルミナル一八日法にも、公教育に従事する聖職者や教会による教育に関する規定は存在しない。

ナポレオン時代も革命期に続いて世俗の初等公教育はほぼ機能しなかったが、それは俗人の教師を育成する師範学校がなく、地方自治体は必要な校舎や教材も用意できなかったためである。深刻な教師不足は、カトリック修道士の教員で補う以外に対応策がなかったのであった。

宗教政策の揺らぎと助言者の交代

ベルニエ師、その後

帝国教理問答書のような反動が許された背

景には、複数の要因がある。皇帝となったナポレオンは、ベルニエ師のようなうるさ型の助言者を遠ざけるようになった。それに加えて、帝国の発足と同時に宗教大臣に昇格し、公認宗教体制の維持に睨《にら》みを効かせていたポルタリスが、この頃から深刻な症状で病の床に伏せていた。

ベルニエ師は、公認宗教体制の発足に際してコンコルダ司教団のメンバーが発表されるまで、パリ大司教叙任さえありうると噂されていた。しかし、ナポレオンのバランス感覚はそれを許さなかった。ベルニエ師は大司教にすらなれず、オルレアン司教座が与えられるに留まった。難交渉をまとめ上げた彼の功績には見合わない、予想外に低いランクのポストと評する者もいた。

オルレアンは今でこそ聖ジャンヌ・ダルクの故地として人気の聖地であるが、当時はまだジャンヌも列聖《れつせい》されておらず、司教座としての序列は高くなかった。ただし、ヴァンデ出身の「田舎司祭」が、いくら大手柄を立てたといっても、いきなりフランス全土で一〇人しかいない大司教猊下《げいか》の地位を占めて周囲が収まるほど、嫉妬が渦巻くフランス聖職者団は甘くはない。また、ナポレオンはベルニエ師を自分の政策ブレーンとして活用するつもりでいた。パリに通える適度な距離にある司教座都市のなかでは、オルレアンは人口も多く富裕な町であり、不当な処遇とは言えなかった。

オルレアン司教となったベルニエは、パリとオルレアンを頻繁に往復した。ナポレオンに政策提言をすると同時に、オルレアン司教区の司牧《しぼく》にも力を尽くした。カトリックの附属条項では、担当司教区を離れる際には政府の許可がいると定められているほど、司教は任地で司牧に身を捧げることが求められていた。そんな無理な二重生活が続いたあと、皇帝に即位したナポレオンは、耳に痛いことも言うベルニエのアドバイスに興味を失い、もはや彼をパリに召し出すことがなくなった。

その後、一八〇六年の秋に久しぶりにパリへ上京したベルニエを、深刻な熱病が襲う。高熱が下がらず、じわじわと彼の体力は奪われていった。苦しい発熱に喘ぐ日々が続き、その最期は一〇月一日に訪れた。血を吐いて苦しみながら死んでいったと伝えられる。彼の死を、あるユルトラモンタニストは教会を裏切った者に下された神罰《しんばつ》だと嗤《わら》ったが、果たしてそうだろうか。

大業を成し遂げ、ポルタリスは燃え尽きた

ポルタリスは、共和第一〇年の通常国会が揉めている最中、第一統領によって宗教監督官に任じられた。彼はその後、フランスの宗教行政の中核として高い能力を発揮し続けてきた。彼は宗教監督官への就任以来、各地から寄せられる信徒たちからの訴えにきめ細かいケアを欠かさず、時には内務省や地方自治体と対立してまで市井《しせい》の人々の要望を実現することを厭《いと》わなかった。

聖職者や信徒の間でポルタリスの名声と評判は絶大なものとなり、地域で起きた揉め事に中立の裁定者として介入し、裁定を下すよう頼られる場合が増えた。彼を支持する世論の声高《こわだか》さは、彼が本来はナポレオン直属の大臣相当の役職者であって、その行動が中立どころか帝国を支えるためのものであることを多くの人々に忘れさせるほどであった。

問題は、ポルタリス個人への信頼と賞賛によって世論に生み出された鬼子とでもいうべき拍手喝采のムード、専門的にいうなら「捏造された公共性」が、帝国の宗教政策を相当程度支えていたことであった。個人に帰属するものは、当人が死ねば失われる。真の公共性は本来、社会で広く共有された経験や認識に立脚して成立するもので、個人に頼らない強靭さを持っている。「宗教問題はポルタリスに任せれば大丈夫」という依存的な拍手喝采のムードは真の公共性ではなく、彼が帝政発足時に宗教大臣になった後も維持されたものの、一八〇七年八月二五日にポルタリスの死と共に消失した。

ナポレオンの下でポルタリスがやり遂げたのは、民法典の起草と制定に主要担当者の一人として加わり、同時に宗教監督官として礼

ポルタリスの後継となった宗教大臣ビゴ・ド・プレアムヌは、破綻した皇帝と教皇の関係を前にして、弥縫策に追われる日々が続く。

拝の再構築を進めるという、凡人であればどちらか一方ですら成就させられない困難な課題二つであった。その二つの重責を同時に担い、見事に成し遂げた直後の死であった。

その超人的な活躍こそ、彼の健康を蝕み、寿命を縮めたのである。ポルタリスの存在は余人をもって代えがたく、彼の死後は一時的に彼の息子が大臣代理を務めたが、その任になく、翌年になって参事官ビゴ・ド・プレアムヌが後継の宗教大臣に選ばれた。ビゴ・ド・プレアムヌも参事官として多くの経験を積んでおり、決して無能な人物ではなかった。しかし、彼は前任者と違って超人ではなかった上、なにより拍手喝采のムードに支えられていなかった。彼は皇帝と教皇の関係悪化で生じた世論の荒波を真っ向から受け、光明を見出せない苦闘を強いられることになる。

ナポレオンも巧言令色を好み始める

ナポレオンは相次いで、統領政府以来の実績を持つ、信頼すべき宗教政策の助言者を失った。しかもこの二人は、ナポレオンの暴走を前にしても、身を挺して諫言《かんげん》できる貴重な人材であった。権力の座に長くいると、耳に甘い言葉を注ぐ者を重用したくなるのは人間の常であり、ナポレオンもその例外ではなかった。ナポレオンの母レティツィアの異父弟で、早い時期から宗教面のアドバイザーであったリヨン大司教フェッシュ枢機卿の他に、彼ら二人の穴を埋めたのは、かなり問題がある人物揃いの四人の高位聖職者たちであった。

王党派を見限ってナポレオンのもとに走ったモリ枢機卿。

まず挙げるべきは、教皇庁の高位聖職者でありながら、なぜかパリのパンテオンに「フランスに貢献した偉人」として葬られている三人であろう。その筆頭は、フランス駐在中に徐々にナポレオンに取り込まれてしまった、枢機卿教皇特派大使カプララである。続いて、スピーナの部下の神学者としてコンコルダ交渉の苦闘に加わりながら、のちにピウス七世から離反してフランス支持に転じ、ナポレオンのごり押しで枢機卿に上り詰めたカゼッリである。そして最後は、コンコルダ交渉当時はロンドン駐在の教皇庁外交官として職務を誠実に務めていたものの、やはりのちにナポレオン支持に転じたエルスキーネであった。

四人目の聖職者はパンテオンに葬られていない人物であるが、それも当然で、統領政府期までは王党派をローマで代表する存在だったモリ枢機卿である。かつて彼は王弟プロヴァンス伯の名代としてローマに駐在し、時の教皇ピウス六世から寵愛を受けて、イタリアのモンテフィアスコーネ司教座に叙任され、枢機卿に抜擢された。その当時は筋金入りの正統王朝派の活動家であった。コンコルダ交渉中も、彼は統領政府に打撃を与えるため、フランスの聖職者達を脅かす悪質なデマ文書の流布《るふ》を試みている。ところが、彼はナポレオンの破竹《はちく》の勢いを見て、王政復古は遠いと判断すると、王党派もモンテフィアスコーネ司教座もかなぐり捨ててパリに馳せ参じ、ナポレオンに忠誠を誓ったのであった。ナポレオンは鷹揚《おうよう》にもモリを取り巻きに加え、助言を仰ぐようになる。旧体制と革命の融合は、こういう場合にとても便利なモットーであった。

第一帝政が絶頂に達したといわれる一八〇九年に、ナポレオンが教皇国家の併合を命じてピウス七世に破門されるという致命的なミスを犯した背景には、相次いだベルニエとポルタリスの死による助言者の交代が存在する。利に聡い取り巻きばかりに囲まれるようにな

ナポレオンの母レティツィアの異父弟であるフェッシュは、ナポレオンの親族登用の恩恵を被った一人である。彼はコンコルダの施行時にリヨン大司教に叙任され、さらに枢機卿にも推挙されて昇格した。しかし、ナポレオンが教皇と対立し始めると、パリ大司教への転出を拒むなど距離を取るようになる。

った孤独な皇帝ナポレオンには、彼らの死で失われたものが見えなかったのである。

ナポレオンの破門

教皇国家の併合とそれに対する報い

一八〇八年、ナポレオンは大陸体制の強化に心を砕いていた。彼は大陸封鎖の抜け穴を封じるため、そのほころびの一つであった教皇国家の港湾でのイギリス商品の荷揚げを封じるため、軍を教皇国家に進め、その全土を占領する。教皇ピウス七世は忍耐の道を選んだ。彼はフランスと決裂せず、ナポレオンに政策を転換する余裕を与えたのである。

しかし、ナポレオンは差し出されたその手を振り払うようにして、一八〇九年に教皇国家のフランス帝国への併合《へいごう》を命じる。教皇庁の建物に武装したフランス兵がなだれ込むが、それをピウス七世は予期していた。ナポレオンの手勢《てぜい》は、教皇の命によってナポレオンに破門を宣告する公文書一式が掲示されるのを阻止することができなかった。大勅書には教皇国家の併合を命じた者とそれを支援した者を破門すると書かれ、附属の小勅書には破門の対象が皇帝ナポレオンとその側近であることが明記されていた。ナポレオンはその報復にピウス七世の身柄を拘束し、ローマから北イタリアのサヴォナへ移送して、監視下に置いて自由を奪った。

教皇による破門を受けると、破門されたのが皇帝であっても、臣下臣民は皇帝に対するあらゆる義務から解放された。中世の封建制時代、破門された皇帝ハインリヒ四世が破滅を避けるため教皇に許しを請い、味わわされたカノッサの屈辱《くつじょく》はよく知られている。近代フランスは法治国家であり、ピウス七世の破門によってナポレオンはフランス法の外に置かれたわけではないが、破門の恐ろしさが軽減されたわけではなかった。ナポレオンは自らの破門を国民に隠すよう厳命する。

教皇の怒りがフランスに伝わる

カトリックの附属条項の規定のなかで、教皇庁と勝手に連絡を取ることを禁じる条文は、それまで比較的ゆるやかに適用されていたのだが、破門以後、全国的に厳しく運用されるようになった。ナポレオンは、自分の破門を定めた教皇庁の公文書の写しが、フランス国内に持ち込まれることを怖れたのである。しかし、パリ大司教ド・ベルワの死後、空位となったパリ大司教座を管理していた大司教総代理ダストロに、真正な写しであることが疑いない破門の公文書が、警察による監視の目をかいくぐって密かに届けられた。この時、文書を送った者は大胆不敵にも、かつて宗教省の大臣官房でポルタリスを支えて働いていたダストロの経歴と人脈を利用し、破門の文書を宗教省の公文書に偽装して官房に送り、そこから公文書としてダストロに転送されるように仕組んだという。当時、ダストロはすでに教皇支持の立場を明らかにしており、皇帝の政策に批判的であった。彼は届いた文書に目を通すと、破門されたナポレオンに対する抵抗の意思を固め、文書をしっかりと自宅に隠した。その後、さらにもう一通、真正な写しが別ルートで届けられた。

ただし、ダストロの身近にはスパイが潜んでいた。おそらく彼が信頼していた人物である。一八〇九年のナポレオン破門の公文書の写し、そして一八一〇年一二月に発せられたパリ大司教候補者モリ枢機卿の教会に対する背信行為を断罪する小勅書が、ダストロに届けられたことが警察の知るところとなった。小勅書は、ナポレオンがモリをパリ大司教候補者に任命したことに対し、監禁下のピウス七世が密かに発した回答であった。一八一一年一月、ダストロはパリ警視庁に呼び出された。ダストロはそのままヴァンセンヌ城の牢獄に監禁されて自由を奪われた。その後、獄中のダストロは、教皇のために身を尽くしてナポレオンに抵抗する聖職者の象徴的存在になってゆく。

反ナポレオン派カトリックは皇帝を怖れない

この逮捕劇によって、ナポレオンが自分の破門が知られることを怖れ、破門の公文書の写しを躍起になって探させていることが、逆に反ナポレオン派に知られてしまった。旧体制貴族出身の敬虔な若者を中心に結成された反体制地下組織・信仰騎士団は、それを利用する。信仰の守護者を自任する彼らを中心に、フランス各地で写しを配布する抵抗運動が開始された。警察がいくら取り締まりを強化しても、取り締まる側の高級官僚にメンバーが加わっている地下組織の運動はしたたかなもので、配布を止めることはできなかった。

世の中には、ナポレオンの秘密警察による言論弾圧や思想統制を、二〇世紀の全体主義国家のそれに匹敵するものであるかのように糾弾する者もいるが、それは言いすぎである。パリで親教皇派聖職者の中心にあり、空位となったパリ大司教座の大司教総代理を務めている最重要人物の手元に、絶対に届けさせてはいけない教皇庁の破門文書が易々《やすやす》と届けられてしまう。しかもその後、その写しの配布を止めることさえできない。そのことだけでも、ナポレオンの言論統制の破綻ぶりや締め付けの緩さは明らかである。

虜囚の教皇と黒衣の枢機卿

ナポレオンは教皇に対抗する

破門されたうえ、国内での空位司教座の急増に頭を悩ませるナポレオンは、サヴォナに幽閉《ゆうへい》したピウス七世にさまざまな圧力をかけた。しかし、温厚な人柄でありながら強固な信仰心を持つ教皇は、地上の権力者の脅しには屈しなかった。ナポレオンはやむなく、新任司教の叙任において先任司教による教会法上の叙任を有効とするガリカニスム勢力への接近を図る。しかし、一八〇一年のコンコルダの締結と教皇庁との和解により、フランス国内では教皇権を至上とするユルトラモンタニスムが勢いを増していた。ガリカニスムの伝統を守ろうとする勢力には、もはや教皇に対抗して皇帝を支えるだけの力が残されていなかった。

それが露呈《ろてい》したのが、一八一一年にナポレオンが招集した全国教会会議であった。この会議では、ナポレオンを支持するガリカニスム寄りの立場をとる司教達が主導的立場に立ってコンコルダの条文を見直し、司教の叙任手続きにおいて教皇が教会法上の叙任を拒むことができないように修正することの可否が議論された。この会議で、ナポレオンは自らに反抗する教皇派の枢機卿達を辱める狙いで、彼らに赤い枢機卿の法衣を身につけることを禁じた。

サヴォナで幽閉した教皇を、ナポレオンはフランスに連行させる。

しかし、ナポレオンの圧力で国務長官の職を解かれたコンサルヴィを中心に、ピウス七世を支持する枢機卿達は、剛胆《ごうたん》にもあえて位の低い下級聖職者のための黒い法衣を身につけて議場に臨み、皇帝の不当さを世に告発したのである。審議は紛糾しつつも、ナポレオン派の司教による積極的な多数派の支持取り付けにより、最終的にナポレオンの望む内容の決議が出された。

フォンテーヌブロ宮庭園からの遠景。

ナポレオンが愛用した浴室で現存するものは希である。浴槽がわずかに右手に見えている（フォンテーヌブロ宮）。

ところが、それには予期せぬ付帯条件が添えられていた。末尾に、この決議が有効となるのは、教皇聖下の同意が得られた場合に限ると明記されていたのである。この文書にピウス七世の同意が得られないことは明らかであった。自分の支持者と見ていた司教らの思わぬ裏切りに皇帝は激怒し、会議は即座に解散を命じられた。幽閉され、全国教会会議開催の報に接して筆を執ることとさえかなわなかった、教皇ピウス七世の完勝であった。

フォンテーヌブロ宮は、教皇ピウス７世の幽閉、新コンコルダ締結の強要、そして第一回退位後の帝国親衛隊との惜別の伝説と、帝国の末期に歴史の舞台となった。

フォンテーヌブロまで幽囚の教皇ピウス７世を連行させたナポレオンは、慢心から、狩猟用のラフな衣装のままで教皇を出迎えるという無礼を働く。

未完に終わるフォンテーヌブロのコンコルダ（一八一三年）

ナポレオンは自由を奪った教皇にその後も圧力をかけつづけたが、教皇は皇帝の意のままにはならなかった。教会法上の叙任を授ける大勅書は一通も発せられないまま、日がすぎていった。最終的にナポレオンは、一八一三年に自分のお膝元であるフォンテーヌブロ宮に高齢の教皇を連行して幽閉し、監視と圧迫を最大化した。そして、教会法上の叙任の規定を中心に、自分に都合の良い内容で新たなコンコルダの締結を認めるよう強いたのである。

長い幽閉生活と孤立によって気力も体力も衰えたピウス七世は、一度は圧迫に屈し、新コンコルダの調印に同意した。しかし、教皇は調印の前に側近の同意を得たいと申し入れ、それを許された。教皇の幽閉先にコンサルヴィら信頼の置ける側近が招き入れられ、新しいコンコルダの文面が示された。それに目を通した彼らは、不当な内容に驚くと同時に、まだ間に合うから絶対に調印してはいけないと教皇に懇願した。最初は前言撤回を渋ったピウス七世も、側近の支えによって戦う意欲を取り戻し、調印を拒絶した。ナポレオンは激怒したが、もはや教皇の意思を変えることはできなかった。これが未完に終わった一八一

教皇は解放されたが、ピウス７世の随行者はなお静かな敵意を隠そうとしない。

三年のフォンテーヌブロのコンコルダである。

その翌年、同盟軍のフランス本土侵攻が現実のものとなるなか、敵軍に教皇の解放という手柄を立てさせることを怖れたナポレオンは、教皇を解放し、ローマへの帰還を認めた。ピウス七世の見事な粘り勝ちであった。

ナポレオンとフリーメイソン

フリーメイソンとは

現在、ナポレオン・ボナパルトがフリーメイソンの会員であったことは確実であるとされている。日本では、フリーメイソンのイメージは悪いうえに実態からかけ離れたもので、ナポレオンが会員だったとするとあらぬ誤解を受けるかもしれない。そこで、まず近世以降のヨーロッパにおけるフリーメイソンについて説明しよう。

フリーメイソンは近世のイギリスで結成された秘密結社であるが、絶対王政期にフランスに伝播《でんぱ》した。その活動の主たる目的は会員間の社交と相互扶助、社会貢献であり、何かよからぬ陰謀をめぐらしているわけではない。端的にいって、公共空間で活動しないことを除けば、各界の有力者による友愛慈善団体であるロータリークラブやライオンズクラブと似ており、それらから大きくかけ離れた存在ではない。

ただしフリーメイソンでは、会員が外部に対して自分が会員であることを告白することまで含め、厳しい守秘義務を課している。そのうえ、会員間の連絡に独特の暗号が用いられていること、入会の儀式が全裸になって擬似的な転生を経験する秘儀《ひぎ》であること、結社の歴史が古代イスラエル王国の神殿建設やギザの大ピラミッド造営にまでさかのぼると主張していることなどから、外部の好事家やオカルトマニアによって歪んだイメージが流布される原因になっている。ただ、それらの怪しいところから湧いた悪しき虚像にも長い歴史がある。フランス革命も、ロシア革命も、すべてが世界の支配をもくろむフリーメイソンの陰謀の産物であるという主張は、それぞれの同時代から存在している。

ギザの三大ピラミッドを遠望する。左からクフ王・カフラー王・メンカウラー王のもの。

陰謀論を好む独裁者達——ヒトラーとスターリン

実はフリーメイソンにとってははた迷惑なこの種の陰謀論が、リアルな脅威として迫ったことがある。一九四〇年にナチス・ドイツ軍がパリを占領したとき、独裁者ヒトラーは真っ先にフリーメイソン組織の中枢である、パリ大東社の文書を押収するよう命じたのであった。もちろん、フリーメイソンが企むという世界支配の陰謀の詳細を知るためであった。しかし、ベルリンに運び込まれた文書のどこを探しても、そのような記述は見つからなかった。元々、会員の友愛互助組織であるフリーメイソンに世界征服の謀略が存在するはずがない。ところが、ヒトラーが大東社の文書を手に入れたことを聞きつけ、彼がフリーメイソンの秘密を手に入れたと誤解し、嫉

フリーメイソン大東社大親方の衣装を身に着けたカンバセレス。

妬と先を越された悔しさから血が上る思いでいた独裁者がいた。ソ連のスターリンである。

　彼は翌年六月にソ連へ侵攻したヒトラーを相手に大祖国戦争の指揮を執りながら、この文書を手に入れる機会を待ち続けた。そして一九四五年春、ナチス・ドイツを崩壊に追い詰めたベルリン攻防戦の際、彼は大東社文書の確実な入手を命じたのであった。ソ連軍の手に渡った文書はただちにモスクワへと移送され、そこで入念な再調査が行われた。しかし、スターリンの厳命にもかかわらず、今回もやはり何も見つからなかった。その後、大東社の文書はモスクワで完全に秘《ひ》匿《とく》され、世間的にはベルリン攻防戦によって消失したものと思われていた。ベルリンの壁崩壊後、偶然、大東社文書を含むヒトラーがパリから持ち去った書類一式がモスクワに残っていることが判明し、フランスの返還請求が認められて、文書はパリへ戻ってきた。ただし、種々の事情から大東社文書の返還先は大東社ではなく、フランス国立図書館西洋手稿史料部となった。結果的に、フランス国立図書館の利用資格を得られる者なら、日本人も含めて誰でも閲覧を申請できる形で公開されている。もちろん誰が探しても、世界征服の陰謀など見つかりはしない。

ナポレオン体制とフリーメイソンの一体化

　基本的に会員相互のプライベートな友愛慈善団体として活動してきたフリーメイソンであったが、フランスでは例外的に国家権力との一体化し、半ばオフィシャルな存在になった時代があった。それがナポレオン体制期である。当時の有力会員として知られるのが、統領政府の第二統領にして帝国大尚書長となったカンバセレス、ナポレオンの兄ジョゼフ、参事官として民法典の起草に貢献し宗教監督官・宗教大臣も務めたポルタリスであって、以下、帝国の顕官の大半がずらりと会員リストに並ぶ。ただしそのなかに、ナポレオン・ボナパルトの名はない。

　帝国の有力者では加入していない者の方が例外で、しかも大東社の最高指導者である大親方はナポレオンの右腕であるカンバセレスであった。ナポレオンだけが会員ではなかったと考える方が不自然なほどの政権との一体化ぶりである。しかし、ナポレオンの加入を記録した証書は、フランスではどのロッジ（支部）を探しても見つからないうえ、ナポレオンが加入した日付を特定できる史料も存在しない。フリーメイソンでは基本的に、会員本人がフリーメイソンに加入した日付が古ければ古いほど、その人物が加入しているロッジの格が高ければ高いほど、過去そのロッジに高名な人物が所属していた数が多ければ多いほど、その会員は古き良き伝統を受け継ぐ者として周囲の尊敬を集める。

　そのため、各ロッジにとって、過去の会員の加入と所属の記録はきわめて重要であった。にもかかわらず、ナポレオンほどの人物の記録がどこにも存在せず、加入日や所属したロッジさえ不明であるというのは、もし彼が正規の会員であるならば考えられないほど異常なことであった。記録がまったく見当たらないにもかかわらず、ナポレオンはフリーメイソン会員だったと決めつければ、ではどのロッジの所属だったのかと異議申し立てを受ける。この問題は、少なくとも記録が存在しない理由を説得的に説明することができない限り、結論が出せない。そのため、長く決着がつかず、論争だけが続いてきた。

ナポレオンは、いつ、どこで加入したか

　文書史料がないなかで、近年、この問題について新たな仮説が導き出された。それによると、ナポレオンが加入したとすればエジプト遠征中以外にない。加入したのは、おそらくアレクサンドリアで活動していたヨーロッパ商人らが作った既存のロッジか、あるいは、

クレベールらと共にミイラを見学するナポレオン。

東方派遣軍配下のエジプト学士院に加わっていた知識人らが、エジプトでフリーメイソンとして活動を続けるために組織した臨時のロッジであろう。ナポレオン自身は幼い頃から理数系の志向を持ち、合理主義者であった。彼にとって、理神論的なフリーメイソンの世界観は、神が常に主役を張る終末論的なカトリックの価値観よりも、魅力的で馴染みやすいものであった。祖国を遠く離れ、よるべなきエジプトで東方派遣軍を率いていた彼に、フリーメイソン加入の誘いを断るべき理由はなかった。

　ブリュメール前夜、ナポレオンは東方派遣軍を見捨て、少数の腹心とエジプトからフランスへ逃げるように帰国した。彼の加入を記録した文書は、エジプトに捨て置かれた。フランスのどこを探してもナポレオンのフリーメイソン加入記録が見つからないのは、彼が帰国後に改めてフランスのロッジに加入しなかった以上、当然のことである。

　この仮説によって、ナポレオンの加入記録が存在しない問題に、一応は筋が通った説明ができた。また、フリーメイソンは組織の起源の一つに大ピラミッドの造営を挙げている。当時、ナポレオンはギザでクフ王の大ピラミッドに登頂した希少なフランス人の一人であった。ナポレオンはナイル川のほとりで「洗礼」を受け、フリーメイソン会員となった。さながらイエスが、ヨルダン川のほとりで聖ヨハネの導きで洗礼を受け、救世主への道を歩み始めたのにならうように。フランスの支配者となったあと、ナポレオンはフリーメイソンに対して強い影響力をふるい、自分の取り巻きや側近を次々とフリーメイソンの指導層に引き上げた。そして組織を事実上乗っ取って、帝国の統治に利用した。その基盤には、彼がエジプト遠征で身にまとった東方由来の威光があった。

クフ王のピラミッドに登り、周囲を遠望するナポレオン。

　結果的に、ナポレオンの下で栄達を望む者は、政治家も官僚も軍人も、その多くがフリーメイソンの会員となった。フランスのフリーメイソンは会員間のプライベートな友愛互助組織ではなくなり、政治や行政、軍事の各分野で、半ば公式な懇親組織となった。しかし、この種の支配体制との過剰な「蜜月」は、フリーメイソンでは戒められていることであった。その理由は、体制との過剰な癒着や一体化によって、政府が倒れたときに命運をともにするリスクが顕在化するからである。そしてその危惧は、ナポレオン体制の瓦解によって実体化することになる。フランスのフリーメイソンは王政復古で大きな打撃を受け、その後の回復には多大な時間と労力を要したのであった。

第5章

ナポレオンと戦争

戦史の転換点としてのナポレオン

革命で国民軍による近代戦が始まる

　中世末以来、ヨーロッパの大国では陸軍の軍備が傭兵《ようへい》部隊を主力として整えられ、絶対王政的な戦争のあり方は、まさに列強《れっきょう》による国際政治の延長線上にあった。多額の資金を投じて整えられた傭兵軍は、戦いのプロ集団であると同時に、君主にとっては高価な財産であった。それを用いて行われた近世の戦争は、それに先行する時代の宗教戦争が、対立する宗派の一般住民まで殺戮《さつりく》の対象とした残忍さと対比するかのように、「王侯のスポーツ」と評されることもあった。

　そのような風雅な雰囲気を一変させたのがフランス革命であった。フランス革命は軍隊を革命化すると同時に、戦争を近代化した。立法議会（一七九一～九二年）を主導したジロンド派は、対外戦争の開始によって国内の利害対立から国民の目をそらし、それで国難を克服しようとした点で、時代に先駆けていたといえるだろう。

　しかし、ことはジロンド派の思惑どおりには運ばなかった。フランスは一七九二年四月の宣戦布告直後から苦戦を強いられ、敵軍は国境を越えて内地に侵攻する。それに対抗するために義勇兵《ぎゆうへい》を国民から募って陸軍の兵力を増強するが、それが結果的に国民軍の創建へと道を開いた。さらに戦争の長期化によって兵力不足が深刻化すると、フランスは一七九三年から随時、大規模徴兵《ちょうへい》を繰り返すようになった。さらには一七九七年に恒久的な徴兵制度を採用して戦力補充の基盤を整え、それが戦争を決定的に変容させた。

徴兵検査に合格した若者は、市長が差し出す帽子のなかから籤を引く。当たった者は戦地に送られ、その多くは二度と故郷に帰らなかった。

　ここに、「名誉なき戦場」において徴兵で動員された一般国民が大量死を遂げる、血塗られた近代戦への道が切り開かれたのである。ただし、この大転換にナポレオン本人の寄与する部分は少ない。初期の革命戦争において、いまだ無名の陸軍下級士官でしかなかった彼が歴史的な役割を果たす余地はなかった。

　にもかかわらず、その歴史的事実を無視するかのように、とくに「狭義の軍事史」において、この時期の戦争を総称してナポレオン戦争と呼んでしまう場合がある。たしかに、フランス革命戦争（一七九二～九九年）とナポレオン戦争（一七九九～一八一五年）は、基本的に一つの継続した戦争である。戦いの構図も、革命フランスおよびその同盟国と、それに対抗する列強の軍事同盟という基本的な図式は変わらない。戦法や用いられた兵器、参戦諸国といった諸要素にも、一七九九年を境とする大きな変化はない。そのため、あえてナポレオンの権力奪取を時代区分とみなす必然性はない。しかし、他に適当な呼称がないとはいえ、ナポレオンが何の役割も果たしていない時期までナポレオン戦争と呼ぶのは妥当だろうか。

ナポレオンの軍事史上のインパクト

ナポレオン戦法の真実

ナポレオンによって果たされた軍事史上の革命的な大転換とは何か。かつて彼の業績とされていた、数々の新機軸や新戦法がある。しかしそれらはかつての輝きを失いつつある。フランス革命の「成果」と同様、近年の修正主義による見直しと再評価を免れないものであった。そして、ナポレオンによる創意工夫とされた業績の多くが否定され、真の創始者が再発見されたり、起源が絶対王政期に見出されたりしつつある。

たとえば、小規模な部隊で迅速に進軍し、決戦場で合流して戦うという「分進合撃」戦法に象徴される機動戦は、ナポレオン軍の得意技であり、ナポレオンに数々の勝利をもたらした。これは実際には彼の発案によるものではなく、絶対王政期に軍事理論家として高名なギベール伯が、その主著『一般戦術論』で提唱していた理論を、その本の愛読者であったナポレオンが実戦に応用したものであるとされている。

砲兵を大軍の各部隊に分散配置せず、総司令官の手元に置いて集中的に運用し、敵陣に肉薄して行う集中砲火で敵主力部隊に大打撃を与える戦術も、ナポレオン軍の強さの源泉であった。ただし、これもナポレオン本人の発案によるものではない上、戦争の中期に当たる一八〇七年のフリートラントの戦いまで、意識的な形では用いられていない。この戦いの最中、この戦術を実行してフランス軍に勝利をもたらしたのは、ナポレオンではなく、砲兵指揮を任されていたセナルモン将軍であった。勝利の後、ナポレオンは戦勝を自らの手柄とせず、果敢な攻撃で勝利に貢献したセナルモンを大いに賞賛したという。

また、セナルモン配下の砲兵に見られるように、敵陣に接近した場所での部隊展開と一方的な速射砲撃を可能とする優秀なフランス砲兵隊を用意したのも、ナポレオンではない。それは絶対王政期に粘り強く砲兵隊改革を進めたグリボーヴァルの遺産であった。彼は火砲監察総監として王国の砲兵隊の改善に辣腕を振るい、装備面では砲身と砲弾、砲架の改善を推進した。彼の改良による新型の野砲は移動が容易だった上に、速射が可能で信頼性が高く、狙いがつけやすく命中精度にも優れていた。このグリボーヴァル砲がナポレオン軍でも野戦砲兵の主力として多用され、フラ

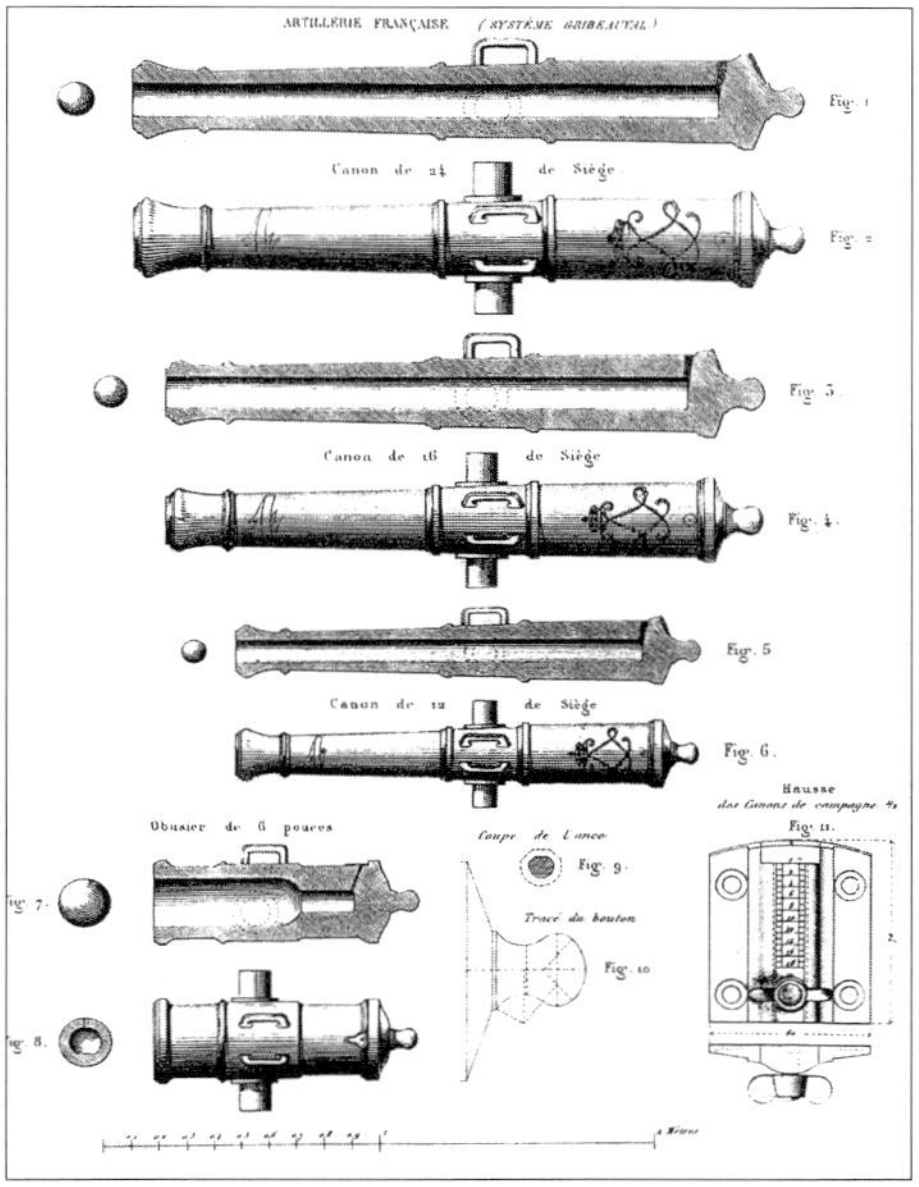

グリボーヴァル砲の砲身図。上から24リーヴル攻城カノン砲・16リーヴル攻城カノン砲・12リーヴル攻城カノン砲・6ピュス榴弾砲。右下は野戦砲の照準器。復古王政期の図面なので、砲にルイ18世の組文字が刻まれている。

ンス軍の強さを支えた。フランス砲兵の戦闘力を近世ヨーロッパ随一の水準まで引き上げたグリボーヴァルの改革こそが、ナポレオンが意のままに運用できる砲兵隊を整えたのであった。

ナポレオンが成し遂げたこと

では、ナポレオンの軍事史上のインパクトは幻影なのだろうか。

第一に、ナポレオンの最大の貢献は理論の実用化であると言える。ギベール伯の理論に則して『歩兵の演習と教練に関する規則』がフランスで制定され、戦場で司令官の意図した機動を実行しうる兵士の育成が始められたのは、伯の死の翌年にあたる一七九一年八月

グリボーヴァル・システムによる野戦砲兵の編成一覧

砲種		12リーヴル砲	8リーヴル砲	4リーヴル砲	6ピュス4リーニュ臼砲
口径 ミリ		121.3	106.1	84.0	165.7
砲身長 センチ		229	200	157	76
砲身重量 キロ		880	580	290	330
砲重量 キロ		1454	1114	880	924
射出重量 キロ		6	4	2	12
初速 m/秒		415	419	416	170
弾嚢車総重量 キロ		1800	1700	1500	1600
操作班の定数		15	13	8	13
軍馬の定数	砲兵	6	4	4	4
	騎砲兵	—	6	6	6
一門あたりの弾嚢車数		3	2	1	3
弾嚢車の積載量	球形砲弾	48	62	100	49
	大型散弾筒	12	10	26	3
	小型散弾筒	8	20	24	—
砲架上の収納箱（球形砲弾、榴弾入り）		9	15	18	4
一門あたりの弾嚢定数		213	197	168	160

24リーヴル・カノン砲の射程および跳弾の落下位置（メートル）

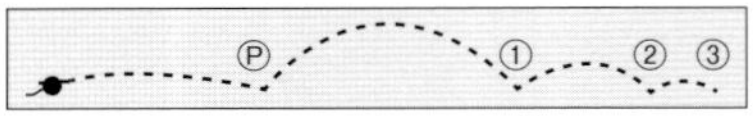

砲の仰角	Ⓟ 砲弾の射程	① 跳弾の第一落下地点	② 跳弾の第二落下地点	③ 跳弾の第三落下地点
0°	292	886	477	275
1°	707	579	335	272
2°	1027	458	334	222
3°	1288	406	236	210
4°	1521	402	220	199
5°	1754	332	172	148
6°	1926	274	153	85
7°	2101	198	90	66
8°	2270	157	72	59
9°	2422	77	34	—
10°	2567	65	—	—

口径毎の野砲の有効射程（メートル）

	球形砲弾	大型散弾筒	小型散弾筒
12リーヴル・カノン砲	1100	700	500
8リーヴル・カノン砲	1000	600	400
4リーヴル・カノン砲	900	500	300
臼砲	900	400	—

O. Sokolov, *L'armée de Napoléon*, pp. 172–175を参照。

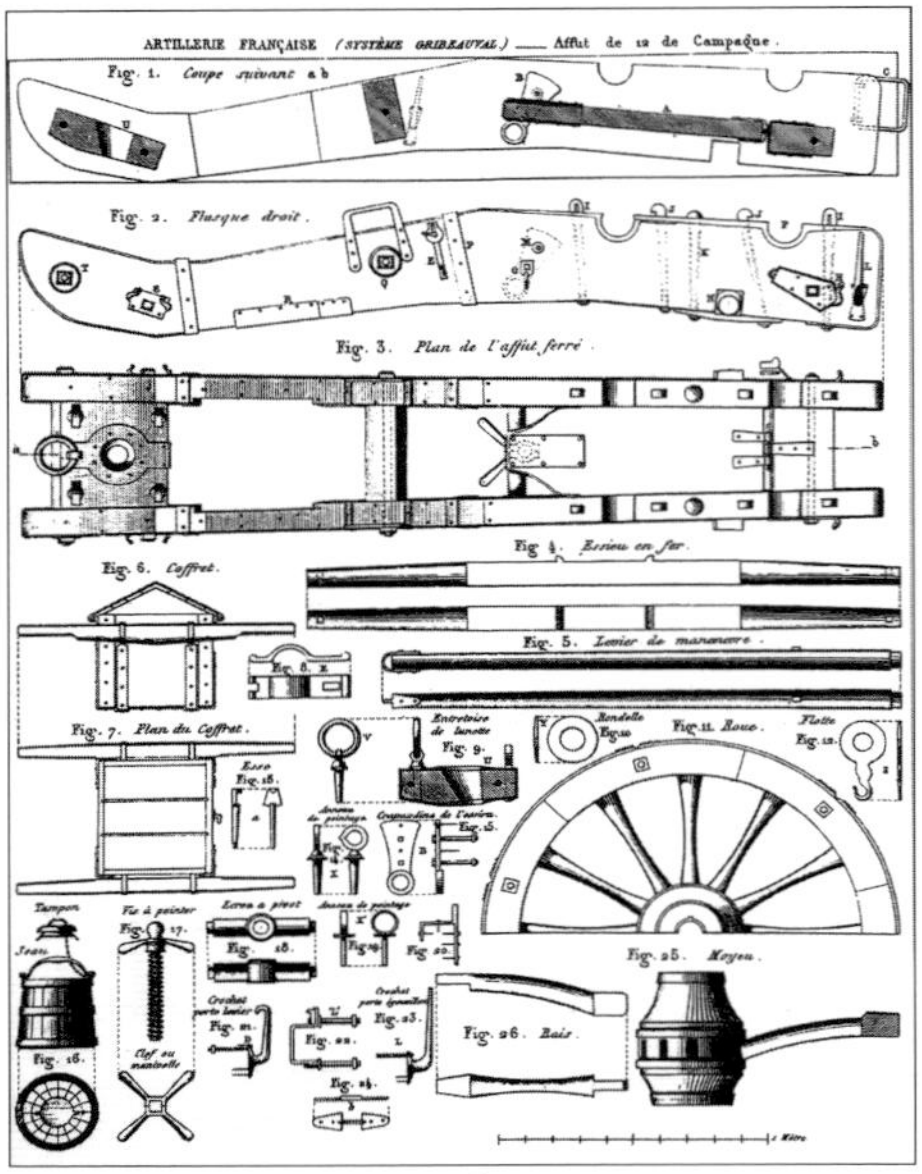

グリボーヴァル・システムの要①
操作しやすい改良型の砲架。12リーヴル野戦カノン砲のもので、戦場に機動展開する野戦砲兵の装備としては最大級。砲身図の12リーヴル攻城カノン砲と同等サイズの砲身を載せる。12リーヴルは砲弾の重量。

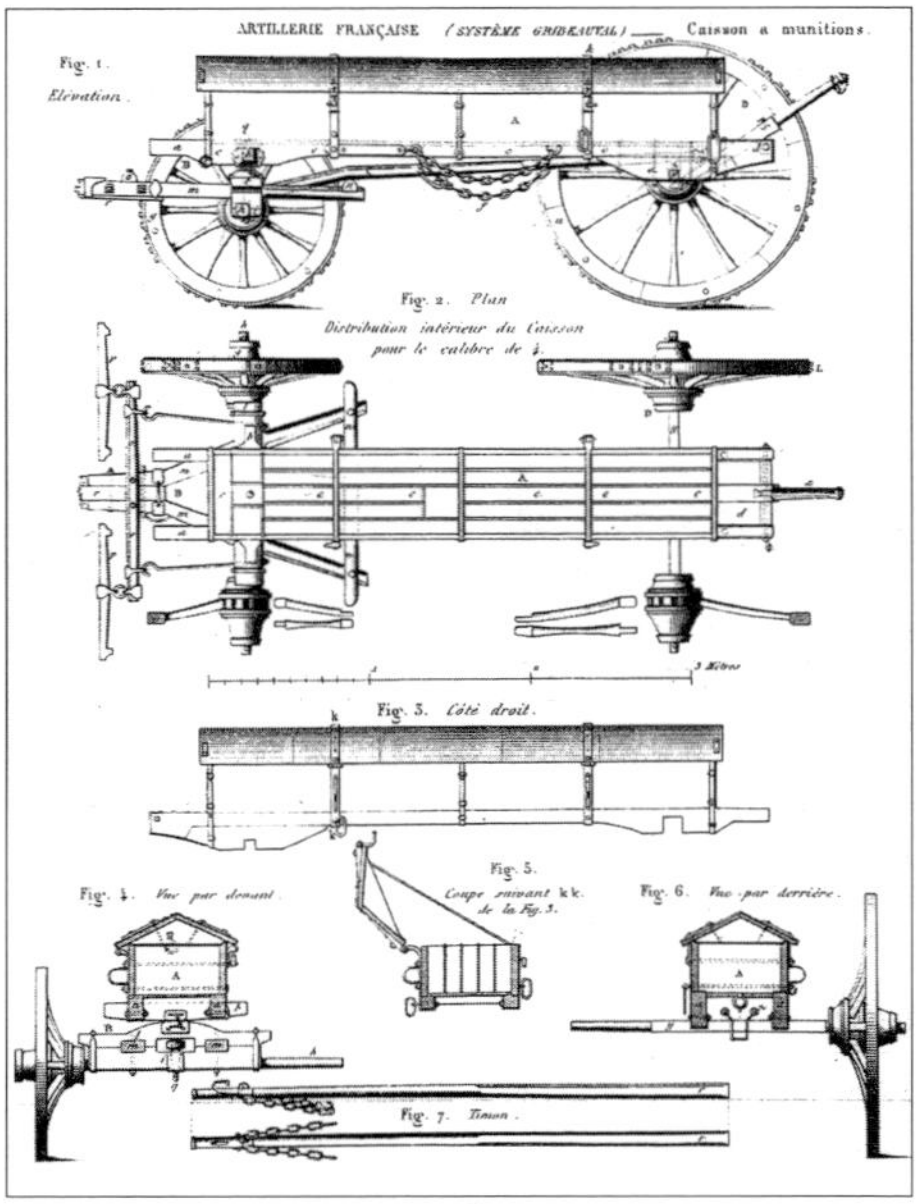

グリボーヴァル・システムの要②
弾薬および砲兵装備の運搬車。

一日であった。また、それを前提として迅速な機動に適した規模の師団編成が採用され、戦場での部隊の移動が合理化されるのにも数年を要した。それは、フランス革命戦争の精《せい》華《か》とされるフリューリスの戦い（一七九四年六月二六日）の勝利で初めて結実したのである。これがのちのナポレオン戦法の基礎を築いた。

　さらに、ナポレオンの腕が冴え渡った舞台は、革命戦争中のヴァルミやフリューリスのような短期的な決戦の場面ではない。数万に及ぶ兵力を有するイタリア方面軍を率い、手勢を移動に適した規模の軍団に編成し、祖国を遠く離れた広大な北イタリアを縦横に転戦しながら勝利を重ね、数か月以上にわたる戦役を戦い抜く。そのなかで、総兵力では優勢な敵の部隊配置を見切って、戦闘が行われる場では常に自軍が多数を占めることができるように、先を読んで配下の部隊を動かす。

　そのためにナポレオンが切り捨てたのは補給のための鈍重な輜重《しちょう》馬車であり、補給物資は原則的に占領地での現地調達とされた。ロジスティックスに束縛されないことは、ナポレオン軍に行軍や機動の迅速さ、自由さという圧倒的な強みをもたらす。それは反面、スペインやロシアのように敵のゲリラが出没する物資に乏しい土地では、兵馬が食糧や糧秣《りょうまつ》の不足に苦しめられ、武器弾薬の補充もままならないという足かせとなった。

　また、ナポレオンが常に期待した迅速な行軍は、兵士に強い苦痛と重い疲労を強いるものであり、物資の現地調達は支払いを約束する手形と引き替えに行われていたが、常に無軌道な略奪へ転化する可能性をはらむ。当時のフランス兵にナポレオンの期待に応える高い士気と厳しい規律、磨かれた練度《れんど》がなければ、軍はたやすく瓦解し、野盗《やとう》の群れと化し

NAPOLÉON AU SIÈGE DE TOULON.

グリボーヴァル・システムの要③
操作班に属する各砲兵の役割分担は、はっきり決められていた。

命令「第一小隊の左へ、縦列から展開せよ」による砲兵中隊の展開行動

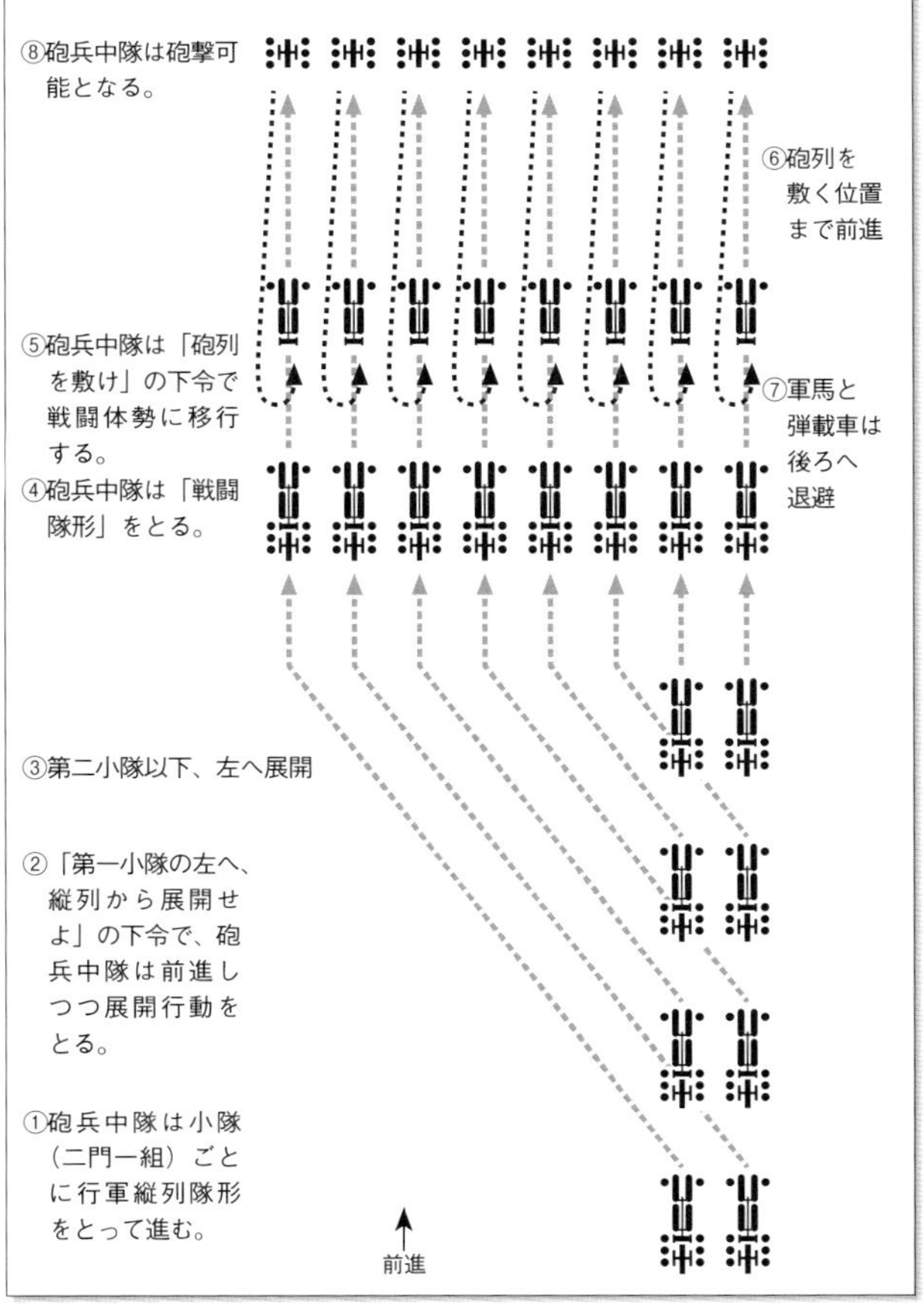
⑧砲兵中隊は砲撃可能となる。
⑥砲列を敷く位置まで前進
⑤砲兵中隊は「砲列を敷け」の下令で戦闘体勢に移行する。
⑦軍馬と弾載車は後ろへ退避
④砲兵中隊は「戦闘隊形」をとる。
③第二小隊以下、左へ展開
②「第一小隊の左へ、縦列から展開せよ」の下令で、砲兵中隊は前進しつつ展開行動をとる。
①砲兵中隊は小隊（二門一組）ごとに行軍縦列隊形をとって進む。
前進

ただろう。

一七九六年、ナポレオンがイタリア方面軍司令官を拝命したとき、彼に委ねられた兵士達は満足な装備を与えられておらず、腹をすかしており、士気は最低だった。しかしナポレオンには、だらけた者たちを短期間で戦う集団に鍛え上げ、彼らに勝利を重ねさせて自信と自負をつけさせ、さらに過酷な行軍にも屈せず戦い続ける強い部隊にする道筋が見えていた。兵士達に呼びかけた名高い彼の着任演説もまた、その手段の一つであった。

「将兵よ、諸君は裸同然で、食事も乏しい。政府は諸君に多くの借りがあるが、何一つ与えることができないでいる。この岩山のただ中で、諸君が示した忍耐、そして勇気は、賞賛に値する。しかし、そこから諸君はいかなる栄光も手にできず、いかなる輝きもそこから発して諸君を包むことはない。これから私が、諸君をこの世で最も肥沃な平野へと導く。豊かな田園が、巨大な都市が、諸君の膝下に屈する。そしてそこで、諸君は、名誉と、栄光と、富を手に入れる。イタリア方面軍の将兵よ、まさか諸君は勇気や不屈の精神を欠いていることはあるまいな?」(一七九六年三月二七日、ニース付近のイタリア方面軍駐屯地にて)

ナポレオン以前の戦争では、両軍が粛々と主力部隊を決戦場まで進め、それで勝敗を決するのが当然のことであった。常に機動戦を続けて主導権を握り、必要な場面に必要な兵力を用意して数的優位を確保し、勝利するナポレオンの指揮は、あくまで例外であり斬新なものであった。兵の資質や部隊の補給体制を中心に、必要な条件が整わない他国の指揮官にとって、それは模倣を試みることさえできないものであった。

しかし一八一三年一〇月中旬、ライプツィヒの戦いを前に、同盟軍はようやくナポレオン戦法の真髄を体得した。それを実行に移すことができる兵の練度と統一された指揮命令

column

市街戦の弾痕も歴史の証言である

1795年10月5日(共和第四年ヴァンデミエール13日)、休職を命じられて給与も半分に減らされ、パリでくすぶっていたナポレオンに転機が訪れる。武装蜂起した王党派がパリ市内を進撃し、政府のあるテュイルリ宮に迫ろうとしていた。政界の実力者バラスに何とかしろと命じられた彼は、武器庫から勝手に大砲を持ち出すと、テュイルリから一筋北側に上ったところにあるサン=ロック教会の前にわずかな手勢の砲兵を展開させ、蜂起衆を待ち受けた。そして、多勢に無勢と侮った蜂起衆の嘲りに、ナポレオンはただ「撃て」の一言で応えたのである。至近距離で発射された対人用散弾(ぶどう弾)の効果は凄まじく、王党派の反乱は多数の死傷者を出してたちまち鎮圧された。「ぶどうの収穫月(ヴァンデミエール)」にぶどう弾で手柄を立てたため、ナポレオンは「ヴァンデミエール将軍」というあだ名で世間に名が通るようになった。

この時の砲撃によって、砲口を向けられたサン=ロック教会のファサードには相当数の弾痕が残され、それは21世紀初頭まで残っていた。ところが、それも含めて歴史の一部であるという認識を欠いたフランス当局によって、表面がつるつるぴかぴかに修復されてしまったのである。現在では、目立たない場所にあったほんのわずかな数の「見落とし」の弾痕しか残っていない。日本で、京都御所の蛤御門が弾痕だらけの姿で保存されているのを見て、ほっとした次第である。

自らの砲撃命令が現出させた惨劇を前に、眉一つ動かさなかったナポレオン。

現地調達がナポレオン軍の進撃スピードを支えた。兵士達は、食糧にするため農家の豚や鵞鳥を追い回し、軍馬のために藁を持ち出した上、材木を確保するために納屋を解体し、薪にしようと木を切り倒す。すべてを奪われる農民一家は泣き暮れ、神に加護を祈る。

スペイン山間部の厳しい地形に難渋するフランス軍野戦砲兵。

系統が整えられた。彼らは数的優位を得られない局面では慎重に戦闘を避けながら包囲陣を狭め、ナポレオンを追い詰めた。そして、フランス軍の倍に迫る二五万の兵力を確保すると、総攻撃を開始し、ついにナポレオンを決定的に打ち破ったのであった。

ナポレオンの軍隊

ナポレオンの陸軍

ナポレオン戦争の時代は、狭義の軍事史上、多くの兵科が転換にさしかかっていた時代であった。まず、陸軍から見てみよう。

ナポレオンの歩兵

陸軍の主力は今も昔も歩兵《ほへい》である。当時の歩兵が携行する小火器の大半は、先込めの滑腔式マスケット銃であった。マスケット銃の命中精度は低く、射程も百数十メートルと短かった上、発射速度も遅かった。そのため、歩兵は常に密集した隊列を組み、各兵士が鼓手《こしゅ》やラッパ手の出す音色に合わせ、教練で叩き込まれた動作を一斉《いっせい》に行うことで、部隊としての統率をとって移動や攻撃を実施していた。

当時の歩兵の戦いの基本は、一斉射撃《いっせいしゃげき》と銃《じゅう》剣突撃《けんとつげき》に代表される近接戦闘であった。数百メートルに及ぶ長い射程を誇る、命中精度の高い前装式ライフル銃もすでに実戦投入されていたが、それを与えられていたのはイギリス軍のエリート歩兵部隊など少数に限られていた。後装式ライフル銃が戦場で大規模運用され、散兵線と匍匐《ほふく》前進を軸に歩兵戦術の革新が達成されるのは、一八六〇年代のことである。

当時の歩兵部隊の一斉射撃は火力が大きかったものの、それを活かすためには敵に接近した位置で戦闘隊形（横隊陣形）を取っていることが必須であった。単純な地形とは限らない戦場において、幅が広い横隊は部隊の機動を大きく束縛するものであり、一長一短な陣形だった。

逆に、縦隊は幅が狭く部隊の機動には有利で、損害を辞さずに前進する銃剣突撃の衝撃力を最大にできる利点があった。ただし、後列に敵が見えず射撃戦に参加できない兵士を多く生み、射撃戦にはまったく不向きであった。それに加え、進行方向から砲撃を受けると、地面を跳ねながら飛んでくる球形の実体弾によって大きな被害を受ける傾向があった。

そのため、絶対王政期以来、歩兵隊が基本とする陣形を縦隊とするか、横隊とすべきかについて長らく論争が戦わされてきた。また、

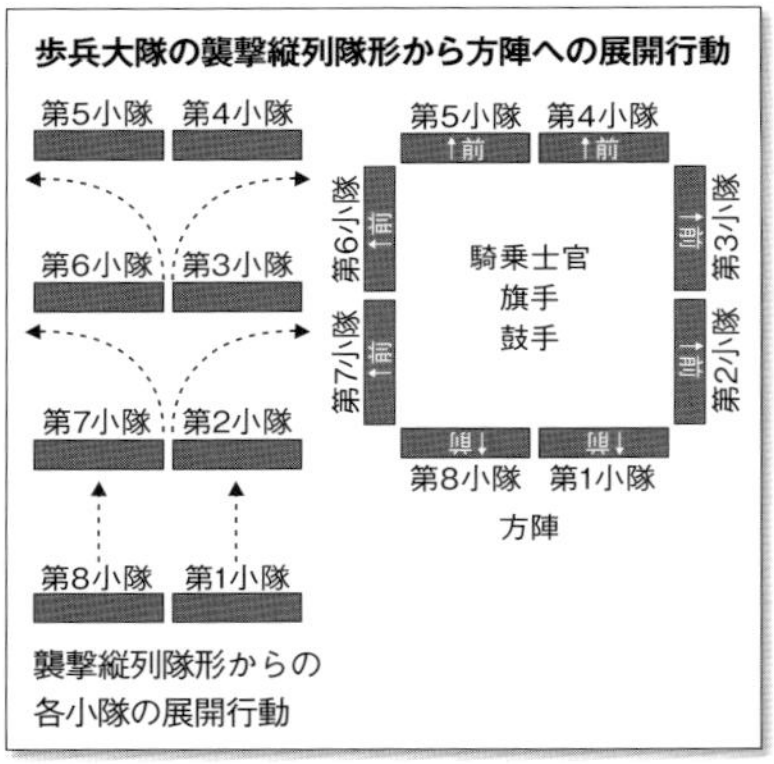

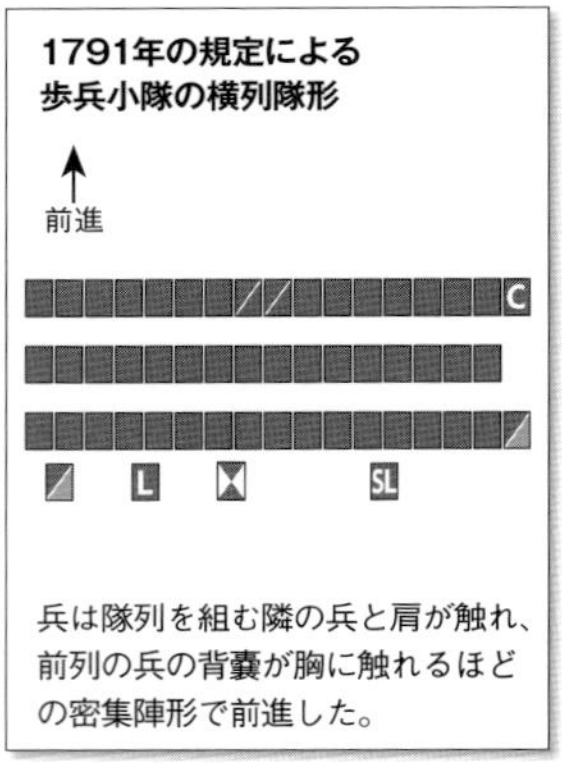

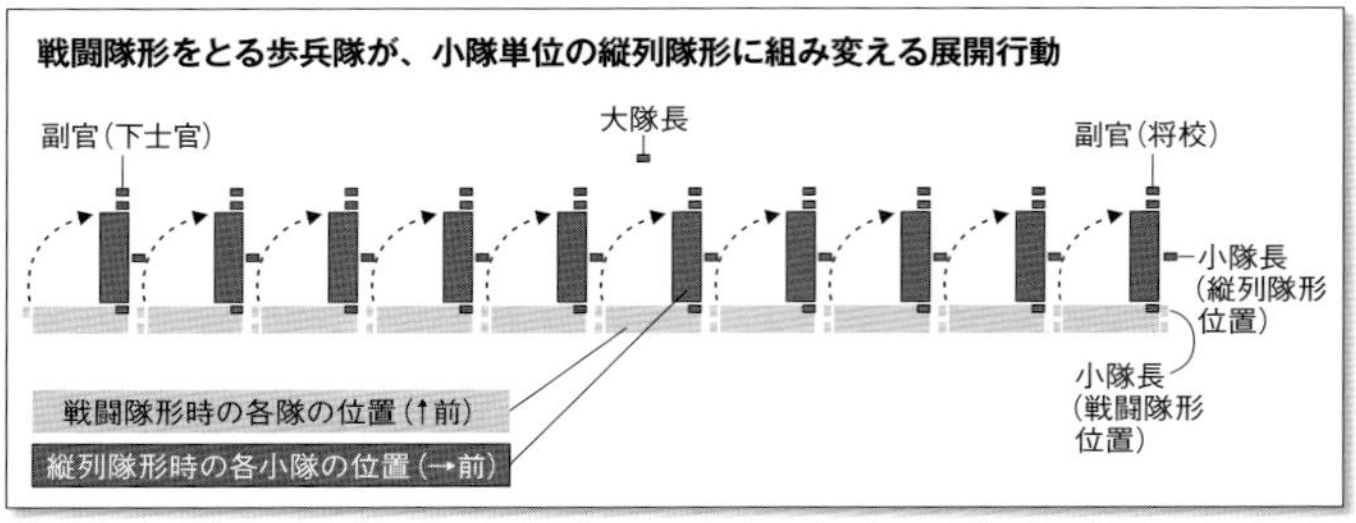

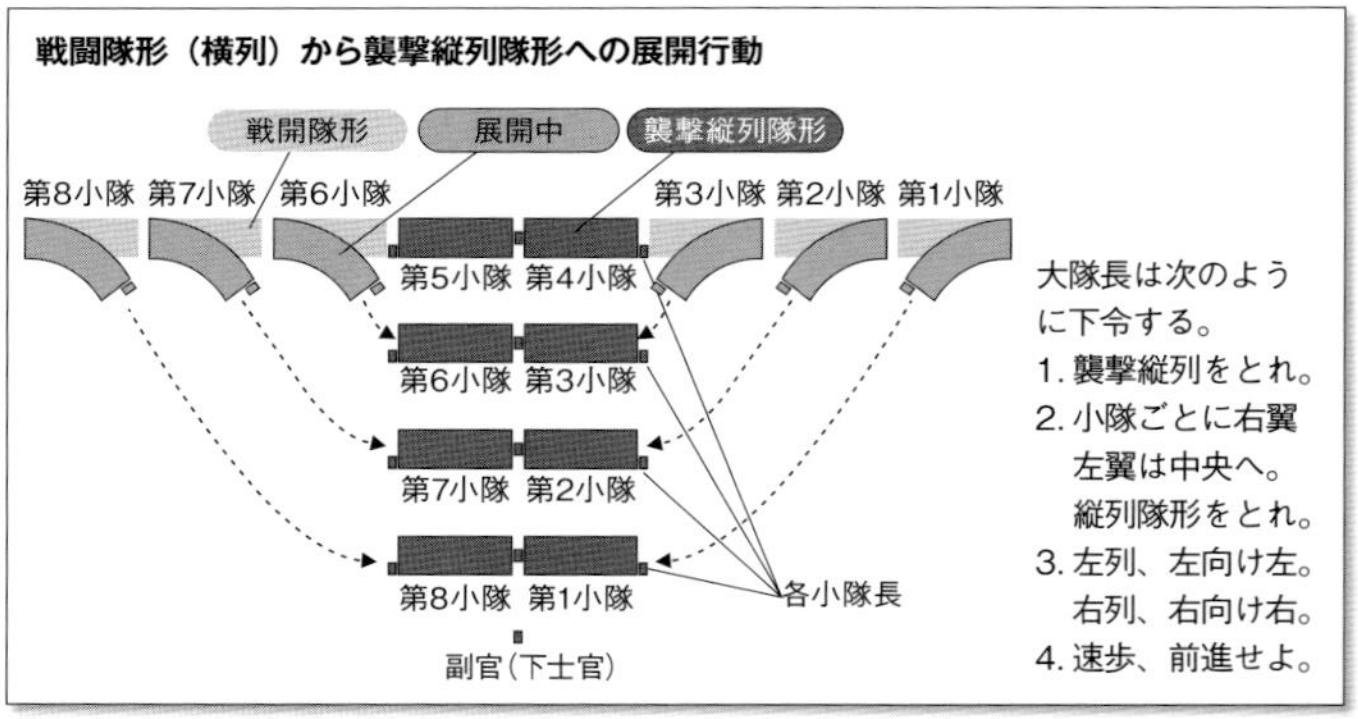

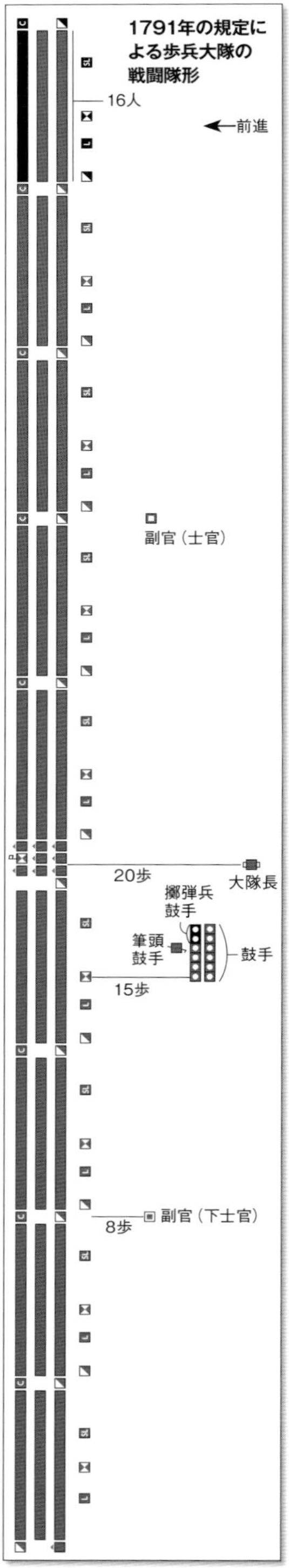

各兵科の陣形概念図は、 O. Sokolov, *L'armée de Napoléon*, chapitre VII を参照。

戦場を密集した小隊単位の縦列隊形で進むフランス軍擲弾兵。

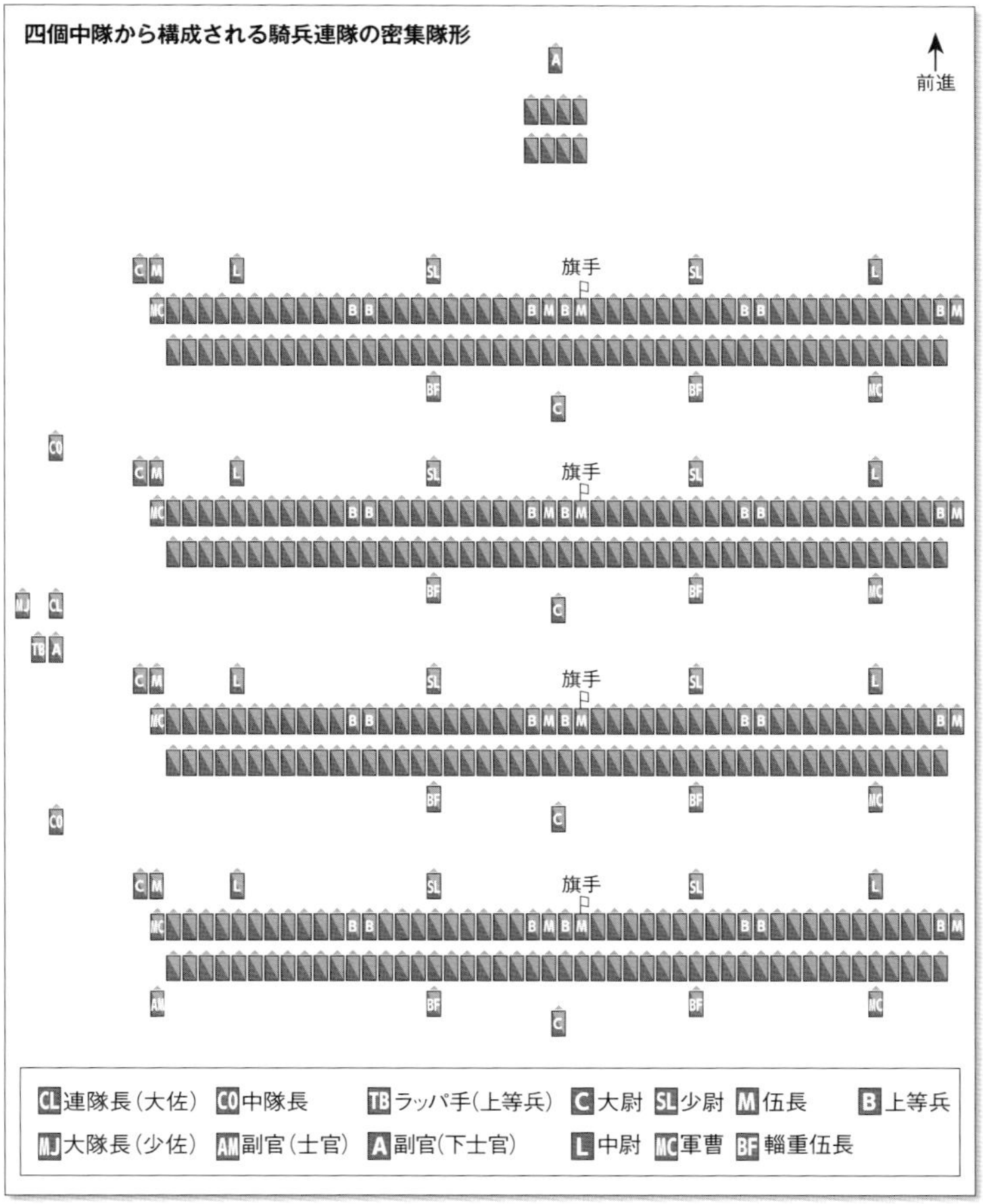

移動に有利な縦隊で行軍するとしても、会敵後にどの段階でどのように部隊を展開させて、射撃戦に適した横隊に陣形を組み替えるかについても、多様な見解があった。たとえば南イタリアで行われたマイダの戦い（一八〇六年七月四日）では、フランス軍は総兵力では勝っていながら、横隊で待ち受けるイギリス軍の射程圏内へ行軍隊形のまま縦隊で入り込み、そこで一部の部隊が無理に横隊へ陣形を組み替えようとしたこともあって混乱に陥り、イギリス軍を突破できずに敗北を喫している。

ナポレオン軍の強さの基盤の一つは、司令官の意のままに機敏な機動や陣形の組み替えを行う、練度の高いフランス歩兵部隊の存在であった。いわゆる広義の軍事史において重視される、軍隊による国民の規律化の機能、つまりルールを守ることやチームワークの重要性を個々の国民に教え込む働きが、戦場においても司令官に大きな利点をもたらしていた。

ナポレオンの騎兵

ナポレオン戦争は、騎兵《きへい》が会戦の趨勢《すうせい》を左右する主力部隊として用いられた最後の大戦争であった。磨き上げられた鉄製の胴鎧を身につけた胸甲騎兵は戦場の花形で、彼らの騎兵突撃は決定的な瞬間に敵陣を突き崩す狙いで用いられた。また、騎兵の活躍の場は決戦場だけに留まらない。大規模な部隊の迅速な機動が戦争そのものの趨勢さえ決定づけるようになるなか、索敵《さくてき》に加えて包囲戦や追撃戦において軽騎兵が活躍する局面は多かった。のちに技術の進歩によって野砲の発射速度と命中精度が大幅に向上すると、戦場の様相は一変する。しかし、クリミア戦争中、イギリス軽騎兵がロシア砲兵の陣地に強引な「史上最後の騎兵突撃」を行い、大損害を受け戦場に華々しく散ったバラクラヴァの戦いまで、まだ四〇年ほどの時が残されていた。

グリボーヴァル砲。

ナポレオンの砲兵

ナポレオン自身が砲兵《ほうへい》士官として現役将校のキャリアを歩み始めたことが象徴的であるが、ナポレオン戦争は砲兵が補助部隊の地位を脱し、決戦兵種の地位を獲得した時代でもあった。東プロイセンでロシア軍に勝利を収めたフリートラントの戦い（一八〇七年六月一四日）は、砲兵戦術の画期《かっき》である。

　この戦いにおいて、フランス軍砲兵の主力部隊を率いたセナルモン将軍は、指揮下に置かれた多数の野砲を集中運用し、その大半を果敢に前進させ、敵陣に肉薄して至近距離から集中砲火を浴びせた。この新戦術により、砲兵は激しい砲撃によって敵主力部隊に大打撃を与えて潰走《かいそう》に追いやり、勝利を決定づける戦果が挙げられることがはっきりした。

ボロヂノ博物館の前に展示されるロシア軍の野砲は、19世紀の野戦砲兵の装備を今に伝える。

斬新な砲兵の集中運用戦術でナポレオンに勝利をもたらしたドゥルオ将軍。

　以後、砲兵の集中運用と近接砲撃はナポレオンの切り札の一枚となった。一八一三年のリュッツェンの戦いでは、ドゥルオ将軍の率いるフランス砲兵隊により、集中砲撃による敵主力の潰走が再現されている。それに対し、たとえばプロイセン軍はフリードリヒ大王以来の伝統を墨守し、砲兵を補助兵科と卑しめて重視せず、各部隊に分散配置して集中運用もしないという悪しき風潮に束縛されていた。両者の砲兵運用は別次元にあった。後に工業化の進展によって長大な射程を持つ榴弾砲が生産されるようになると、砲兵隊は戦線の後方に配置されて支援兵種として運用されるようになるが、それはかなり後の時代のことである。

ナポレオンの海軍

　当時の海上では、すでに船舶用蒸気機関が発明されていたものの、実戦に投入する水準にはなかった。当時の列強海軍の艦隊は動力を持たない木造帆船によって編成されていた。大型帆船同士による戦闘がナポレオン戦争期

1798年6月29日深夜。フランス海軍のフリゲート艦セーヌは、戦列艦を含む強力なイギリス艦隊に戦いを挑み、勇戦したもののマストを倒され、動けなくなったところを艦尾から縦射されて大破する。マストを倒されたため、軍艦旗は仮の旗竿にかかげ直されている。乗員の戦意は高い。

の海戦の基本であり、この戦争は大型木造帆船が海軍の主力として戦った最後の大戦争となった。一九世紀中葉になると艦船用蒸気機関の改良が進み、信頼性が向上したため、軍艦の多くが蒸気船に置き換えられた。このことは、その頃に日本に来航したアメリカ・ペリー艦隊の編成でもよくわかる。

❖艦隊の主力「戦列艦」とその戦法

ナポレオン戦争当時の主力艦であったのは、七四門以上の大砲を搭載《とうさい》した戦列艦である。これは大型の木造船であり、厚い板や太い梁を用いた重厚な造りではあっても、砲弾を防ぐ装甲を持たなかった。そのため、敵の砲撃が船体やマストに命中すると鋭い木片が飛び散って乗員に二次被害が発生した。そのうえ、砲列甲板など艦内に敵砲弾が飛び込むと、それを止める設備がなく、砲弾の勢いが止まるまでに多数の被害を出した。

帆船時代の軍艦の砲撃法のなかで、最も効果的とされたのが「縦射《じゅうしゃ》」であった。当時の軍艦では艦尾に火砲が装備されておらず、そこを狙って巧みに操船して砲撃ポジションを取り、そこから敵の艦首方向に向けて斉射《せいしゃ》を行う戦法である。射出された砲弾は敵の艦内を艦尾から艦首に向けて突き進むため、多数の乗員が殺傷される。

イギリスのネルソン提督は、トラファルガーの海戦で敵の戦列艦が並ぶ列に割って入る戦法を採った。これらは、敵艦と敵艦の間に割り込むまではほぼ一方的に砲撃を受けるものの、割って入ってしまえば一方的な「縦射」が可能になる。勇猛果敢なネルソンらしい、ハイリスク・ハイリターンの戦法であった。

ネルソンは傑出した存在であり、普通の指揮官が選択する戦法ではない。一般に、艦隊に縦列を組ませ、敵艦隊の戦列と同航ないし反航しながらの砲撃戦が常道であった。そのため、スピードに優れて火力に劣るフリゲート艦やスループ艦は、索敵や警戒、港湾封鎖を主任務とし、戦列に並んで艦隊決戦に加わることは多くなかった。

当時の海戦では、球形の実体弾で船体を狙い、乗員や大砲をじかに攻撃する戦法が基本であった。それに加え、鉄アレイ状など特殊な形状の専用砲弾で敵艦のマストや帆を狙って破壊し、敵艦から移動力を奪うのも有効な戦法であった。

いずれにせよ、揺れる艦上からの砲撃は命中精度に欠け、当時は大砲の有効射程も短かったため、敵艦に肉薄して砲撃することが必要であった。艦隊同士の接近戦の結果、軍艦同士の衝突や折れたマストが敵艦に倒れ込んで二隻が絡み合う事態も少なからず生じ、その際には乗員が刀剣や槍を手に敵艦に切り込み、両艦乗員による白兵戦で勝敗を決することになった。当時の海戦では、一方的に砲撃を受けて乗員に壊滅的な被害が出て操艦さえ不可能になったり、白兵戦で敗北して敵水兵に艦内を制圧されたりした軍艦は、指揮官の判断によって軍艦旗を降ろし、単独で降伏することが認められていたのは、このような背景によるものである。

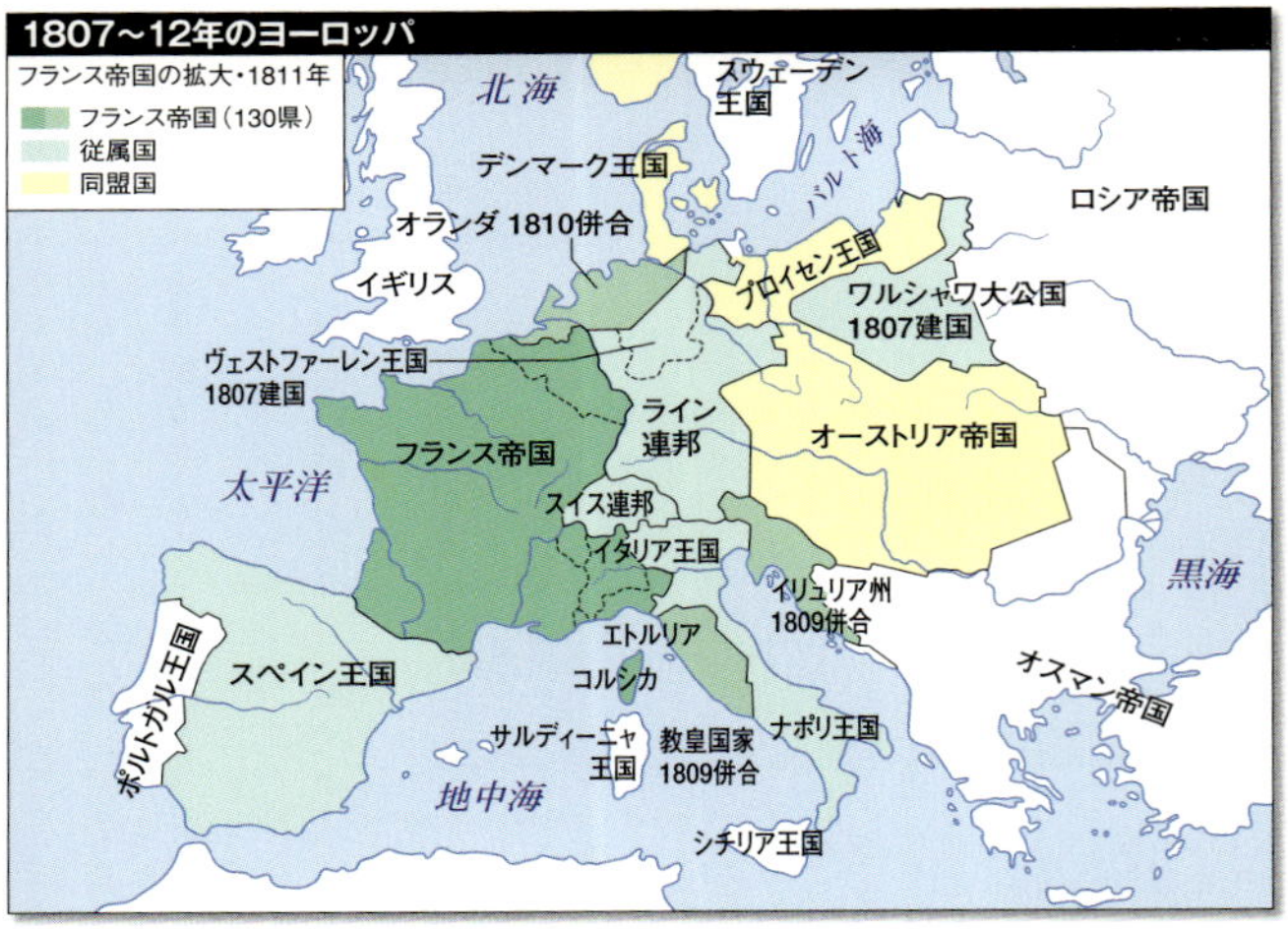

第6章

ナポレオン名勝負一〇選

ナポレオンが戦場で上げた勝利により、不《ふ》世出《せいしゅつ》の名将と讃えられる地位を確かなものにしたことに異論を差し挟む者はいないだろう。ナポレオンとその好敵手達が駆け抜けた戦場のなかから、とくに名高いもの選んで紹介していく。

1 ロディの戦い ［一七九六年五月一〇日］

ナポレオンの立身出世の第一歩となったのは、第一次イタリア遠征である。ところが本邦では、この遠征そのものがあまり知られていない。そのなかから、彼が兵士達から「チビ伍長」という綽名《あだな》で呼ばれ、愛される端緒《たんしょ》となったロディの戦いを取り上げる。

ロディの戦いは、ロディ市街の南西方向から進撃してくるフランス軍を、ハプスブルク帝国軍が川の対岸に布陣して迎撃した防御戦である。橋の攻防を軸とする渡河戦であった。フランス軍が強行渡河に成功すれば勝利、それを撃退すればハプスブルク帝国軍の勝利という、目的が明白な戦いであった。それゆえ、陣地で守りを固めたハプスブルク軍の方が基本的に有利な立場にある。

この時ナポレオンは、まず機動力の高い騎兵部隊を左翼に送って渡河可能な浅瀬を探らせ、そこから敵の背後を脅かす迂回《うかい》攻撃を命じた。さらに橋のたもとに砲兵を展開させ、充分な準備砲撃を加えてから、歩兵部隊に損害を顧みず橋を強行突破するように命じてい

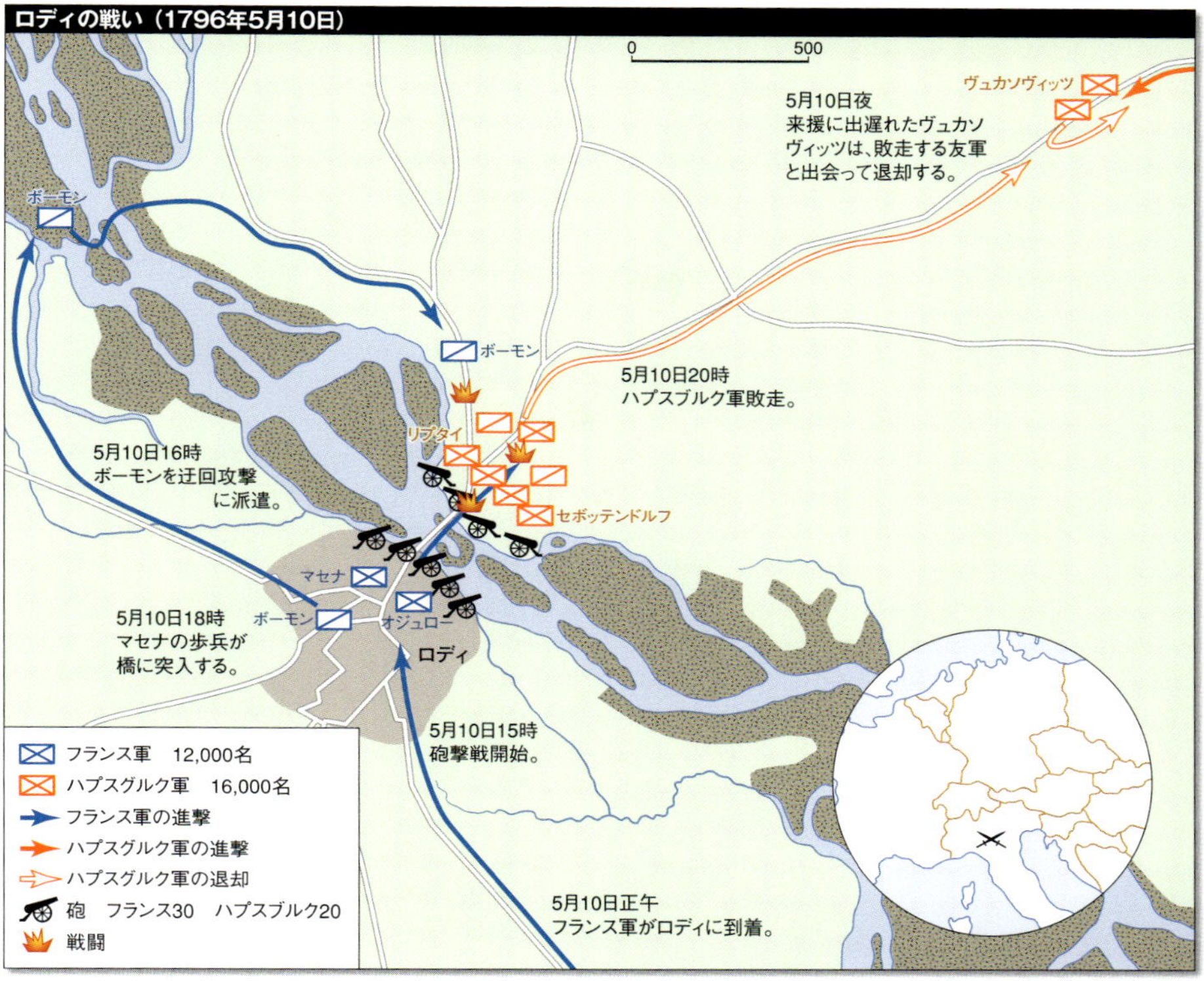

ロディの戦い。敵前で橋を強行突破する歩兵を野砲が支援する。その後方に、白馬に騎乗して指揮するナポレオンの姿がある。

る。
砲撃が始まると、鋭敏なナポレオンは、砲弾の描く放物線を見て、自軍の砲兵隊が見当違いな照準で砲撃し始めたことに気づく。彼は砲兵陣地に急ぎ、自ら見事な手際で大砲を操作して照準を修正した。砲撃再開後、砲弾は敵陣に次々と命中し始め、敵部隊に大打撃を与えた。その混乱に乗じ、橋の上を強行突破したフランス歩兵が敵陣に突入し、勝敗を一気に決したのである。

戦闘終了後、ナポレオンは「砲兵隊の一兵卒」として砲兵隊先任軍曹から呼び出され、巧みな照準修正の手柄によって「伍長」への昇進を告げられた。方面軍司令官ナポレオンは恭《うやうや》しく伍長昇進証書を受け取り、彼は以後、部下の兵士たちから「我らのチビ伍長」と呼ばれ、愛されるようになった。

総司令官ナポレオンは、ロディの戦いで自ら砲兵隊に加わって敵陣に巧みな砲撃を加え、渡河作戦を成功させた。戦闘終了後、砲兵隊の古参の先任軍曹によって彼は手柄を称えられ、「一兵卒」から伍長に「抜擢」された。「チビ伍長」という彼の綽名は、こうして誕生した。

2 アブキールの海戦［一七九八年八月一日～二日］

ナポレオンのエジプト遠征から、アブキールの海戦を取り上げる。アブキールでは二度戦いがあり、ネルソン提督率いるイギリス艦隊がフランス艦隊を壊滅させた海戦と、その勝利に乗じようとしたイギリス・オスマン帝国両軍による上陸戦である。海戦ではネルソンが勝ち、陸戦では迎撃したナポレオンが勝った。

フランス艦隊には、イギリス艦隊による地中海航路の厳重な警戒をくぐり抜け、フランス東方派遣軍を見事にエジプトに上陸させたという慢心があったか。その主力艦艇は、アレクサンドリア近郊にある、遠浅のアブキール湾に錨を打って無防備に帆を休めていた。偵察艦を送り、その無警戒なさまを知ったネルソンは、闘志を燃え立たせた。敵艦隊が密集して投錨しているうえ、浅瀬が多く、操艦を誤れば衝突や座礁の恐れがあるという幕僚の消極論を退けたネルソンは、当たり前のよ

アブキールの海戦で大破した、フランスの80門戦列艦トンナンの甲板上。英軍の砲撃で何もかも吹き飛ばされたが、艦長は深手を負った足を樽の中に入れて隠し、指揮を執り続けた。意気に感じた水兵達の戦意は高く、小火器で反撃する。

うに夜襲の強攻策を指示する。

イギリス艦隊は、哨戒艦《しょうかいかん》を出さない敵艦隊司令官の慢心に乗じて接近し、さらに風上の有利を利用した。イギリス艦隊は座礁《ざしょう》を警戒しつつゆるやかに前進し、射界内に敵をとらえると錨を打って艦を固定し、安定した砲撃態勢を取った。そして帆を下ろしたままで動けない敵艦隊の混乱につけ込んで、敵艦の射界外から一方的に猛烈な砲撃を加えたのである。イギリス戦列艦は敵を一隻片付けるたびに錨を上げ、少々進んでは次の敵艦を射界内にとらえると、再び錨を打って砲撃を再開し

アブキールの海戦（1798年8月1日～2日）

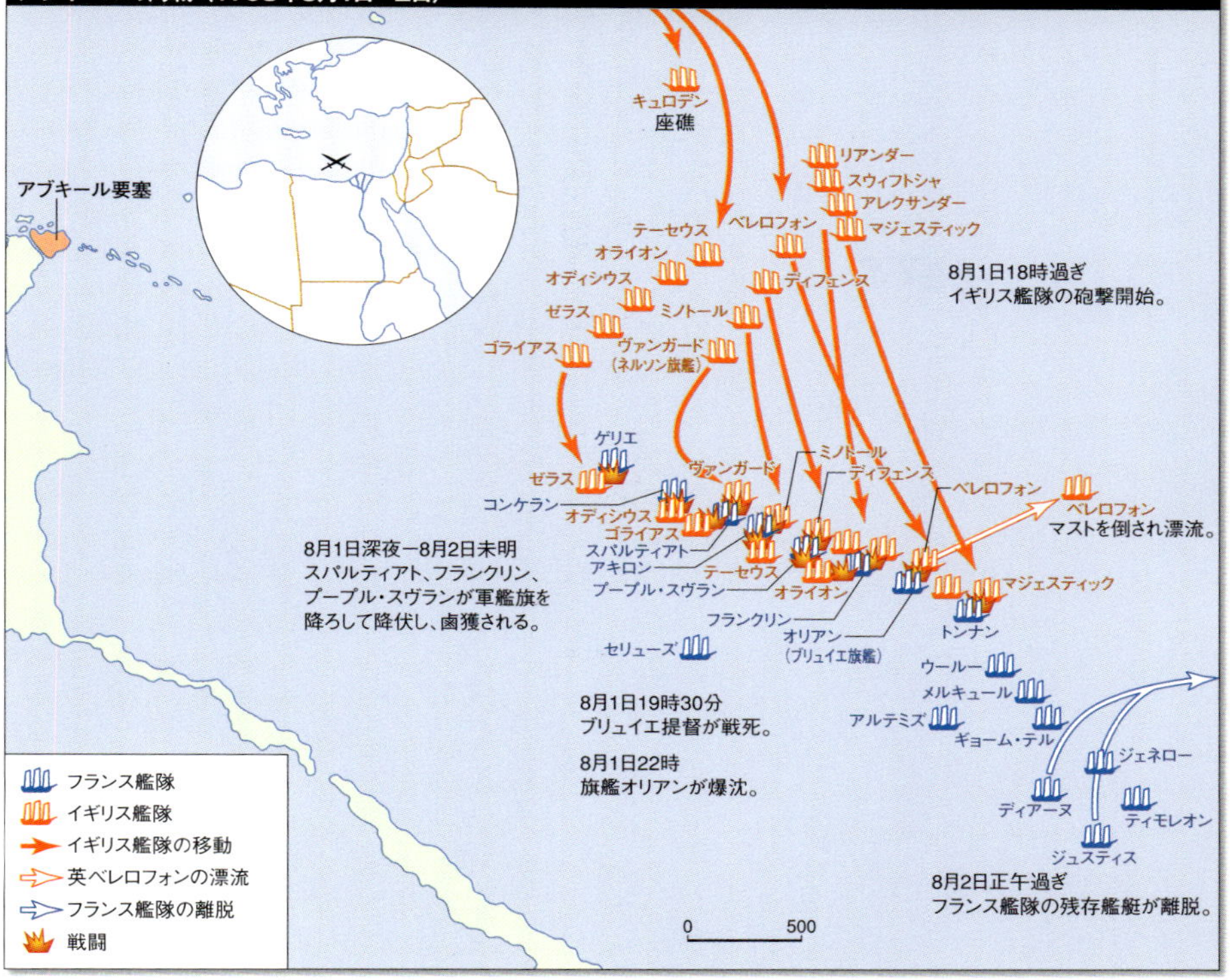

アブキールの海戦で爆沈するフランス艦隊の旗艦オリアン。

た。この砲撃法は非常に精度が高く、フランスの主力艦は停泊したまま次々と撃破されていく。フランスの旗艦《きかん》オリアンはその巨体を狙い撃ちにされ、弾薬庫に火が回って大爆発を起こし、一瞬で轟沈《ごうちん》した。フランス艦隊は主力艦の大半を撃沈され、ここにほぼ壊滅する。

艦隊壊滅の報に接したナポレオンは、エジプトに押し込められたことを悟り、出口の見えない未来に絶望しかける。当世のアレクサンドロス大王になるという彼の夢は、木っ端微塵に砕け散った。だが、彼は屈しない。海戦の勝利に乗じるべく海岸に上陸してきた敵軍を撃退し、アブキールという地名がフランスのトラウマとなる悪夢を退けたのであった。

3 マレンゴの戦い［一八〇〇年六月一四日］

ナポレオンの第二次イタリア遠征からは、マレンゴの戦いを取り上げる。ナポレオンはこの戦いを大勝利と主張し、愛馬にその名を与えて周囲に誇ったほどであった。ところがそれは事実と異なり、敗北すれすれの辛勝《しんしょう》であった。大勝利はプロパガンダでしかない。しかもフランス軍が危機に陥ったのは、彼自身が敵情を誤認し、作戦指揮を間違えたためであった。戦いの序盤から苦戦が続き、中盤には敗北が不可避と思われた。

この戦いを始めるにあたって、ナポレオンは重大な失態を犯した。彼は敵主力が北方のミラノに向かうために渡河点を探して自軍から離れるように行軍中と誤認し、渡河を阻止して決戦を強いる狙いで自軍を三つに分けた。大軍が川を渡れる場所をめざして二つの分遣《ぶんけん》隊《たい》が送り出され、ただでさえ総数がハプスブルク帝国軍に劣る兵力がさらに分散させられた。

ところが彼の予想に反し、戦闘が始まると、敵の主力部隊は北へ向かわず、フランス軍司令部がある東方へと進撃してきた。優勢な敵主力部隊に対し、陣形《じんけい》を固めて迎撃すべき瞬間に、フランス軍には進軍が命じられていた。攻撃に向かった最前線のフランス軍は一蹴《いっしゅう》され、総崩れ状態になって後退する。敗走《はいそう》のパニックは後方の部隊にも伝染する。そして敵軍の進撃を止めるには手持ちの兵力が足らないという冷厳な事実は、ナポレオンの才能、個々の将校の闘志や兵士の胆力では動かしがたかった。敵将メラスは勝利を確信し、余裕の表情を浮かべたとも言われる。

しかし、もはや救いがたいと思われた戦況は覆される。その端緒は、予期しなかったドゥゼ将軍の来援であった。彼は分遣隊を委ねられ、渡河可能地点の制圧を命じられていた。進撃中、彼は後方から大規模な戦闘の勃発を告げる激しい砲声が鳴り響くのを耳にすると、ナポレオンの当初の命令を無視して駆け戻ってきたのであった。これにより両軍の戦力差は縮小してほぼ五分五分となったうえ、ハプスブルク帝国軍にとっては予期しない奇襲となった。

勇猛果敢《ゆうもうかかん》な名将ドゥゼは、戦場に駆けつけ

信頼に足る知将ドゥゼは、我が身を顧みない勇猛さもあった。

マレンゴの戦い。ナポレオンの作戦ミスで、フランス軍は敗北の危機に陥る。画面は名将ドゥゼ将軍が手勢を率いて駆けつけ、果敢な攻撃で形勢を逆転した瞬間を描く。彼は画面左手から進撃するフランス軍の先陣を切り、馬上で致命傷を負って崩れ落ちようとする。

ると我が身を顧みず部隊の先頭に立って吶喊《とつかん》し、敵部隊を突き崩して敗勢を一気に挽回した。しかし、白馬に跨がって部隊の先頭を進んだ彼は、敵兵に狙撃されて瀕死の重傷を負う。

戦闘終結後、ナポレオンは死の床にある盟友ドゥゼを見舞い、手を取って「君のおかげで勝てたよ」と報告したとも言われる。ところが、その場を離れるとたちまち政治家の顔に戻り、「パリに、第一統領ナポレオン、マレンゴで大勝利と伝えよ」と命じたとされる。

この戦勝により、フランス統領政府の権力

マレンゴの戦い（1800年6月14日）

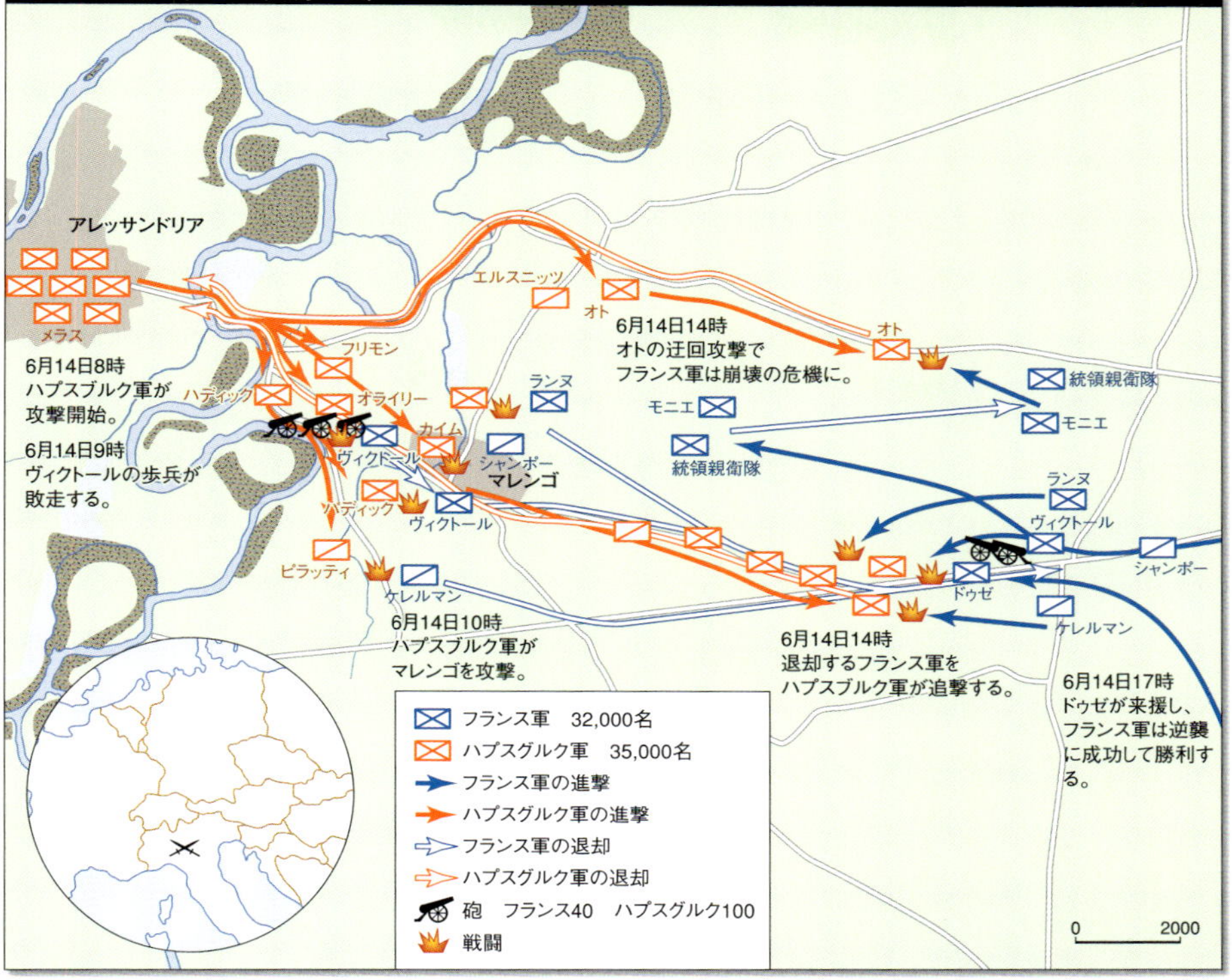

身を捨ててマレンゴの勝利をもたらしたドゥゼの亡骸に別れを告げる勝者ナポレオン。

基盤が確立し、政治家ナポレオンは強大な権力を振るい始める。本国で老獪《ろうかい》なタレランやフーシェが期待していたように、ここでナポレオンが敗北の苦汁を嘗めていたら、歴史は大きく変わっていただろう。マレンゴは、ナポレオンの権力基盤が対外戦争での勝利と表裏一体となり、盤石《ばんじゃく》となった瞬間であった。その意味では「大勝利」といえる。そして、死せる盟友の功績まで臆面もなく我が物とする、宣伝上手な政治家ナポレオンの一面を象徴する戦いでもあった。

マレンゴの戦いに勝利し、権力基盤を固めた第一統領ナポレオン。

4 トラファルガーの海戦 [一八〇五年一〇月二一日]

ネルソン麾下の艦隊が共に勝利しているが、トラファルガーの海戦は敵の泊地を強襲《きょうしゅう》したアブキールの海戦と異なり、海上での主力艦隊同士の大規模な遭遇戦《そうぐうせん》である。砲火が交わされたのはイギリス本土から遠く離れたイベリア半島沖であるが、仏西連合艦隊の作戦目的がイギリス本土上陸の支援にあることは明白であった。

連合艦隊のめざすブローニュ港の駐屯地には、ナポレオンが率いる大陸軍（グランダルメ）が、英仏海峡突破用の平底船（上陸用舟艇）を用意して、友軍艦隊の到来を待ち受けていた。イギリスにとって、ネルソンにとって、これは祖国防衛の負けられない海戦であった。彼らにとって、事実上、敵は祖国の独立を脅かす「第二の無敵艦隊《むてきかんたい》」であった。

イギリス上陸作戦のために用意された、ブローニュの駐屯地。

　そこでネルソンが選んだのは、自軍の損害を顧みず、敵艦隊をここで今、殲滅《せんめつ》することであった。彼は艦隊を自分の戦列と副将コリングウッド提督の戦列の二手に分け、それぞれを並行して進ませ、仏西連合艦隊の戦列中央に直角で突入するという、海戦の常識を超越した作戦を取った。突入を果たせず敵の砲火に屈したならば、艦隊は壊滅する。突入できれば、敵を逃さず全滅させられる。これは一か八かの賭であった。

　戦闘開始の直前、ネルソンの座乗する旗《き》艦《かん》ヴィクトリーは、「イングランドは、各員が己の責務を当然果たすものと期待している」との信号旗を掲げ、将兵の士気を鼓舞した。そして紳士の国の提督の常なる嗜みとして、座乗艦を戦列の先頭で進ませ、自ら後続する艦艇の弾除けとなって敵の集中砲火を浴びた。

　ネルソンの策は、突入点として敵戦列の中央に狙いを定め、前方と後方を進む敵艦艇の射界外を進み、さらに自軍の戦列を二手に分けて敵の防御砲火の狙いを分散させることだった。このネルソンの作戦が当たった。仏西連合艦隊はネルソンとコリングウッドの連携した突入を艦砲射撃で阻止できず、双方の戦列が大きく交錯した後は一方的に縦射を浴び、主力艦を次々と撃破された。砲撃を受けて大破し、移動できなくなったところで複数のイギリス艦に接舷され、切り込まれて拿捕される戦列艦が続々と出る。イギリス艦隊は大勝利を収め、イギリス上陸を狙ったナポレオンの海上戦力はここで消滅した。

敵戦列への突入後、旗艦ヴィクトリーはマストを打ち倒されて大破した。それを敵旗艦と見定め、果敢に距離を詰めるフランス戦列艦ルドゥタブルからも、海軍大将の略正装を身につけて部下に己の覚悟を示しつつ、甲板上で指揮を執るネルソンの姿は目についたという。マスト上に配置されていた狙撃兵か、切り込みに備えて舷側《げんそく》で待機する陸戦隊員か。その名を知られぬフランス兵は射撃の腕が良く、軍艦の揺れを計算に入れた一撃がネルソンを仕留め損なうことはなかった。致命的な

トラファルガーの海戦（1805年10月21日）

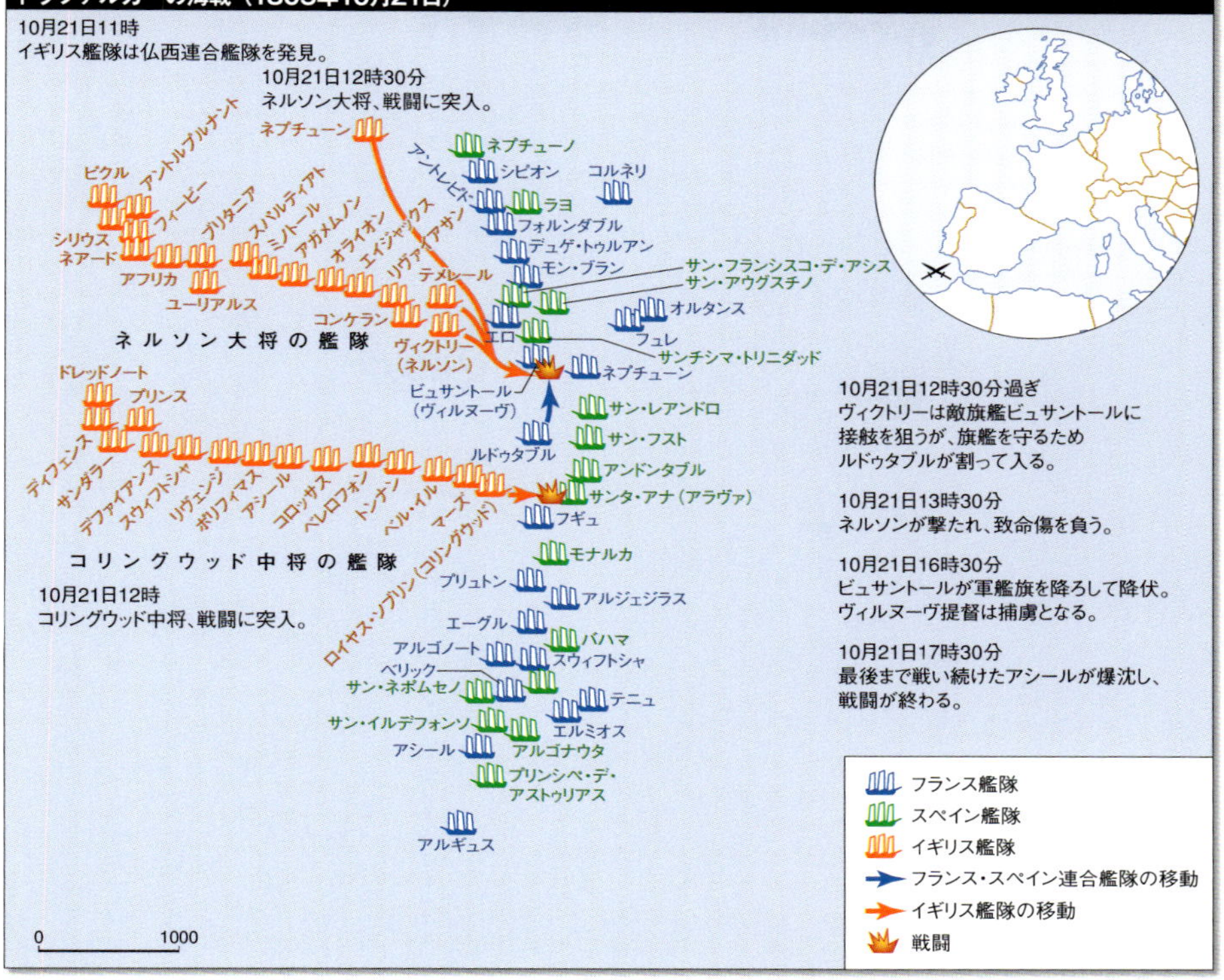

ネルソンの旗艦ヴィクトリーとイギリス戦列艦テメレールに挟撃され、既に白兵戦に突入しているフランス戦列艦ルドゥタブルは、さらにイギリス戦列艦ネプチューンから縦射を受ける。

銃創を受けて甲板に崩れ落ち、艦内に緊急搬送された提督の最後の言葉は、「神よ、私は自分の責務を果たしました」であった。

5 アウステルリッツの戦い ［一八〇五年一二月二日］

一八〇五年の第三次対仏同盟との戦い、とくにアウステルリッツの戦勝は、ナポレオンに最大の栄光をもたらし、その威名《いめい》は今なお輝きを失っていない。それはこの戦いでフランス軍が直面した戦力の数的不利と布陣した地形の不利とを、冴えわたるナポレオンの指揮とフランス軍将兵の高い士気と練度によって逆転し、不世出の大勝利を挙げたためである。

大陸軍のアウステルリッツへの軌跡

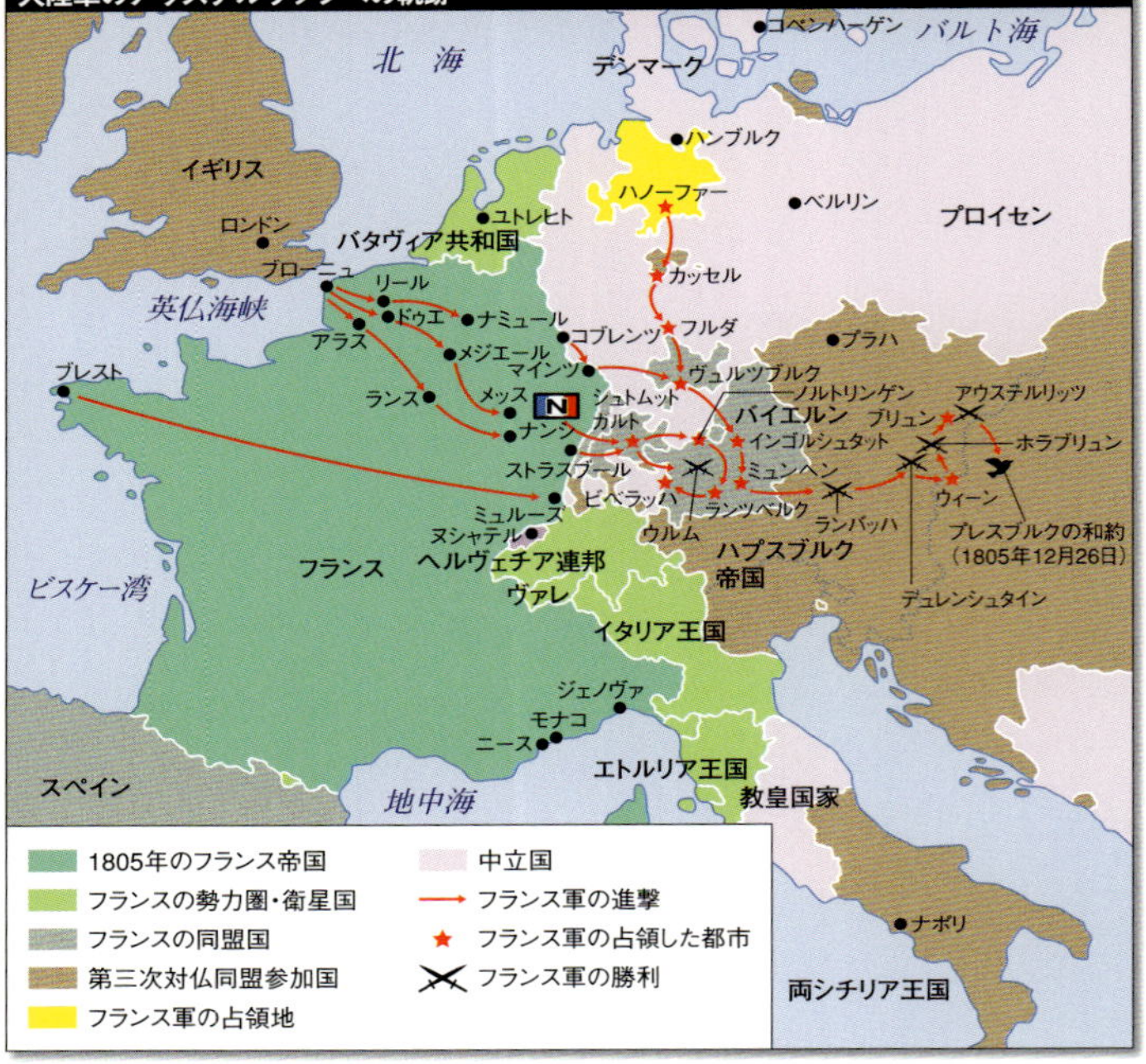

ナポレオンは、ヴィルヌーヴ提督率いる仏西連合艦隊がいつになっても到着しないため、トラファルガーの海戦の敗北を知る以前に、早々に大陸軍（グランダルメ）の英本土上陸作戦を諦めた。彼はブローニュの駐屯地を引き払って強行軍でドイツへと向かう。ハプスブルク帝国軍のマック将軍がドイツへ兵を進め、フランスの同盟国バイエルンを侵掠していたからである。ナポレオンはマックをウルムで包囲殲滅すると、ウィーン方面へと進撃を開始する。

ハプスブルク帝国軍の主力を率いてヴェネチアに出陣していたカール大公は、ナポレオンがイタリアに向かわず、まっしぐらに首都ウィーンをめざしたという危機を知ると、陣を解いて急遽北上を開始する。ところが、フランスのイタリア方面軍の追撃を受けたうえに、アルプスの峠をフランス軍によって先に制され、やむなくハンガリーへと転進した。その隙にナポレオンはウィーンを占領する。

神聖ローマ皇帝フランツ二世は手勢と共に首都を脱出し、来援していたロシア皇帝アレクサンドル一世の戦陣に迎え入れられた。この段階では、北の軍事大国プロイセンは中立を保っていた。ただし、同国はナポレオンの中欧における敵対行動に苛立ちを募らせ、ウィーンにいるナポレオンに最後通牒を突き付ける決断を下していた。ナポレオンは、ロシア軍とプロイセン軍が合同して敵対してくることを怖れていた。彼はプロイセン外交官との謁見《えっけん》に応じたものの、何食わぬ顔でそれを

「猛者の野戦食には王侯との会食ほどの価値がある」。ナポレオンはアウステルリッツの戦いの前夜、テントに休む兵士を慰問して粗末な料理を口にした。

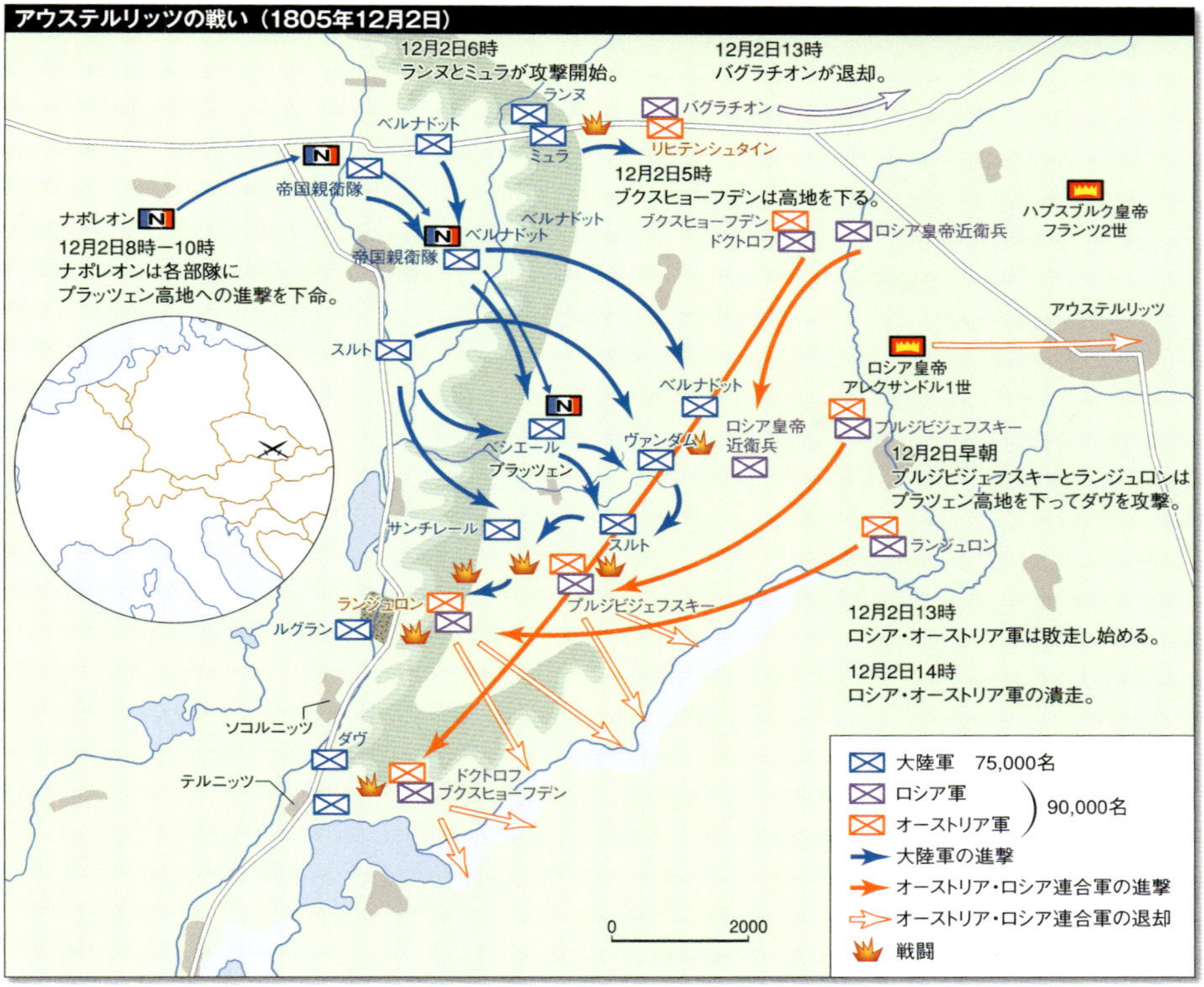

すぐに打ち切り、最後通牒の手渡しを阻止してプロイセンの参戦を先伸ばしにさせた。

こうしてプロイセンの脅威を免れたナポレオンは、部隊を率いて北方へと出陣する。ウィーンから北へ約一〇〇キロ離れたアウステルリッツ村西方の広野で、ロシア・オーストリア連合軍と対峙する。戦力的に数で勝る連合軍は、戦闘時に有利な高台であるプラッツェン高地に布陣しており、その左翼は寒冷な気候で凍結した湖によってフランス軍騎兵の迂回攻撃から守られていた。まさに盤石の態勢である。ナポレオンは帝国親衛隊を含む予備兵力のすべてを、自軍戦列の左翼にある総司令部付近に集中させた。ソコルニッツ村からテルニッツ村まで延ばした戦列の右翼は、スルト元帥の第四軍団だけが守っており、その布陣の奥行きは浅く、予備兵力もない状態にあった。連合軍参謀長のヴァイロータ－はそれを見て取ると、勝利間違い無しの作戦を思いつく。彼は主力部隊をプラッツェン高地から下ろして敵右翼を攻撃して突破し、ナポレオンの主力の後方に回り込んで包囲殲滅する作戦を立案し、主脳陣の承認を得た。

重大な欠陥があると思われたナポレオンの

剛胆にして冷静。ナポレオンの率いた将星のなかで、ダヴ元帥は最も忠実で、最も優れた指揮官だった。

布陣は、実は罠であった。数的に有利な敵が高台に布陣している以上、急坂《きゅうざか》を登る形でこれを強襲《きょうしゅう》しても勝利はおぼつかない。彼にとって、どうしても敵には自ら高台から下りてもらう必要があったのである。薄い右翼の布陣は、そのための誘いであった。彼の勝算は、ウィーンから強行軍で戦場に向かいつつあるダヴ元帥の第三軍団が、すでに八キロの地点まで到来しているとの報告を受けたことにあった。この時、第三軍団歩兵部隊の将兵は、完全武装の重装備で一日に六五キロも前進するという空前絶後の速度の行軍を二日続けており、これは軍事史上の偉業の一つに数えられている。なにしろ荷物を持たずに早足で歩いても、一般的な人間の歩行速度は時速四キロに過ぎないのだから。

一二月二日の早朝、プラッツェン高地の麓を厚く霧が覆う。それはフランス軍右翼を補強するために戦場へと馳せ参じてくるダヴの第三軍団を中心に、フランス軍の布陣の詳細を敵の目から隠した。オルミュッツ村の総司令部にあったナポレオンは、連合軍の歩兵部隊が行軍縦列を組んで続々と高地から下りて来るのを霧の切れ目から遠望し、自軍の勝利を確信したという。そして、麓に下りた連合軍がフランス軍右翼に対する攻撃を開始した時、彼らが相手にした戦力は、すでに戦列に加わったフランス第三軍団によって倍増されており、戦列を突破するどころか撃退されるありさまであった。

何かがおかしい。皇帝が二人も司令部に詰めていて、責任の所在が明確でない連合軍首脳の間には、動揺ばかりが広がる。その頃、ナポレオンは予備兵力に出撃を命じる。高台に登って敵を攻撃し、防備が手薄になった敵部隊を分断せよ、と。

連合軍部隊の大半がすでに高地から下りてフランス軍との戦闘に加わっている情況で、フランス軍の主力部隊が敵の散漫な抵抗を蹴散らしてプラッツェン高地の坂を登って行く。その時、前触れなく厚い霧が晴れて行き、明るい太陽が戦場を照らし出した。すでに高台はフランス軍のものになっており、坂を下りて混戦に巻き込まれている連合軍部隊は、包囲されかねない不利な位置にあった。さらに連合軍の総司令部を守る戦力は、事実上、ロシア皇帝近衛隊を残すのみ。連合軍は、敗北の瀬戸際にある事実を、突然、輝く太陽の下に突き付けられたのであった。これが戦史に名高い、アウステルリッツの太陽である。主君の生命を守れとロシア近衛兵は勇敢に戦ったものの、あえなく撃退されてしまう。アレクサンドル一世とフランツ二世は、司令部を捨てて脱出を強いられた。もはや連合軍に指揮命令系統は存在せず、敗勢濃厚ななか、前線指揮官達は指揮下の部隊を救うため、個別に撤退戦へと移行し始める。

二人の皇帝を相手に収めた圧勝に満足したナポレオンは、無理な追撃で戦力を消耗することを警戒し、抑制的な追撃戦を命じるに留めた。それでもなおロシア・ハプスブルク連合軍は大打撃を受け、その回復には数年を要したのである。まさにナポレオン会心の勝利であり、それを支えたのは絶頂に達していたフランス軍将兵の練度と士気の高さであった。

6 ソモシエラの戦い［一八〇八年一一月三〇日］

日本では、ナポレオン本人がイベリア半島を転戦した半島戦争自体があまり知られておらず、ソモシエラもほとんど知名度がない。ところが、これはヨーロッパでは名高い戦いである。その理由は二つある。一つが、人口《じんこう》に膾炙《かいしゃ》している「余の辞書に不可能は無い」というナポレオンの言葉が、捏造《ねつぞう》される元になった発言があったこと。もう一つが、この戦いの花形となって散っていったのが、フランス帝国親衛隊に所属する悲劇のポーランド親衛軽騎兵だったことである。

元々、スペイン王の地位は一五世紀にレコンキスタを率いたカトリック両王に発するものの、その断絶後はスペインの歴史とは縁の薄いハプスブルク家によって占められた。一七〇〇年にそれも断絶すると、今度はフランス王ルイ一四世の孫が開祖となってスペイン・ブルボン朝が開かれる。ナポレオンの時代は、それからわずかに一〇〇年あまりしかすぎていなかった。そのうえ、国王カルロス四世は王者たる資質に恵まれず、王妃の不倫を止めるどころか、その言いなりになって間男ゴドイを宰相として重用していた。そんな堕落した王家に対し、国民からは冷ややかな視線が向けられていた。ナポレオンが、落ちぶれた大国スペインは、王座を奪って実兄ジョゼフに与えるにふさわしい混迷に陥っていると見たのも、あながち自信過剰による勇み足とは言えまい。

　しかし、勝手に国王をすげ替えたナポレオンの暴挙に、スペイン全土が怒りに沸き立っ

ソモシエラの戦い（1808年11月30日）

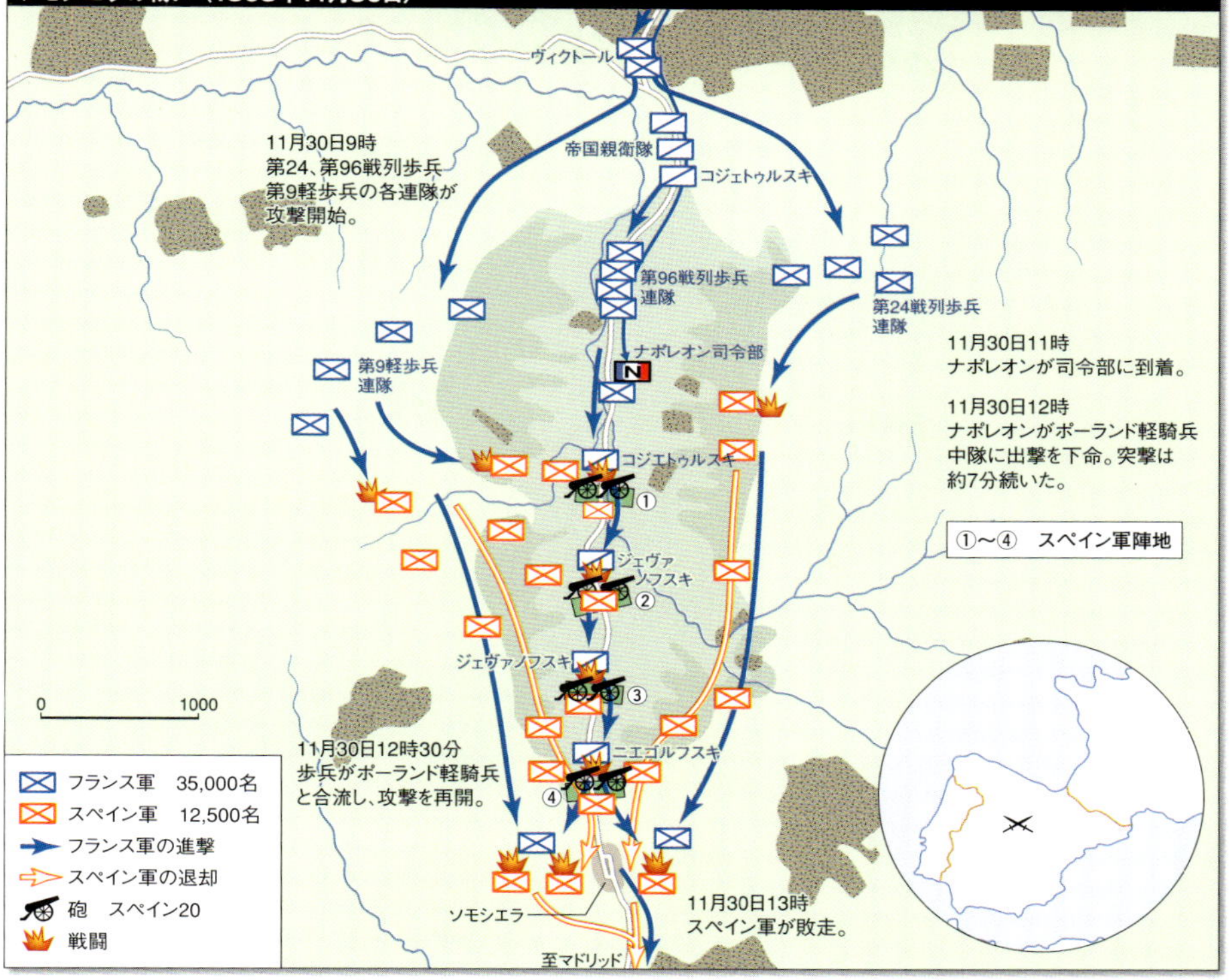

ソモシエラの戦い。

スペイン王カルロス４世とその家族。

ナポレオンがエジプトから連れてきたマムルーク騎兵は、蜂起したスペイン民衆にとって、レコンキスタで追い出した旧敵のムスリムそのものだった。

た。それは愛国心の発露と言うよりはむしろ、カトリック的情熱に駆り立てられたものであった。フランス革命勢力によるカトリック教会の弾圧、そして「悔い改めさせるべき異端」であるはずのプロテスタントや「滅ぼすべき異教」であるはずのユダヤ教を保護するナポレオンの宗教政策は、敬虔な信徒が多いスペインでもよく知られていた。ただし、カトリック教会に敵対するサタン（魔王）の所業として。

　マドリッドで国王に即位したジョゼフは、大規模な反乱に直面して首都離脱を強いられる。スペイン正規軍も首都の反乱に呼応し、各地でフランスに叛旗《はんき》を翻《ひるがえ》す。半島に展開するフランス軍は、各所で反乱スペイン軍との対峙を強いられ、地元民のゲリラによって襲撃された。ゲリラの多くはカトリックの司祭や修道士によって率いられており、スペイン正規軍から脱走した兵士に加え、一般市民も武器を取っていた。ゲリラの戦いに対し、イギリスが資金や武器弾薬を提供して支援する。

　危機感を強めたナポレオンは、主力部隊を率いてピレネー山脈を越え、反乱のスペインに侵攻する。抵抗を蹴散らしつつ進むナポレオンは、マドリッド近郊まで進撃する。その前に立ちはだかったのが、ソモシエラ峠の隘

ゴヤの名作『マドリッド1808年5月3日』は、ジョゼフに対する反乱に参加したスペイン民衆の処刑を活写した。

ジョゼフはスペインの人々に自分の王位継承の正統性を訴えるが、それは魔王ルシフェルに吹き込まれた言葉だとするスペインの風刺画。

column

余の辞書に不可能は無い

「余の辞書に不可能は無い」。ナポレオンと言えば、誰もがこれを思い出す。ナポレオンの傲慢や自負心を伝える言葉として、日本でも人口に膾炙している表現である。ただ、ナポレオン自身が、この表現をそのままの形で口にした証拠はない。実はこれには元となる発言があり、日本語版は翻訳であるにしても、元々ナポレオン本人が言ったとされる言葉とはかなり様相が異なっている。英語圏で流布されているバージョンには、日本語版とほぼ同じ内容のものがあり、日本には英語の名言集経由で入ってきたものとされる。最初期の例の一つである、1914年（大正３）刊行の奈翁全傳第七巻のナポレオン語録には、「不可能の語は唯愚人の辞書中に在り」という別の表現で収録されている。こちらの場合、ナポレオンの傲慢や虚栄を強調する要素が含まれておらず、シリーズ編纂の方針であるナポレオンの業績称揚という偉人伝的な関心に則した内容になっている。

さて、史実として確認されている発言があったのは、1808年11月30日、スペインのソモシエラの戦いでのことである。マドリッドを目指して進撃するナポレオンは、その手前の急な峠道に陣取ったスペイン軍の防衛陣地に阻まれ、前進できずにいた。威力偵察を命じられて撃退され、本陣に駆け戻ってきたフランス軍騎兵の将校は「敵陣の突破は不可能です」と報告する。瞬時に怒り心頭に発したナポレオンは、「不可能だと、そんな単語はフランス語には無い」と言い返す。あるいは「不可能という単語など知らんぞ」だったか。そして衝動的に、身近に控える親衛隊ポーランド軽騎兵中隊に出撃を命じ、峠を指さし、突撃によって攻略せよと下命した。

皇帝の信頼厚いポーランド軽騎兵は臆することなく愛馬を進め、多大な損害を出しながらも峠道を突き進む。しかし、敵が構えた四段陣地の三段目までを攻略したところで足が止まった。その時、元々は百二十余騎いた騎兵中隊の半数が戦場に倒れていたという。通常、地上部隊は三割の兵員を戦闘で失うと、組織として崩壊して戦闘能力を失うとされる。それを上回ってなお進撃したポーランド軽騎兵の胆力と勇気には胸を突かれる。そして、最後に残った四番目のスペイン軍陣地もフランス兵の来援で突破され、皇帝ナポレオンの前にマドリッド攻略への道が開けたのであった。

この勝利を実現した「不可能だと、そんな単語はフランス語には無い」という鼓舞の言葉は、とてもナポレオンらしい発言である。彼のポジティヴな性格や考え方に加え、高い練度を誇る将兵に対する指揮官としての期待感も伝わってくる。周知の「余の辞書に不可能は無い」が、本人の実像よりも、むしろイギリス人によるマイナス志向のナポレオン観を紹介する内容になっているのとは、実に対照的である。

ただ残念なことに、昨今、日本においては前者に酷似した別の表現が評判を呼び、風向きは変わった。「無理というのはですね、嘘吐きの言葉なんです。（中略）途中でやめなければ無理じゃなくなります」これは、未経験の若者に低賃金で過酷な労働を強いる企業経営の実態を、広く世に知らしめたテレビ番組において、経営者が誇らしげに口にした一節である。確かに、ポーランド軽騎兵は途中でやめなかったから、ソモシエラ峠の敵陣は陥落した。しかし、皇帝の勝利と栄光の代償として、彼らの半数がそこで命を落としている。我々はナポレオンの名言を、彼と同じ大所高所からではなく、異国の地に斃れた多くのポーランド軽騎兵の無念に、そしてソモシエラから100年目を迎える年に、無残にも「誰か助けてください」と日記に書き付けて死を選んだ若き女性社員の悲痛にこそ、寄り添って受け止めるべきである。

不可能を可能にした男達。帝国親衛隊ポーランド親衛軽騎兵第一連隊長クラシンスキ大佐とその部下達。ソモシエラで出撃に備える。峠に突入したのは第三中隊を中心とする戦力であった。

路を要塞化して立て籠もったスペイン軍部隊であった。四段構えの陣地は多数の野砲を備え、峠の急坂と相まって難攻不落であった。急峻な地形は敵陣背後への迂回攻撃も阻み、威力偵察に出て撃退された騎兵将校は、ナポレオンに「敵陣の突破は不可能です」と報告する。これにナポレオンがキレた。「不可能だと? フランス語にそんな単語があるか!」そうわめくと、ナポレオンは身近に控えた帝国親衛隊のポーランド親衛軽騎兵に対し、「あそこを攻略しろ」と峠を指差して命令した。

唖然《あぜん》として見守るフランス軍将兵の前で、ポーランド騎兵は突撃隊形を組み、速歩、襲撃歩、突撃歩と速度を上げながら、急な峠道を上って行く。迎え撃つスペイン軍陣地は砲撃を開始し、騎兵はバタバタと撃ち倒される。しかし、突撃の勢いは止まらない。一つ、そして二つ、敵陣が落ちる。三つ目の陣地を攻略し、最後の陣地に押し寄せた時点で、その数を半分以下まで撃ち減らされたポーランド騎兵の足が止まった。それで余裕を得たスペイン軍の陣地に失地奪回に向けた逆襲の動きを見て取ると、それまで魂を抜かれたように見守るだけだったフランス軍将兵は我に返る。ポーランド兵の血であがなった戦果を守れと峠に殺到し、首都マドリードへの道が切り開かれた。

スペインの山中のアジトで、凱旋する民衆ゲリラ戦士を抜刀した修道士が歓呼で迎える。

半島戦争中に負傷し、後送される途中でゲリラに襲われたルジュヌ将軍は、服を奪われて全裸にされる恥辱を受けたが、後にそれを自ら絵に描いた。

ナポレオンは、親衛隊のポーランド兵が尽くす忠誠に信頼を置いていた。死を恐れない彼らの強い視線の先には、列強の分割で消滅した祖国ポーランドが独立を取り戻し、その栄光の歴史を再び歩み始める日の訪れがたしかに見えていた。しかし、遠い異国の地で多くの若者が命を惜しまず戦い、彼らの流した血によって数多くの勝利を支えられたにもかかわらず、ナポレオンは彼らの願いに応えることはなかった。彼らの祖国の故地に建てられたのは、ポーランド分割に加わった列強の立場に配慮し、半端な立ち位置に留め置かれたフランスの属国・ワルシャワ大公国だったのである。

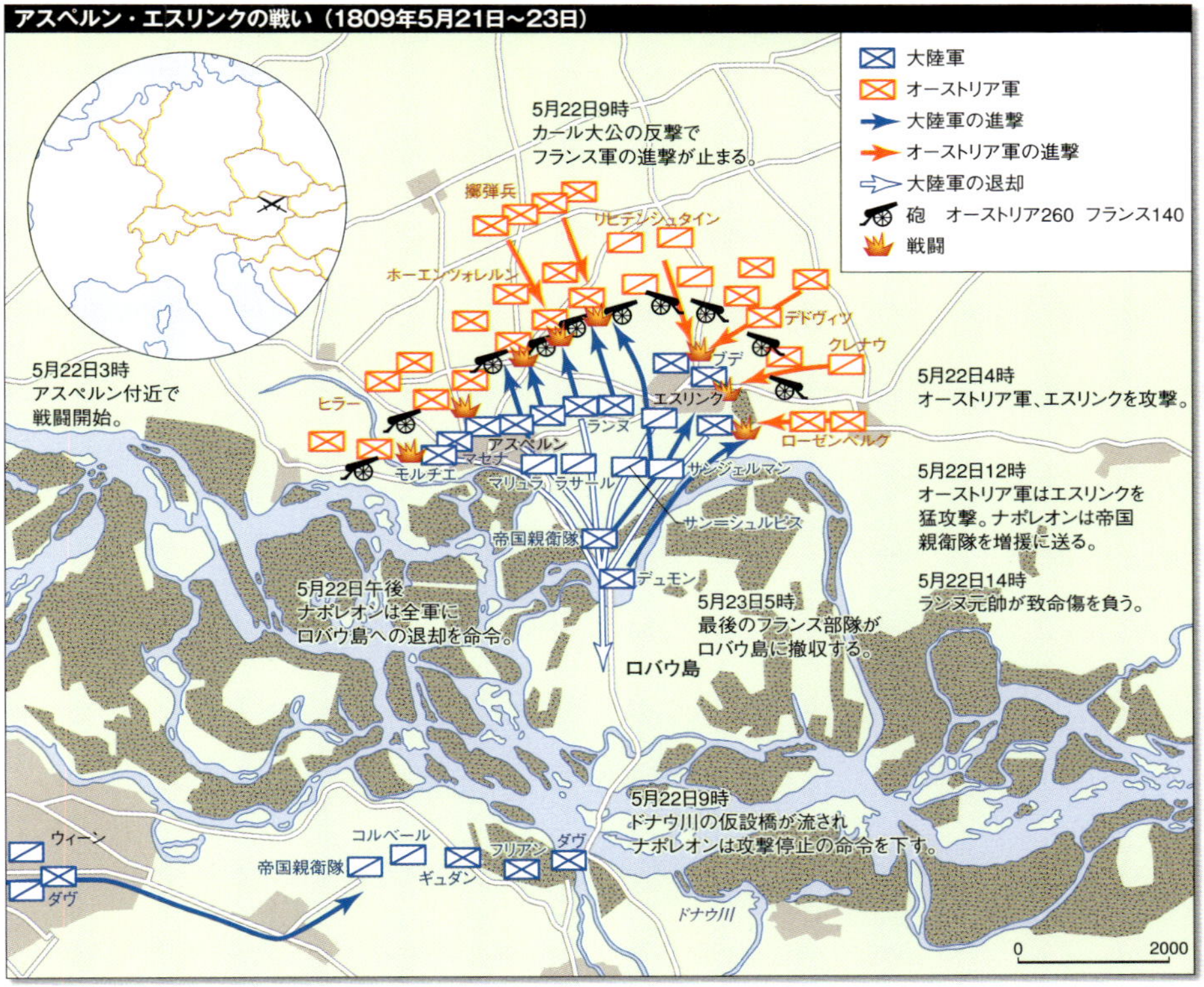

7 アスペルン・エスリンクの戦い［一八〇九年五月二一日～二三日］

一八〇九年の戦役は、ハプスブルク家がアウステルリッツの戦いで受けた打撃から立ち直り、さらにフランス式の最新戦法を学び、そのための軍備を整え、再び征服者ナポレオンに挑んだ戦いである。アスペルン・エスリンクの戦いは、そのなかでカール大公のオーストリア軍がナポレオン軍に勝利した戦いであり、数少ない「ナポレオン本人が指揮して負けた戦い」の一つとして著名である。

数々の戦勝によって強大化したナポレオンの権力が絶頂を迎えた一八〇九年、列強はその圧力に抗するために自己改革を強いられていた。たとえばフリードリヒ大王以来の伝統と栄光に安住していたプロイセンは、一八〇六年の戦役でナポレオンに完膚《かんぷ》なきほどに叩

ナポレオンの好敵手、ハプスブルク家のカール大公と彼の幕僚達。アスペルン・エスリンクの戦いで勝利する。

きのめされた。その最大の敗北であるイエナ＝アウエルシュタットの戦いにおける惨敗をプロイセンは真正面から受け止め、敗因を深く反省する。シャルンホルストが着手し、グナイゼナウが引き継いだ、参謀総長が中心になって推進された陸軍改革は、ドイツ近代化の端緒として日本でもよく知られている。

　軍隊の近代化は、軍事国家プロイセンの国制やその社会にも大きな影響を及ぼした。そして、ここで鍛えられた軍隊は、後に一八一三年の戦役で十分にナポレオンを苦しめることになる。同様にオーストリアでも、一八〇五年末のアウステルリッツの大敗を反省し、改革の気運が高まっていた。一八〇六年のフランスを盟主とするライン連邦の建設は、結果的に神聖ローマ帝国を解体し、ハプスブルク家から伝統の帝位を奪った。改めてオーストリア皇帝としての即位を強いられたフランツ一世の屈辱は深かった。

　その明敏な弟君、カール大公は、伝統を重んじる宮廷と陸軍の重鎮によるしぶとい抵抗を排し、ナポレオンに一矢《いっし》報いるべく軍制改革を成功させていた。再生した新たなオーストリア帝国軍は、練度と士気に優れ、機動力が高く、諸兵科の連携も十分に取られており、まさに恃むべき精兵であった。ただし、一八〇九年に満を持してオーストリアがナポレオンに挑んだとき、プロイセンは中立を維持し、ロシアはフランスとの同盟を遵守《じゅんしゅ》した。列強の間で孤立したオーストリアは、独力でナポレオンと対決することを強いられた。各国がそれまでの恩讐《おんしゅう》を克服して反ナポレオンの旗印のもとに結集するには、まだ時が満ちていなかったのである。

　軍制改革で手腕を発揮したカール大公は、優れた実戦指揮官としても名高い。彼は古めかしいハプスブルク帝国軍を率いてなおナポレオンをしばしば苦しめ、その好敵手の一人として、その名を挙げぬ者は無かった。一八〇九年の春、鍛え上げた兵の練度も高まり、待ちに待った出陣の時が訪れる。そんな彼にとって、決戦を求めて主力部隊を率いて出撃した隙を突かれ、長駆《ちょうく》進撃してきたナポレオンにがら空きの首都ウィーンを占領されたことは痛恨の失態であった。ところがナポレオンはウィーン占領という美酒に溺れ、ミスを犯したカール大公を侮り、その指揮は乱れる。

　カール大公は急遽、首都の北方まで戻ると、ドナウ川の北岸に布陣した。ナポレオンはカール大公が決戦に応じる姿勢を示しているのを見て取ると、それを撃滅する好機と判断した。彼は工兵に命じてドナウ川のロバウ島に仮設橋をかけさせ、その北詰に橋頭堡《きょうとうほ》を築い

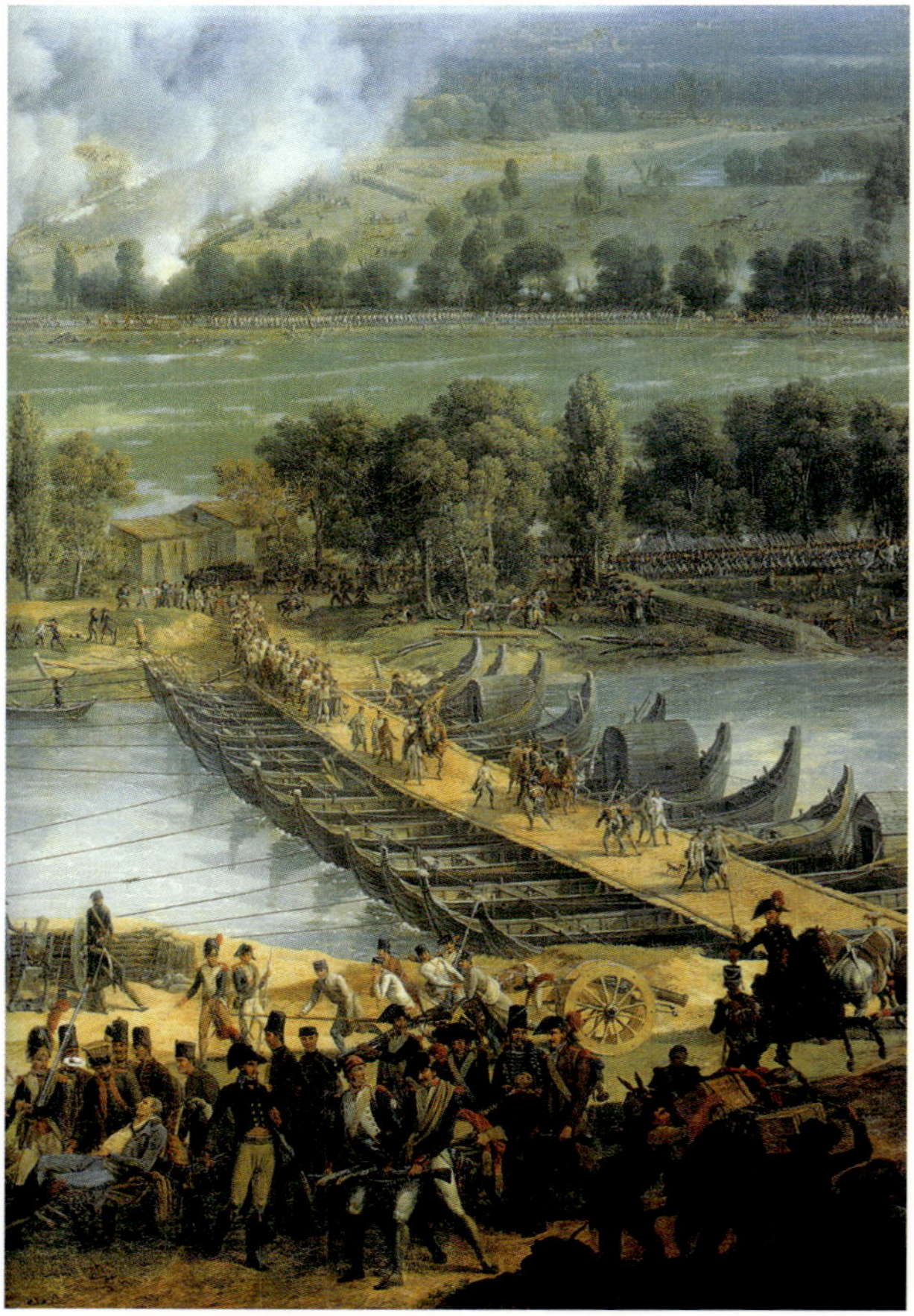

ナポレオン戦争当時の仮設橋。これは第一次イタリア遠征のアルコレの戦いの際に、フランス軍工兵が架けたものだが、地元の住民にも利用されているのが見て取れる。

アスペルン・エスリンクの戦いで、野戦病院を訪問するナポレオン。前景に野戦病院、遠景に仮設橋が描かれている。

た。そもそも当時の仮設橋は橋とは言いがたい代物で、艀《はしけ》を縄でつないで板を渡しかけたものである。その耐久力は低く、敵部隊の正面で大軍を強行渡河させるためには不十分なものであることは、軍事史の常識である。この時、ナポレオンはそれを軽んじた。そのため、橋頭堡への全軍集結が終わらないうちにフランス軍前衛部隊に出撃が命じられ、その正面攻撃によって戦闘が開始された。

　結果的に、まだかなりの部隊が大河のウィーン側に残っている段階で、激烈な戦闘が勃発した。ただでさえオーストリア軍より劣勢なフランス軍の部隊がドナウ川の両岸に分かれるなか、オーストリア軍が逆襲に転じ、フランス軍橋頭堡に総攻撃を開始した。オーストリア軍は同時に、ウィーン側に残るフランス軍部隊の渡河を阻止するために、何度も船やがれきを上流から流し、仮設橋そのものに打撃を与えている。

　もし敵の策が成功して橋が流されれば、フランス軍は背水《はいすい》の陣同様の逃げ場のない窮地に立たされる。すべては指揮官ナポレオンの慢心と判断ミスが原因である。危機にあったフランス軍はかろうじてオーストリア軍の猛攻を撃退することに成功するが、再編成された練度の高い敵は侮りがたい強さを発揮していた。冷静さを取り戻したナポレオンは敵の撃破《げきは》を諦め、兵を退くよう命じた。ナポレオンにとって、初めての大規模な敗戦であった。カール大公にとっては辛勝であったが、己の指揮官としての力量と、宮廷でフランスかぶれと嘲られながら鍛えた兵士たちの能力とを世に示す勝利となった。

　対岸に渡河させた部隊を丸々失う大敗だけは避けることができたナポレオンは、この敗北を深く反省した。そして、対岸の橋頭堡を維持しつつ強化し、ドナウ川に仮設橋を追加建造したり、ロバウ島の陣地に砲を増強したりして、再戦に向けた態勢を整えた。同時にヨーロッパ各地に展開するフランス軍部隊を呼び集めて戦力の集中をはかり、六週間かけて戦備を整えた。そしてナポレオンは、満を持して再びウィーン北方に布陣するカール大公のオーストリア軍に戦いを挑む。このときは先の敗戦の反省から、彼が戦端を開いたのは全軍の渡河を終えてからであった。その戦いこそ、ナポレオンにとって会心の勝利の一つとされるヴァグラムの戦いである。

8 モスクワ川（ボロヂノ）の戦い［一八一二年九月五日～七日］

　ロシア遠征からは、モスクワ川の戦いを取り上げる。この戦いは、日本では一般にロシア側の呼称に則してボロヂノの戦いと呼ばれている。これは戦闘に勝った側の呼称に従うという軍事史の通例に反している。我が国では、文豪トルストイの名作『戦争と平和』に代表されるロシア文学を通じて、この戦いが世に知られた。そのためのロシア式である。

　ナポレオンがロシアに侵攻すると、何度も剣を交えてその強さを熟知するロシア軍総司令官バルクライ・デ・トーリは、主力部隊同士の決戦を避け、敵軍をロシアの内奥に引き込む戦略を取った。彼は冷徹にも、ナポレオンには小麦の一粒たりとも渡すなと命じ、退却路の村々を焼き払う焦土《しょうど》作戦を遂行しつつ兵を退いた。

　ナポレオン戦法の根幹は、重い荷馬車を廃し、実戦部隊に補給部隊を同伴しないことで、高い機動力を獲得して有利な布陣を得ることにあった。ナポレオンに何度も苦汁を嘗めさせられたバルクライは、それを熟知していた。ロシアの広大な国土を焦土と化せば、補給路は長く延び、結果としてその戦法が裏目に出る。彼は補給不足が強大なナポレオン軍を徐々に締め上げることに期待をかけていた。

当時、ロシアには首都の位置付けにある都市が二つあった。サンクトペテルブルクとモスクワである。ナポレオンにとって、分遣隊《ぶんけんたい》に委ねたサンクトペテルブルク方面の戦況は芳しからず、モスクワ入城前にぜひとも敵主力部隊を撃滅する必要があった。ロシア側では、バルクライは決戦を避けて撤退するばかりであるうえに、自ら率先して国土を焦土と化したことが批判され、ツァーリの怒りを買って総司令官を解任されていた。その後を委

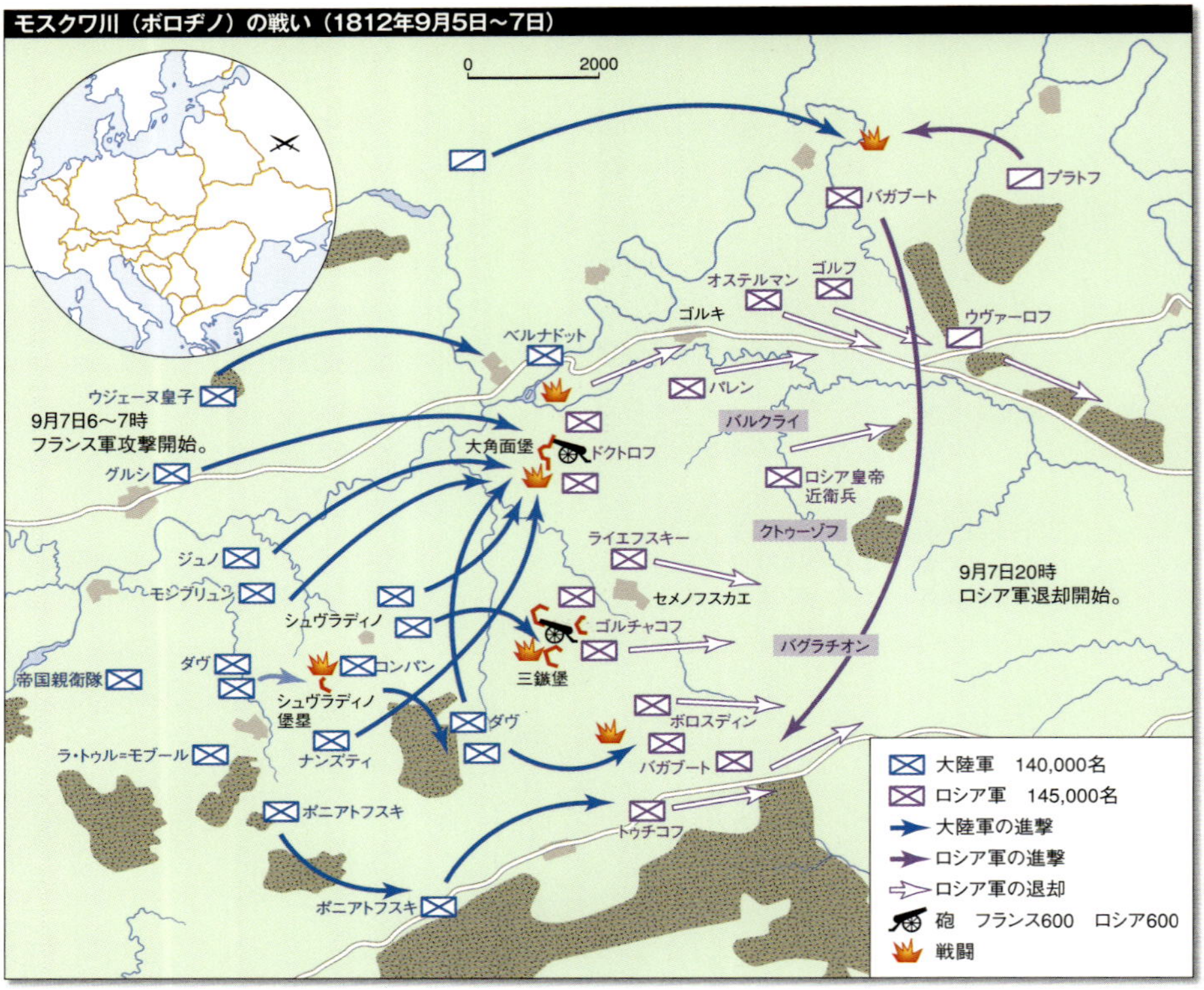

戦場をフランス軍側から遠望する。右手前のシュヴァルディノ堡塁でナポレオンは指揮をとる。

ねられたクトゥゾフには、敵と一戦もせずにモスクワを引き渡すという選択肢はなかった。彼が決戦の場に選んだのが、スモレンスクとモスクワを結ぶ街道上、首都から一二〇キロほど西方に位置する、モスクワ川の流れるボロヂノ村近郊の広野であった。

　ここを決戦の場としたロシア軍は、重要地点に陣地を築いた。その配置と設備は、急造の施設であるにもかかわらず非常に巧妙であった。まず、戦場の入口に当たるシュヴァルディノ村では、集落の傍らの丘に小規模な角面堡が築かれた。フランス軍はこれを決戦の前日に占領した。建設当初、ロシア軍は防御線をシュヴァルディノまで延伸するつもりであったが、不適切な配置になると判断し、牽制のための戦力を残してそこから退いていたのである。

　次に、ボロヂノ村の脇にある高台に、最大の陣地である大角面堡が作られた。これは土塁で三面を固めた長方形の陣地を中心とする複合防御施設であり、その中に有力な砲兵を伴う守備隊が四個歩兵連隊という大規模で配置された。充実した防御施設と強力な守備隊、前面を川に守られた高い丘の上という有利な立地から、この陣地の攻略は困難を極めることになる。この大角面堡の攻防戦が、この戦いの勝敗を分かつ決戦の舞台となった。次に、

早春のボロヂノの古戦場は雪の下に眠る。

ボロヂノの野に斃れた大陸軍将兵に捧げられたフランスの慰霊塔。

ロシアらしく、中央にイコンが掲げられている。

古戦場に建てられたロシアの記念塔。

ナポレオンに対する勝利を記念し、サンクトペテルブルクに建立されたクトゥゾフの銅像（バルクライの銅像と対になっている）。

ロシア防衛の功績を讃え、サンクトペテルブルクに建立されたバルクライ・デ・トーリの銅像。

その功績を記念し、ナポレオン軍の撃退後にボロヂノの古戦場に埋葬されたバグラチオンの墓標。1941年にモスクワに迫ったナチスに爆破され、修復されたもの。

史跡として復元された大角面堡。

ボロヂノ博物館が示す、クトゥゾフの戦功を賞賛する図像は、最終的な勝者がロシアであることを伝える。

ジョージア王族出身だったバグラチオンを讃え、トビリシに建立された騎乗像。

モスクワ川で活躍したネ元帥は勇猛果敢で、ロシアからの撤退戦で殿軍の指揮を任されるほど皇帝の信任も厚かった。ナポレオンのエルバ島脱出が報じられたパリで、国王ルイ18世に大見得を切って見せた口の軽さと目立ちたがりで、最終的に身を滅ぼす。

大角面堡を守るために、その傍らに三つの連携するV字形陣地が建設された。鏃《やじり》の形に見立てられ、三鏃堡《さんぞくほ》と呼ばれる。ここでは三つ並べられたV字陣地の開いた部分がロシア側を向いており、そちら側には敵の攻撃から身を隠す防壁がない。連携する隣の陣地にいるロシア兵や、後方から来援する反撃部隊は、敵に奪われた陣地に砲火を浴びせかけ、敵が態勢を整える前に切り込むことができた。つまり、フランス軍が一つの鏃を攻略しても、それを守り切ることは困難であった。戦闘中、この陣地は攻防戦の焦点となり、激戦の中でしばしばその主を変えることになる。

戦闘開始後、ナポレオンの指揮にかつての冴えは見られなかった。若かりし日にロディの戦場ではすぐ気がついた、効果の薄い不適切な支援砲撃も放置された。風邪で高熱を発していたとも言う。後方で養生がてら指揮を執るナポレオンを尻目に、前線のフランス軍将兵は不満を抱きつつも、これを最後と激戦に身を投じた。三鏃堡をめぐる攻防戦は一進一退であったが、最終的に闘将ネ元帥の奮戦で確保に成功。後に彼はその功績でモスクワ川大公の称号を得る。これで難攻不落の大角面堡も側面に隙ができ、フランス軍騎兵が機動力を生かして背後に回り込んで、陣地内部に突入する。その混乱に乗じたフランス歩兵の正面攻撃も成功する。彼らは先に入り込んでいたフランス軍騎兵と陣地内で合流すると、協力して敵を追い散らし、ついに大角面堡を陥落させた。

夕刻、踏み留まるべき陣地を失ったロシア軍各部隊は、統制の取れないまま個別にモスクワ方面への撤退に移行し始める。ロシア軍左翼を支えて奮戦した闘将バグラチオンも致命傷を負って後送され、将兵は寄る辺を失った。最前線でロシア軍の動揺を見て取ったウジェーヌ皇子を中心に、ナポレオンに対して決戦予備である帝国親衛隊の投入を求める要請が相次いだ。しかし、ロシアの内奥で過度に用心深くなっていたナポレオンは、精鋭の帝国親衛隊をここで消耗させることを恐れた。彼は要請を退け、決定的な勝機を見過ごし、ロシアを屈服させる最後の機会を失ったのである。クトゥゾフは追撃を受けることなく、部隊を再編成しながら粛々と撤退していった。

9 ライプツィヒの戦い ［一八一三年一〇月一六日～一九日］

ナポレオンは自分の運命を破滅に曝《さら》したロシア遠征から命からがら逃げ戻ると、徴兵繰り上げなどの非常手段で無理を重ねてフランス軍を再建した。新たな軍隊は数のうえでこそ旧に復したものの、歩兵は新兵ばかりで練度が低く、整備に多額の予算を費やす上に訓練に時間を要する騎兵と砲兵は、各部隊に十分な装備と兵士を揃えることができなかった。しかし、ナポレオンは苦境を打破する決戦の勝利を求め、弱体化したフランス軍部隊を率いてドイツに出撃する。これがいわゆる諸国民戦争の始まりであり、ナポレオンの儚い夢はライプツィヒの戦場に砕け散る。

1813年に繰り上げ徴兵で集められた若いフランスの新兵を、歴戦の敵槍騎兵が攻撃する。

一八一三年に成立した第六次対仏同盟がそれまでと異なるのは、各国軍を統合司令部の統一された指揮命令系統の下に置いたことである。列強は初めて真摯に力を合わせ、ナポレオンを戦場で打倒するという一点に向けて邁進した。これは賢明な判断だった。なぜなら、ナポレオンがその生涯において、敗れたり苦戦を強いられたりした戦いは、すべて兵力の上で敵に劣勢を強いられたものばかりだからである。戦力的優位にあるナポレオンは強く、常勝不敗であった。同盟に加わっているのはいずれも名だたる大国とはいえ、一国だけでナポレオンを上回る戦力を投入するのは難しい。ナポレオンに勝つために、列強は利害対立や歴史的な恩讐をとりあえず脇に置くことになった。

この戦いでは、同盟軍は「トラッヘンベルク作戦」と呼ばれる方針を堅持した。各部隊は機敏な機動でナポレオンの主力部隊との交戦を避け、打ち負かされて兵力を消耗しないように努めた。逆にナポレオンの直率下にない弱体な部隊は積極的に攻撃し、敵の総戦力を削り続けた。そして、連携しつつ徐々に包囲の輪を狭めていったのである。

ナポレオンをここで撃滅するという共通の目的が、列強に歴史的経緯や文化の違い、利害対立を克服させ、手を結ばせた。勇猛果敢なプロイセンの闘将ブリュッヒャーですら、ナポレオンの直率部隊が向かってくるのを見ると、命令通り兵を退いたのである。

今回の同盟では、各部隊の編成にも配慮が凝らされていた。各方面軍では、複数の列強の部隊からなる混成部隊編成が取られていた。ライプツィヒ南方から進撃するボヘミア方面軍の司令官にはオーストリアのシュヴァルツエンベルク、北方から進攻するシレジア方面軍にはプロイセンのブリュッヒャーと、各国を代表する名将が起用された。そして、ボヘミア方面軍は主にオーストリアとロシア、シレジア方面軍は主にプロイセンとロシアの部隊で構成されていた。それによって、方面軍内部の連携や意思疎通にデメリットが生じたものの、同盟の紐帯が誰の目にも明らかな形で可視化されていた。

　トラッヘンベルク作戦は成功し、厳しい消耗戦を強いられたナポレオンは、大都市ライプツィヒに陣を張り、そこで戦力の回復と集

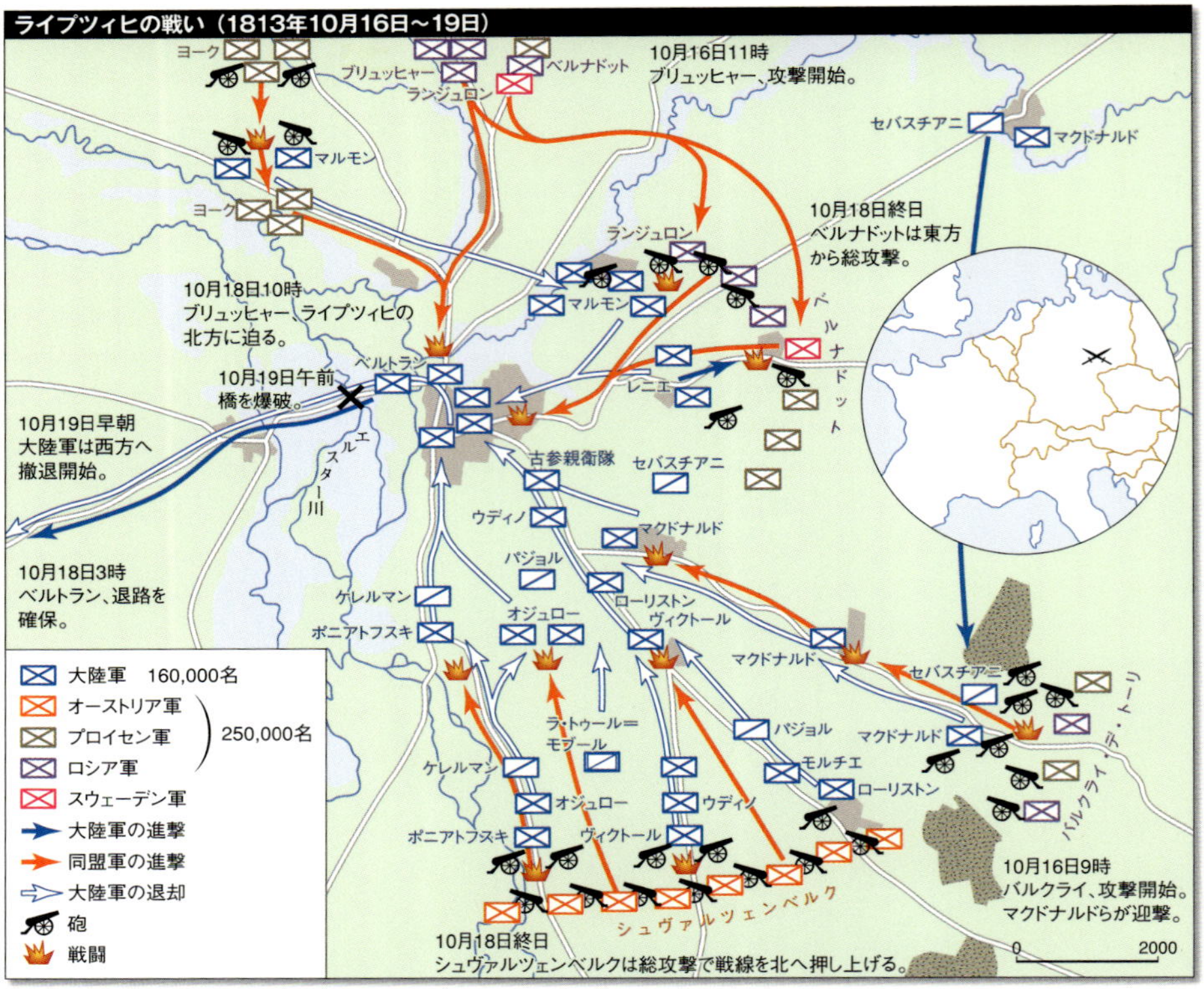

諸国民戦争で大敗を喫し、軍鼓に座って呆然と「死」と見つめ合うナポレオンを描いた1814年の風刺画。背景では、フランス軍がオーストリア・プロイセン・ロシア・スウェーデンの連合軍に追い散らされている。へし折られ、打ち棄てられた鷲の軍旗の旗竿と、「死」が座っている砲架から外された砲身・踏みつけている砲弾が、ナポレオンの敗北によって平和が訪れることを示している。

ナポレオンの野心は無数の若者を戦地へと送る。動員され、家族の元から旅立った青年達の多くはそのまま戻らなかった。1807年の徴兵の光景。

中をはかった。ところが、それが裏目に出た。エルスター川の渡河点に形成され、東方に開けた地形が広がる大都市ライプツィヒの立地が、ナポレオンに不利に働いたのである。この都市に向けて同盟軍が集結する中で、それに対するフランス軍の反撃は限定的であった。同盟軍は包囲の輪を閉ざす事に成功した。フランス軍はエルスター川に架かる橋を経由して西方との連絡線を維持しつつも、ライプツィヒは事実上の橋頭堡となり、敵の重包囲下に置かれたのである。

しかし、自陣が包囲下の狭い領域の中にあることは、必ずしもデメリットだけではない。ナポレオンはそれを逆に利用した。彼は必要な場所に予備兵力を機敏に移動させて投入し、その場で一時的に数的優位を確立して勝利を収めては予備兵力の抽出と転戦を繰り返す、いわゆる内線作戦を取った。大都市ライプツィヒを中心に放射状に整備されている街道が、ナポレオン軍の素早い移動を支えた。それに対し、ライプツィヒを包囲する同盟軍は、いわゆる外線作戦を強いられた。部隊を移動する際、戦闘が行われている前線を離れて迂回する必要があった。それでは遠回りになる上に、移動に主要道路を利用できない。戦力の機動的運用は不可能だった。しかも、開戦当初は両軍の戦力は拮抗しており、ナポレオンの内線作戦を利用した反撃は相当に有効であった。

老いてなお、敗れてなお、さらにナポレオン軍撃滅への闘志を燃え立たせ、ワーテルローで大願成就を果たしたプロイセンの闘将ブリュッヒャー。

しかし、小敗北を繰り返しつつも、じりじり包囲の輪を狭める同盟軍には焦りはなかった。なぜなら、同盟軍の有力な増援部隊がライプツィヒに向けて進撃中であったからである。それに対し、ナポレオンに合流しうるフランス軍部隊は付近に存在しなかった。戦闘二日目の一〇月一七日、ライプツィヒに東方から迫る同盟軍にはベニヒセン将軍率いるロシア部隊が加わり、北方ではスウェーデン王太子カールことベルナドットが率いるスウェーデン・ロシア混成部隊が戦列に加わった。これにより戦力バランスは同盟側に大きく傾いた。翌一八日が決戦の時となったが、もはやナポレオンの才気をもってしても重包囲下での数的不利には挽回の余地はなかった。

さらに、戦場の南方に位置するバイエルン王国が寝返り、ナポレオン包囲網に加わってフランスとの連絡線を遮断する動きに出たうえ、戦場でフランスの戦列に加わっていたバイエルン部隊まで離反したことも痛手だった。劣勢のフランス軍はよく抵抗したが、徐々にライプツィヒ市街を囲む市壁まで押し返されていった。ただし、市内への突入を可能とする決定的なタイミングが到来する直前に日が沈んで闇が訪れたため、同盟軍の攻撃が止んだ。ここにナポレオンは敗北を自覚し、一九日の夜明けと共に橋を渡って順次撤収するよう全軍に命じた。

明けて一九日、後詰めを任されたフランス軍部隊は市壁を頼りによく戦って、味方が橋を渡って逃げる時間を稼いでいた。ところが、橋の爆破を担当する工兵隊に手違いが起きる。

貧すれば鈍する。撤退を急ぐ友軍を敵の追撃部隊と見間違え、慌てたフランス軍の工兵が唯一の退路であったエルスター川に架かる橋を爆破してしまう。

友軍に橋を爆破され、対岸に取り残されたポニアトフスキ元帥率いるポーランド騎兵部隊は、敵の追撃を受けて川に追い落とされ、元帥を含む多数の溺死者を出した。

三万ともいわれる友軍が市内に残留している状態で、唯一の渡河可能な橋を爆破してしまったのである。一説には、橋に接近するポニアトフスキ元帥率いるフランス軍ポーランド騎兵隊の軍装を、敵軍のものと見間違え、焦って爆破したとされる。いずれにせよ、かつて精強を誇ったフランス工兵隊にとり、その練度と士気の低下を覆い隠しようもない失態である。

　敵に包囲された町に取り残されたフランス軍将兵は、降伏するか、無理にエルスター川を泳いで渡ろうとして溺死するか、二者択一を強いられた。この戦場で元帥に列せられたばかりのポニアトフスキは、後者の道を選んだ。彼は騎乗する愛馬を川に乗り入れたものの、無情にもエルスター川の流れはあまりに速く、水深はあまりに深かった。ほどなく彼の姿は水中に没した。ナポレオンはここに大敗を喫し、多くを失った。翌一八一四年、同盟軍は兵をフランス国内へと進めるのである。

10 ワーテルローの戦い［一八一五年六月一八日］

　エルバ島での蟄居を強いられていたナポレオンは、ナポレオン戦争の「戦後処理」のために開催されながら、列強間の利害対立が激化したウィーン会議での抗争を見誤った。彼は自分が調停者としてキャスティングボートを握れると誤認したのである。結果、彼は百日天下でヨーロッパ全体を敵とする戦いを強いられた。その決着をつけた戦いの場がワーテルローであった。

　列強が調停の申し入れに応じるどころか、

ナポレオンはライプツィヒの戦いに破れ、手に入れたすべてをリュックサックからまき散らしつつ、カール大帝の王杓にすがりついてライン川へと逃げ落ちる（同時代のドイツの風刺画）。

フランス戦役で進撃するブリュッヒャーのプロイセン軍はついに敵の首都を前にする。「あれがパリだ。進め。」

自分を敵として総動員を開始したことを知り、ナポレオンは戦いを決意した。彼は主力の北部方面軍を率いてパリから北上する。狙いはウェリントン率いるイギリス軍と、ブリュッヒャー率いるプロイセン軍の各個撃破であった。伝統と格式の重みで動員に時間のかかるオーストリア軍と、本土から遠路遙々行軍してくるロシア軍の到来には、時間がかかるものと思われた。両軍が加わる前に、早々に決戦を行って決着をつける以外に、全ヨーロッパを敵とするナポレオンが国際政治の場で生き残る余地はなかった。幸い、自分の留守中に復古王政が再建したフランス軍は、装備が充実し、士気と練度が高く、甦った皇帝の元で栄光を取り戻すことを夢見ており、頼むに足る存在であった。

　しかし、雨が降ると、ベルギーの大地はたっぷりと水を含んで、泥沼と化すことはよく知られている。将兵の足や馬車の車輪は泥に沈み、行軍する部隊は機動力を奪われる。その惨状は第一次世界大戦の塹壕戦《ざんごうせん》でよく知られているが、それから一〇〇年をさかのぼるナポレオンの時代でも変わりはない。序盤戦で小さな勝利を立て続けに挙げたナポレオン軍に、無情にも雨が降り注いだ。その雨が、敗軍に追撃を加えて決定的な勝利を挙げるチャンスをナポレオンから奪った。相次いで敗北を喫したウェリントンとブリュッヒャーだったが、雨のおかげで、彼らは部隊を秩序の下で後退させつつ、再戦に向けて態勢を整える余裕を持った。そのなかで、ブリュッヒャーの追撃を命じられたグルシ元帥は、与えられた命令を墨守《ぼくしゅ》したために敵主力の退却ルートから外れ、見当違いの方角に向けて進撃してしまう。

　イギリス軍を率いるウェリントンは、ブリュッセルに向けて退却を続け、ナポレオンの主力部隊に追いすがられていた。彼はかねてより目をつけていたとされるワーテルロー村南方の急斜面を防御戦の好適地と見定めており、そこに布陣する。彼は広々とした麦畑を見下ろす稜線上に主力部隊を置いて戦列を整えつつ、坂の下の二つの豪農屋敷を要塞化し、そこに精鋭のライフル歩兵部隊を配置して死守を命じた。

　地図上で左から、ウグモン、街道沿いにあったラ・エ・サントである。いずれも石造りの厚い壁で庭と建物を囲っており、その壁の内側には敵兵を狙う射手が組まれ、

ワーテルローの古戦場に建立された連合軍の戦勝記念碑は、築山に置かれている。

ピクトン将軍率いる部隊が布陣した位置から、フランス軍が攻め寄せた方角を見下ろす。ワーテルローの麦秋。

イギリス軍右翼の位置から、ナポレオンの本営ベル・アリアンス館を遠望する。

戦場の位置は、ブリュッセルの南方21キロ、ワーテルロー市街の南に5キロの地点にある。

門扉は強固に補強されて封鎖された。この二軒がウェリントンの防衛ラインを支える要石となり、ナポレオンにとっては敵の主力部隊の戦列への攻撃を妨げる茨の棘となった。

ナポレオンは夜間にイギリス軍にほぼ追いつき、偵察によって敵が決戦に応じる構えであることを知ると大いに喜んだ。しかし、降り続く雨のために一帯は泥沼と化しており、騎兵と砲兵の作戦行動が困難であった。彼は雨が上がって大地が乾くのを待って、総攻撃開始を午後まで先送りにする。これがイギリス軍と決着をつける前にプロイセン軍が来襲

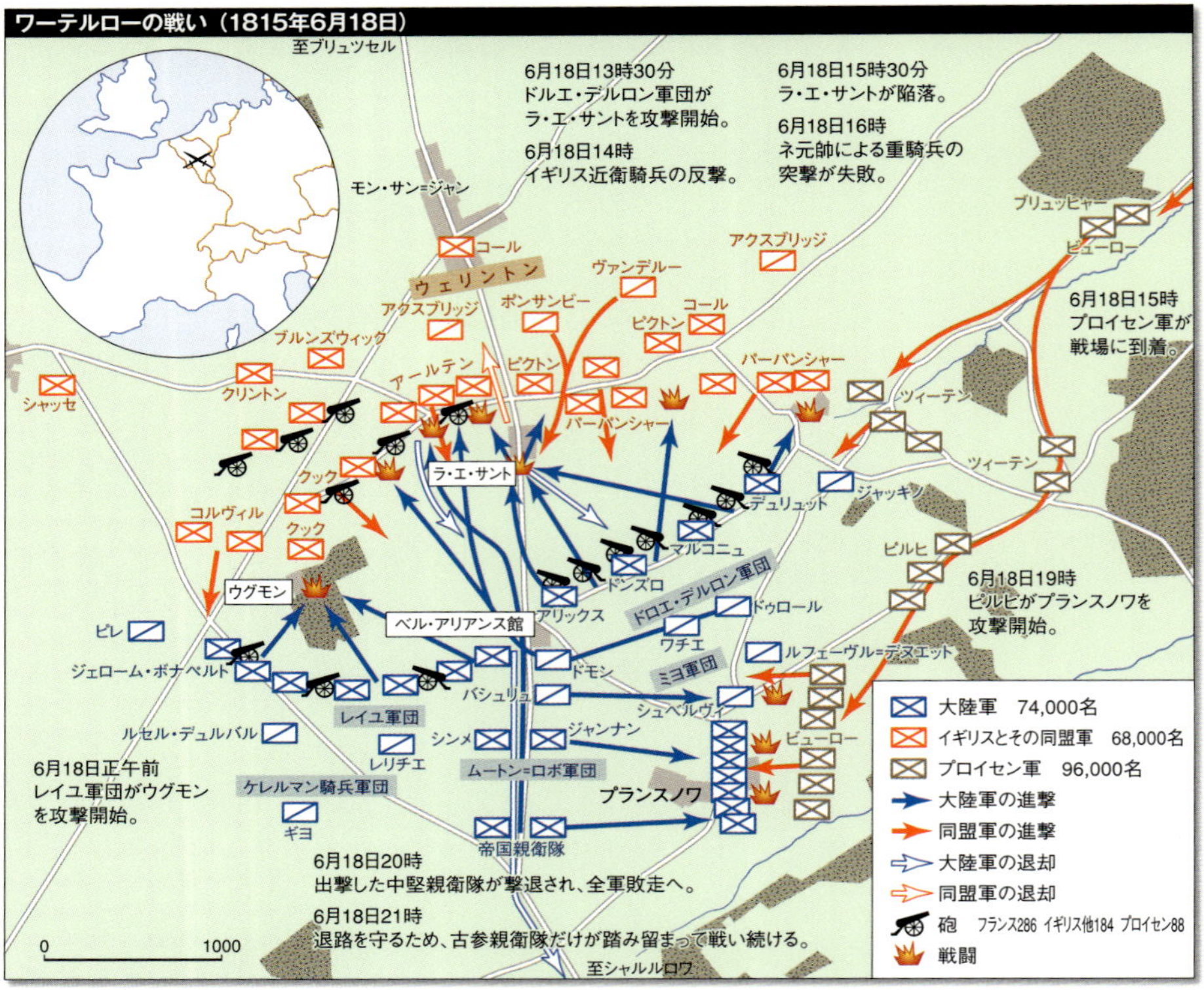

ウェリントンからラ・エ・サント豪農屋敷の守りを任されたのは、イギリス軍の誇る精鋭ライフル歩兵部隊だった。彼らは夕方までフランス軍の猛攻を撃退し続け、ナポレオンの攻撃計画を大いに妨げた。

ウグモンは、当日、要塞化されて守りを固めていた。

ウグモン攻撃開始を前に、横隊陣形を取るフランス軍戦列歩兵隊。各隊の指揮官は、戦列を組んだ兵士より前に位置する。

イギリス軍陣地側のウグモンの壁にも、激戦でできたものか、今も弾痕のような傷が残される。

多くのフランス兵が戦死したウグモンの門。記念のプレートが設置されている。

反撃のため、陣形を組み始めるイギリス軍歩兵隊。精鋭ライフル歩兵隊の緑の軍服や、スコットランド兵の特徴的な軍帽も見える。近景は、野砲を切り離した砲車の牽引馬。

街道沿いのラ・エ・サントは、攻防の焦点として激戦地となった。

本格的な歴史的戦闘の再現イベントでは、野営地の生活まで再現される。趣味としては相当な時間とお金がかかるため、引退した有閑階級の嗜みという一面がある。参戦兵士の平均年齢は、史実と比べて極めて高い。

するという結果を招き、ナポレオンにとって致命的な判断ミスとなった。

夜が明けた戦場では、両軍の小競り合いが午前中から始まっていた。とくに、イギリス軍の戦列から突出した位置にある拠点ウグモンとラ・エ・サントでは、激しい攻防が行われた。正午頃、戦場の中央へ進められたフランス軍の大規模な砲兵隊による準備砲撃が開始され、これがフランス軍の総攻撃開始の合図となった。その轟く砲声は遠く離れた場所を進撃中のグルシ元帥の分遣隊にも聞こえたが、彼はマレンゴの戦いでのドゥゼ将軍ではなかった。彼の来援を確信するナポレオンの期待に反し、グルシは臨機応変さを欠いており、配下の部隊に砲声の響く方へ進めと命令を下すことはなかったのである。

ナポレオンは主力のドルエ・デルロン軍団に縦列の突撃隊形で街道筋の急坂を上らせ、イギリス軍左翼に圧力をかけ始める。イギリス兵の組んだ横隊陣形は押され、街道を守るために勇敢に戦っていた前線指揮官のピクトン将軍が戦死する。その急を救うべく、イギリス軍は近衛騎兵旅団を投入し、大規模な騎兵突撃でフランス軍歩兵を押し戻すことに成功するが、その代償として騎兵に多大な損害を出した。ちょうどその頃、地平線上にグルシの分遣隊を振り切ったプロイセン軍の前衛が姿を現し、ナポレオンは敗戦の予兆に焦りを深めた。

事態を重くみたネ元帥は、予備兵力として控えていた騎兵部隊に出撃を命じ、自ら騎兵の大軍を率いてイギリス軍の戦列中央に波状攻撃をかけた。この攻撃は準備不足であった。砲兵や歩兵の支援を受けない騎兵単独の攻撃では、上げた戦果は一過性のものに留まり、敵の防御陣形を突き崩すには至らなかった。ただし、ラ・エ・サントを敵の前線から切り離して孤立させることには成功した。そこで長く抵抗を続けたイギリス軍精鋭のライフル歩兵隊は弾薬切れを起こし、友軍の支援を受けられない拠点は陥落した。ネ元帥はその勝利を足がかりにさらに前進し、ウェリントンの最終防衛ラインに圧力をかけた。しかし、敵戦列を突破して突き崩すにはもう一押しする兵力が足らなかった。彼は皇帝に増援を求めたものの、来襲しつつあるプロイセン軍対策に心を奪われていたナポレオンは、この決定的タイミングで決戦予備である帝国親衛隊に出撃を命じることができなかった。

　夕刻、ビューロー将軍率いるプロイセン軍の前衛は、戦場に到着するや兵力に劣るフランス軍の右翼を押し潰しつつ前進を続ける。フランス軍は、そのままプロイセン軍が進み

ナポレオンの本営が置かれたベル・アリアンス館。

ベル・アリアンス館付近に布陣したフランス第六砲兵連隊の慰霊碑。

古戦場祭に馳せ参じた、本格的なコスプレで魅せるイギリス近衛騎兵の一行。

ピクトン将軍の慰霊碑には、今も花輪が手向けられている。

アウステルリッツからワーテルローまで、数え切れないほどの手柄を立てた猛将ドルエ将軍は、革命が始まるまでは錠前屋だった。ナポレオンは彼を帝政貴族エルロン伯（comte d'Eron）に叙して、その功績に報いた。以後、彼はドルエ・デルロンとして、不滅の名声を我が物とする。肖像は、老いてなお眼光の鋭さを失わない晩年のもの。

ワーテルローでの完敗を悟ったナポレオンは、最期に突撃を率いて敵陣に切り込み、討ち死にしようとする。だが、掲げたその手を参謀総長スルト元帥が握って離さなかった。

ドルエ・デルロン将軍墓。

続ければ、主力部隊の後方に回り込まれて退路を断たれるという危機的な状態に追い込まれた。事ここに至ってようやく、ナポレオンは帝国親衛隊にイギリス軍の戦列中央を攻撃するよう命じた。しかし、すでに手遅れであった。イギリス軍は態勢を立て直していた。ウェリントンは決戦予備である国王近衛隊まで投入し、フランス帝国中堅親衛隊の突撃を撃退した。無敵の帝国親衛隊が撃退されたという情報はあっという間にフランス全軍に広がり、パニックの中で無秩序な潰走が始まる。

フランス軍の敗北が不可避となった戦場では、フランス軍最精鋭を誇る帝国古参親衛隊の擲弾兵らが方陣を組み、敵の降伏勧告を「糞食らえ」と拒んで抵抗を続けていた。彼らが勝ち目のない戦いに身を投じた理由は、敵を少しでも足止めし、皇帝が逃げる時間を稼ぐことであった。敵に包囲された彼らは容赦のない銃撃を浴びせられ、次々と撃ち倒されていった。彼らがその命で購ったわずかな時間のおかげで、ナポレオンは敵の捕縛の手を免れてパリに逃げ戻る余裕を得た。この戦いは、まさにナポレオンの完敗であった。

戦いの終盤、ネ元帥の率いる騎兵の大軍はイギリス歩兵の方陣を崩すことができなかった。

同じくフランス軍の顕彰プレート。

ラ・エ・サントの壁に掲げられたイギリス軍の顕彰プレート。

ゴヤの描いたウェリントンの肖像は、ナポレオンに勝った英雄というより、後の政治家としての醜態をこそ強く感じさせる。

ウェリントンの軍功を記念し、ロンドンに建立された騎乗像。

奮戦するも戦死したピクトン将軍。

第7章

一八一〇年、ナポレオンに訪れた危機

英雄ナポレオンも男性更年期を免れなかったか？

一八一〇年は、ナポレオン体制にとっても、ナポレオン本人にとっても、強引な手法を無理に推進することで、その未来に暗い影が落ち始めた年であった。

この年、ナポレオンは四一歳の誕生日を迎えた。今日の医学の水準で当人の健康状態を知ることはできないが、いわゆる男性更年期《こうねんき》に由来する「中年の危機」に直面したのだろうか。前年に行われたジョゼフィーヌとの再婚解消と、この年のマリ＝ルイーズとの再婚は、その存在を暗示している。皇帝自身の危機は、権威主義体制であるナポレオン帝国において、国家全体に波及した。

「男性」としての衰えを暗示する写実的なナポレオンの横顔（1807年）。

後継者をほしがり恋女房を捨てたナポレオン

ナポレオンがジョゼフィーヌとの結婚を無効にしようとした時、教皇ピウス七世との関係はすでに決裂していた。サヴォナで皇帝の捕囚《ほしゅう》下にある教皇が、破門した皇帝の結婚の無効（事実上の離婚）に同意する見込みはなかった。そのため、彼が皇后との宗教的結婚の無効を確認するよう要請したのはパリ大司教座であった。

ところが、その前年、すでにパリ大司教ド・ベルワは死去しており、大司教座は空位になっていたのである。後任が決まらなかったのは、すでに述べたように、ナポレオンが指名した大司教候補者に対して教会法上の叙任を教皇ピウス七世が拒否したからであった。

結果的に、ナポレオンが主張するジョゼフィーヌとの結婚の無効は、教皇どころかパリ大司教によっても承認されなかった。無効の証書は空位であるパリ大司教座の名において発行されたため、その正当性は相当に疑わしいものとなった。その影響で、彼がマリ＝ルイーズと再婚した際、結婚式に招待された多数の枢機卿や司教は、パリにいたにもかかわらず欠席し、サボタージュによって抗議の意思表示をしたのである。

結局、周囲の反対や抵抗、諫言を押し切ってハプスブルク家との縁組みを強行したナポレオンは、失うものの方が多かった。それは単に王妃マリ＝アントワネットの再来を思わせる「もう一人のオーストリア女」こと大公

離婚によって身勝手な夫から自由になり、皇后の義務からも解放されたジョゼフィーヌは、少数の供を連れてヨーロッパ各地を旅し、多くの人々と出会った。彼女は珍しい文物に触れ、自分の知る世界を広げることを好んだ。旅先でのランチの図。

女マリア・ルイサを、皇后マリ＝ルイーズとして、ハプスブルク家からフランスに迎えたという次元の話ではなかった。かつて革命の子であると自称したナポレオンは、革命を継承し、その成果を維持発展させる立場にあることを放棄し、世襲王朝の開祖となる道を選んだのである。

新婦マリ＝ルイーズの公式肖像画には、ハプスブルク大公女の品格とフランス皇后の威厳がある。

再婚のために描かれた公式肖像画でありながら、画面からは新郎の軽薄さばかりが漂うのはなぜか。

　この再婚で、すでに述べたジョゼフィーヌが彼に与えていた多彩な支えも失われた上、離婚を一切容認しないカトリック保守派の聖職者や信徒も敵に回した。第一帝政の支持基盤は、ナポレオンがヨーロッパの正統的な王朝の血縁ネットワークに迎え入れられる代償として、大きく毀損《きそん》された。

ナポレオンの再婚 ——ハプスブルク外交の裏の顔

　この再婚劇は、一般に、栄耀栄華《えいようえいが》を極めるナポレオンに押され、ハプスブルク家が人身《ひとみ》御供《ごくう》的に大公女マリア・ルイサを差し出したとされている。

　しかし、ハプスブルク外交の巧みさとしたたかさを考えると、別の光景が見えてくる。ハプスブルク帝国は戦場で敗北し、講和条約締結を強いられる立場に陥っても、それで諦めることはなく外交交渉で抵抗を続ける。和平交渉で勝者に示す講和条件にまで、「毒」が仕込まれる。

　戦場では歯が立たないナポレオンが、子作りのために若い嫁をほしがっている。結婚政策で知られるハプスブルク家は、それを見逃さなかった。この時、ナポレオンは再婚から子作りの成功に至るまで、新皇后とすごす時間を最優先した。政治家としても軍人としても、大きな仕事をする余裕はなかった。若い新皇后に入れ上げ、まだ見ぬ皇太子をその手にかき抱くことを想い描いたナポレオンの脳裏から、帝国は消えていた。その間に費やされた若さと時間と情熱は、もはや若くないナポレオンにとって、取り返しのつかない損失となった。

そして、新皇后との間に男子の後継者が生まれることによって、すべてが変わった。ナポレオンは自分の血を引く子に、自分が手に入れたすべてを受け継がせるため、政策を転換し始めた。ナポレオン体制のような、トップに立つ者の判断や価値観が政治に支配的な影響を及ぼす権威主義国家において、国家元首がリスクを取る攻めの姿勢を捨て、守りに入った影響は甚大であった。

誕生した我が子を帝国の顕官に紹介する、父となったナポレオン。皇帝の父性愛を称揚するために描かれた画面には、ナポレオン本人や画家の意図を越えて「親バカ」の基調低音が響く。

守りに入ったナポレオン帝国

ナポレオンの再婚以降、フランス帝国では一見すると皇帝の権威主義的な指導が強化され、その統治が強靭さを増したかに見えた。しかしフランス第一帝政は、砂上の楼閣となった。

内政面では、ナポレオンが権力奪取後に掲げ、体制整備のスローガンとした「旧体制と革命の融合」は、もはや口にされることもなくなった。フーシェの後任として警察大臣に就任したサヴァリは、体制を脅かす存在としてパリ市内のネオ・ジャコバン派を敵視し、その摘発を進めた。それだけでなく、政権内部の古参革命家やイデオローグ達の監視を強化し、摘発と排除を進めた。さらに、聖職者団の締め付けも強化し、破門されたナポレオンを批判し、教皇ピウス七世を支持する人々に対する弾圧と排除を推進した。ところが、サヴァリ本人は王党派に近い政治的立場を取っていたため、王党派に対する取り締まりは緩いままであった。そのため、王党派貴族の青年達に根を張り、ピウス七世を支持する抵抗運動を続けた信仰騎士団は、結果的にサヴァリの警察による摘発を免れることになる。皇帝を支えるべき国内の基盤は、水面下でゆっくりと崩れていったのである。

ナポレオンは国制も見直し、帝国の直接支配を拡大し始める。それまでは、フランス帝国の周囲に衛星国を配置し、ある程度の自主性や地域特性を認めながら、巧みに全体を調和の下で統治する体制を取っていたが、それを放棄した。衛星国は強引にフランス帝国へ併合され、フランス本国と同じ県の制度で再編成されて県知事が送り込まれ、フランス同様の諸制度と法が施行された。併合された地域では慣れないフランス式のやり方に住民の不満が高まったが、ナポレオンはそれを軍事力と警察力でねじ伏せた。わかりやすく言えば、彼はここで「覇道」を歩み出したのである。もはや各地に情報網を張って吸い上げた情報に即した機敏な政策実践は行われなくなり、強引で画一的な上からの押しつけばかりが目立つようになった。

一八一〇年に本格化する経済危機と社会不安

大陸体制が恐慌を引き起こす

それまで順調だった経済にも、この年から暗い影が落ち始める。一八一〇年の経済危機は、前年の大陸封鎖令の強化が引き金となって、商業、とくに貿易の分野から生じた。中立国を経由したイギリスとの取引で利益を上げていた貿易商人は、顧客を失って経営に行き詰まった。

　さらに突然、イギリスに一度陸揚げされてからフランスへ持ち込まれた商品に高額の禁止的関税が課税され、その結果、新大陸産の輸入品を取り扱っていた業者に多額の損失が生じた。破産した貿易商人に貸し付けを行っていた銀行も経営が立ちゆかなくなり、連鎖的に銀行破綻が広がった。銀行の連鎖的破綻は工業の分野にも悪影響を及ぼす。製造業向けに短期の運転資金を貸し付けていた銀行の経営が悪化し、製造業は原材料を購入する資金を確保することができない状態に追い込まれた。原料がないために工場が止められると、仕事がなくなった労働者は解雇され、街角には飢えた失業者が増え始めた。繊維産業のトップメーカーであったリシャール＝ルノワール社を代表とする、最新の製造機械で大規模生産を行う工場制機械工業ですら経営に行き詰まり、公的資金の注入を受けた。

　恐慌の波は民衆向けの大量生産品の製造業だけに留まらず、帝政が育成に注力してきた富裕層向けの奢侈品製造業も直撃した。恐慌はフランス帝国だけに留まらず、大陸封鎖に協力するヨーロッパ大陸内の諸国に波及し、それらの国々の富裕層も多くの資産を失ったからである。

　家具、金細工、貴金属製時計、絹製品、高級衣料品など、フランスの誇る奢侈品の生産は、クリスマスに始まる書き入れ時を迎えても、商品の受注が低調なままであった。奢侈品製造業の工房では、熟練工ですら職を失うありさまであった。危機感を強めた政府は、とくにリヨンの絹工業を救うために多額の発注を行っている。また、パリの失業者を救うために大型の公共事業を行うなどしたが、効果は限定的であった。

　経済危機は深刻化の一途をたどり、明けて一八一一年にはついに恐慌に突入する。そして冬の本格的到来を前に天候不順が続いて、畑の作物に大きな被害が出た。そのため、冬から春にかけて食糧不足が生じることは明らかとなり、食品市場では小麦を中心に食料の値段が急上昇し始めた。飢えた貧民の間では政府に対する怨嗟《えんさ》の声が強まり、腹を空かせた浮浪者が徒党を組んで略奪を行うようになると、その噂は野火のように広まり社会不安を強めた。恐慌と厳冬、物価高、食糧不足、社会不安に見舞われたフランスは、革命前夜の一七八八年のひどい冬を思い起こさせるような苦境に陥っていた。

恐慌で貧窮した人々は食料蜂起へ

　一八一二年の早春、当時のフランスの繊維産業の中心地の一つであったノルマンディ地方では、なお恐慌の影響は深刻であった。同地方に属するカルヴァドス県の主都カーンで、食料市場で起きたもめごとをきっかけに、ナポレオン体制になってからほとんど見られなかった大規模な食料蜂起が始まる。

　この時に立ち上がった人々は、伝統的な食料蜂起のスタイルを守り、カネや麦を溜め込んでいると疑われていたパン屋や小麦商人を襲って、食べ物を安く提供するよう強要しただけでなく、無為無策の県知事も侮辱して政治的な意思表示を行った。そのなかで、一七八九年のヴェルサイユ行進以来と言って良いが、ナポレオン体制の歪みのしわ寄せを受ける立場にあった女性達が、ついに直接行動に出て蜂起の主導的立場に立った。食料の値上がりで家計のやりくりに苦労し、重い税の支払いに喘ぎ、繰り返される徴兵で自分の息子が引っ張られやしないかと心配し、近隣で戦地に行った若者に無傷で帰ってきた者がいないことに絶望する。ナポレオンの権威主義支配で追い詰められていた女性達の怒りは大きかった。

　蜂起を知らされたナポレオンは、その波及を怖れ、迅速かつ苛烈な鎮圧を命じた。最精鋭の皇帝親衛隊が投入され、蜂起衆はあっという間に粉砕された。我々が、この時に女性達が立ち上がったと知ることができるのは、即決の軍事裁判で死刑に処された首謀者八名の過半が女性だったからである。伝統的な食料蜂起の場合、流血の弾圧は地域社会に禍根《かこん》を残し、その地域の不安定化を招くため、流血の処断は避けるのが上策とされる。その常識を無視した厳格な処断は、ナポレオンの抱いた危機感と、彼がもはや社会の融和や赦し、国民からの広範な支持には関心がなく、自分に楯突いた者は絶対に許さない立場を取るようになったことを示している。

大陸封鎖はイギリス経済に大打撃を与え、一定の効果を上げたものの、イギリスは屈服しなかった。その上、大陸側の諸国の経済も無傷では済まなかった。フランス工業はイギリスが提供していた工業産品を潤沢に供給するだけの実力を持たなかった。工業成長力の低さと深刻な原料不足から、ヨーロッパ各地で不足を補うためにイギリス製品の密輸が横行した。とくに工業が未発達なロシアは政府がイギリス工業製品の密輸入に関与しており、ナポレオンの警告にもかかわらずそれを改めようとしなかった。ナポレオンは同盟諸国に出兵を命じ、大軍を率いて一八一二年六月にロシア遠征を開始する。この遠征がナポレオンの破滅の序曲となった。

1812年、炎上するモスクワ市街をクレムリンから望む。ナポレオンの運命は破滅へと向かう。

炎上するクレムリンから、安全な場所へ避難するナポレオンの表情は険しい。

マレ将軍の謀略

体制の弛緩が陰謀を呼ぶ

一八一二年一〇月二三日、ナポレオンがモスクワからの敗走を始めた直後、パリでマレ(Malet)将軍によるクーデタ未遂事件が起きた。一部に誤解があるが、首謀者のマレは官房長官のマレ(Maret)とは別人である。彼は貧しい旧体制貴族の家に生まれ、革命の理想に共鳴して軍に身を投じ、将軍にまで昇進したものの、ナポレオンの独裁体制に反発したため軍での昇進は望めなくなる。彼はその後も反体制活動を続けたために摘発され、投獄された。ところが、詐病《さびょう》によって看守たちを騙し、医療刑務所に相当する療養施設に移送されて楽にすごしていた。実にしたたかな人物である。その施設には彼の他にも反体制派の政治犯が多数いた。そこで共和派から王党派まで、政治信条は異なりながら

謀略事件の主犯マレ将軍。

モスクワからの潰走。厳しい寒さと積雪、コサックや農民ゲリラの追撃が、フランス軍に終わりのない消耗を強いる。

も反ナポレオンの立場をともにする人々とネットワークを構築し、体制転覆の謀略を企むようになった。

ここで彼の立てた権力奪取の計画は杜撰《ずさん》なものであったが、その前提となる情況認識は正しいものであった。彼はナポレオンに対する不平不満が社会に蓄積している現状を正確に把握し、計画に反映させていた。

一〇月二三日早朝、彼は外部の協力者と連携して療養施設を脱出し、計画を実行に移す。まず、ナポレオンがロシア遠征中に死亡したというデマを流布させ、皇帝の死去により反ナポレオン派の大物が名を連ねた臨時政府が発足したと告知する虚構のポスターを市内各所に貼り出した。そして、将軍の制服を着たマレが、首都に駐屯する陸軍部隊に対し、偽造した元老院決議を手渡すことによって、警察大臣サヴァリら政府要人の捕縛を行わせた。

その隙に、マレを中心に臨時政府を発足させて権力を奪取するという謀略である。この計画は、途中まではマレの口車に乗せられる迂闊な軍人ばかりを相手にしたためにうまく事が運んだ。ところが、作り話に乗せられなかった冷静なユラン将軍をマレが銃撃したために陰謀と露見し、失敗に終わった。一味はただちに逮捕され、軍事法廷で裁かれた。マレに欺かれて部隊を動かした将校も含めて、事件にかかわったほとんどの者が処刑された。

陰謀が焙り出した国民の不満

ロシア遠征中にこの事件の報告を受けたナポレオンにとって衝撃的だったのは、自分の留守に権力奪取のクーデタ計画が実行に移されたことだけではなかった。

まず、自分に対する不平不満が世の中に鬱積していることを、マレ程度の小物が把握して陰謀に織り込んだことであった。マレがパリ市内に張り出させた臨時政府発足を喧伝《けんでん》する虚構のポスターには、国民の真の願いが列挙されていた。教皇との和解や列強との即時停戦、共和派から穏健王党派まで幅広い顔ぶれの加わる新政府など、国民の切なる願いを具現したリアリティがそこにはあった。

次に、自分が死んだ時に備え、恋女房のジョゼフィーヌと離婚してまで男子の後継者を手に入れたのに、その無理には何の意味もなかったことであった。自分が死んだというデマ騒ぎのなかで、誰一人として帝位継承権第一位である息子・ローマ王のことを思い起こさなかった。留守居役を任せた政権の実力者のなかに、次期皇帝ナポレオン二世の即位に必要な手続きを進めるように手筈を整えた者が誰もいなかったことは、ナポレオンにとって大きな衝撃であった。

それゆえ、パリに帰国したナポレオンが怒りに震えながら進めた対策は苛烈なものとなった。たとえば、帝国大尚書長カンバセレスから留守居役の役目を奪い、それを皇后マリ＝ルイーズに任せるなど、政権の中枢でも大なたが振るわれた。この事件は、計画の杜撰さや規模の小ささとは裏腹に、その影響は大きかった。それは軍を率いて遠隔地に出征するナポレオンの留守という、政権の柔らかい下腹を切り裂き、その内奥に深い傷を残したからである。

第8章

ナポレオン帝国の崩壊

一八一三年、決戦での敗北が致命傷となる

ナポレオンは一八一二年にはロシア遠征の失敗で軍の精鋭の多くを失ったものの、皇帝の留守居役を務める皇后マリ＝ルイーズに命じて徴兵の繰り上げや徴兵逃れに対する締め付けを実施させ、多数の兵士を確保して大軍を再建することに成功した。ナポレオンの軍事的威光は揺るがないかに見えたが、それは見せかけのものにすぎなかった。

新兵ばかりの歩兵隊は練度が低く、高価な野砲は数が用意できず、育成に時間と費用を要する騎兵隊は兵士も乗馬も数が足らなかった。その厳しい現実は、翌一三年に諸国民戦争で露呈する。フランスの同盟国は次々と離反し、さらにナポレオン戦法を習得した同盟軍の反撃によって、ライプツィヒの戦いでナポレオンはかつてない大敗を喫した。多数の兵士を失ったナポレオンには、もはや各地で国境を越えてフランス領内へと侵攻する同盟軍の進撃を止める術はない。

一八一四年のフランス戦役では、ナポレオン自らが率いて転戦したフランス軍主力部隊

復古王政の国王としてテュイルリ宮で執務するルイ18世。

フランス語での発音が「敬虔な君主」と同じになる「君主の柱」として揶揄されたシャルル10世（王弟アルトワ伯）。

皇后マリ＝ルイーズは、同盟軍がパリに入城すると、夫と会うこともせずに愛児ローマ王を連れてウィーンへ向かった。

敗戦の予兆。フランスに侵攻した敵軍と戦った帝国親衛隊の負傷兵が、パリに後送されてくる。

有名な『1814年4月20日、フォンテーヌブロ宮の白馬の前庭におけるナポレオンの帝国親衛隊との惜別』だが、描かれたのは1825年である。この出来事には同時代の証言がなく、後世に創作された伝説の一つと言われる。

退位したナポレオンが、親衛隊に別れを告げたとされるフォンテーヌブロ宮の中庭。

ナポレオンがエルバ島へ向かう道程では、彼の乗る馬車が怒りに満ちた群衆に取り囲まれることもあった。

同盟軍の首脳にパリ防衛軍を率いるマルモン元帥が降伏する。

の反撃によってのみ、かつての栄光の名残を示すにとどまった。同盟軍はナポレオンとの決戦を回避しながら、隙を突いてパリへ進撃した。三月末、パリ防衛軍は首都の門前に迫った同盟軍に抵抗せずに降伏し、市街戦の悪夢を回避した。そして、タレランを中心とする臨時政府が組織され、王弟プロヴァンス伯を国王ルイ一八世として迎え入れる準備が進められた。王政復古である。

　そして、臨時政府の同意の下、皇后マリ＝ルイーズは皇太子と共に進駐したオーストリア軍に引き渡され、父フランツ一世の元へと去った。パリ南方に陣取っていたナポレオンは部下の裏切りに激怒したが、もはや幕僚にさえ戦争の継続に同意する者は誰もいなかった。臨時政府の要求に応じ、ナポレオンはやむなく退位を受け入れた。だが、有名なフォンテーヌブロ宮での古参親衛隊との惜別の光

ナポレオンのエジプト遠征中にジョゼフィーヌが気に入って買い求めたマルメゾン宮だったが、間もなくブリュメールのクーデタが成功したため、テュイルリ宮への転居で使われなくなった。彼女が再び暮らすようになったのは、二人の離婚後であった。ジョゼフィーヌの求めに応じて、皇后の宮殿として財産分与されたのである。

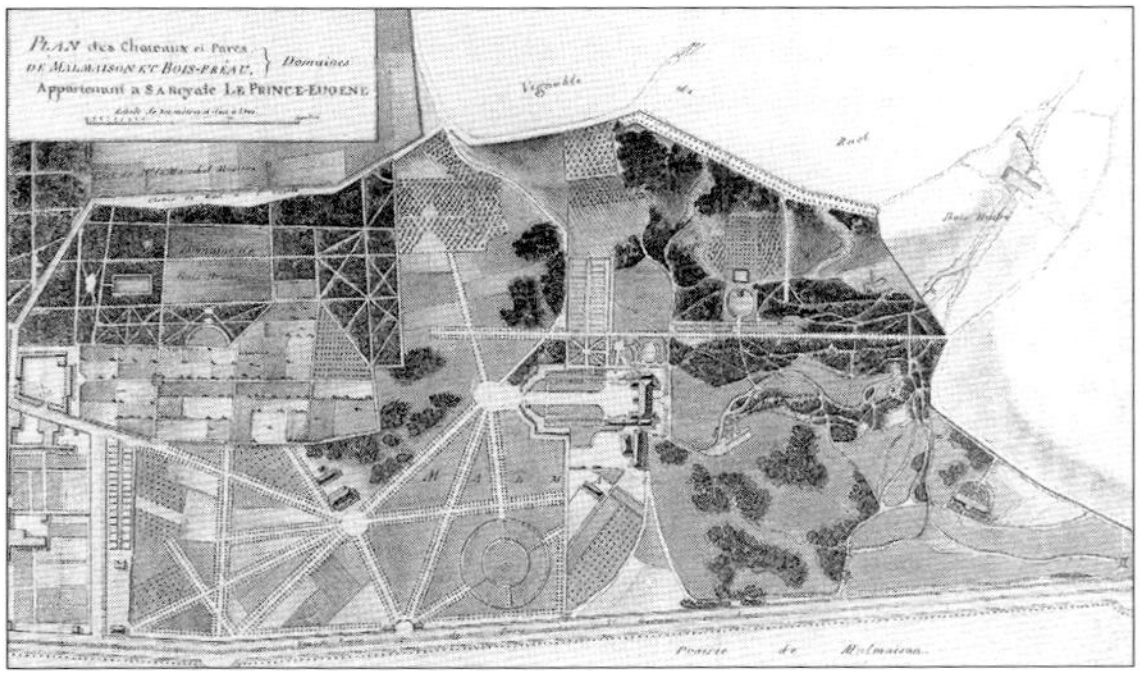

マルメゾン宮の敷地図面。その庭と森は、皇后にとって自分の園芸趣味を実現する場でもあった。品種改良に向けられた情熱は単なる遊びの範疇を飛び越え、植物学の進歩に寄与するほどの水準に達していたという。

景は、同時代の証拠がないため、後日に創作された伝説だといわれている。

第一次退位の後に——対照的なナポレオンとジョゼフィーヌ

退位の見返りとして、ナポレオンはそれなりの額の年金を約束され、統治すべき領土としてイタリアとコルシカ島の間に浮かぶ小島・エルバ島を認められた。尾羽打ち枯らした皇帝はフランスを南へと旅したが、暴徒に虐殺されることを怖れて変装し、帝政への反発が強かった地域を避けつつエルバ島をめざした。

その頃パリでは、ジョゼフィーヌが第一帝政に最後の輝きをもたらしていた。彼女は、離婚の代償として皇后を名乗り続けることを許され、財産分与として我が物としたマルメゾン宮に隠棲していた。そんな彼女を、若きロシア皇帝アレクサンドル一世が訪問したのである。

往年の尊厳と優美さを失わない彼女の無比

マルメゾン宮の正面玄関。

ナポレオンの居室のベッドは、上体を起こして寝る当時の風習に合わせたもので丈が短い。

一部の部屋では、天井と壁面に野戦テントを模した意匠が用いられている。

熱狂的なナポレオン時代の歴史再現イベントの愛好者にとって、マルメゾン宮で鼓手として当時の軍楽を演奏するのは、一世一代の晴れ舞台である。

歴史再現イベントの愛好者は、当時の軍装で真摯に歴史を学ぶ。

のエレガンスと、心尽くしの歓待に、ロシア皇帝はすっかり魅了された。日を置かずに通い詰めるロシア皇帝を微笑ましく思ったのか、少しでもフランスと元夫の役に立とうと思ったのか。彼女は多少の無理も厭わずアレクサンドルを接待した。そして、小雨の降る日にも散歩に応じたことで体調を崩し、一八一四年五月二九日に肺炎で亡くなったのであった。

アレクサンドル1世は、弟と共にジョゼフィーヌを訪れる。脇に控える愛娘オルタンスの二人の息子をツァーリに紹介する彼女の手は、後にフランス皇帝となる幼い孫の手に添えられている。それはこの絵が描かれたのが、ナポレオン3世が君臨する第二帝政期であることと無縁ではない。

ジョゼフィーヌの墓碑がある、マルメゾン宮に程近いサン＝ピエール＝サン＝ポル教会の祭壇。

ジョゼフィーヌの墓碑と向かい合う位置にあるオルタンスの墓碑は、息子ナポレオン三世が建立した。

ウジェーヌとオルタンス兄妹が建立したジョゼフィーヌの墓碑。

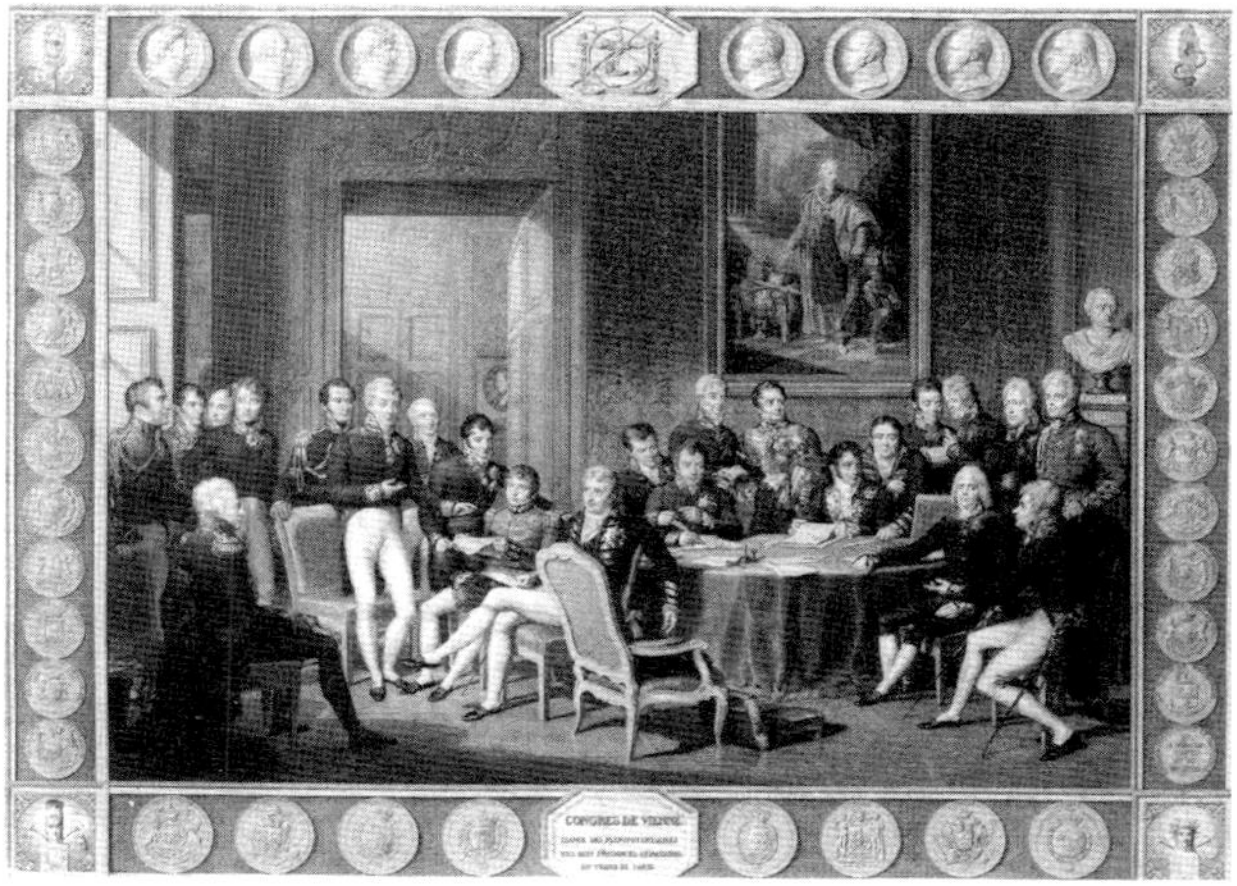

ウィーン会議に集う列強の全権代表。

エルバ島でナポレオンが暮らした宮殿。

エルバ島の皇帝、そして百日天下

ナポレオンは島を出ると決意する

エルバ島でもナポレオンは皇帝として振る舞ったが、彼が待ち望んだ皇后マリ＝ルイーズと皇太子が島に来ることはなかった。復古王政が彼に支払いを約束した年金は、払い込みが遅々として滞った。ちっぽけなイタリアの島にフランス革命の成果を持ち込み、君主として社会改良と近代化を進めたナポレオンであったが、彼の野心がそれで満足させられるはずもなかった。先の見えない情況に苛立つ彼の元に、ウィーン会議で列強の利害が対立して一触即発となっている状況が知らされ、さらに復古王政で帰国を果たした過激王党派ユルトラの反動主義が国民の失望と怒りを買っていることが伝えられた。陸軍を中心にボナパルト派は抑圧され、皇帝の復帰を待ち望む声が高まっていた。一八一五年二月二六日、ナポレオンは島を脱出した。

百日天下で必要となった政治改革を、仇敵の一人バンジャマン・コンスタンに熱く語るナポレオン。

当時、エルバ島はナポレオンの脱出を警戒するイギリス艦隊によって封鎖されていた。ところが不思議なことに、この時も一七九九年のエジプト脱出の時と同じく、偶然封鎖が解けた瞬間にナポレオンが船を出したため、イギリス艦隊の裏をかいてフランス本土への上陸に成功した。ここから百日天下が始まる。

ナポレオンとわずかな親衛兵の一行は、前年に落ち延びた道を逆に辿るようにパリへと進軍し、この道行きは道中で発せられた布告の文言を取って「鷲の飛翔」と命名された。ナポレオン迎撃に送られた陸軍部隊は次々と寝返った。ルイ一八世に自ら出陣を願い出て、「逆賊を鉄の檻に押し込めて、御前まで引っ立てて参ります」と大見得を切ったネ元帥までが、「皇帝万歳」と叫んでナポレオンに合流する始末であった。ルイ一八世はイギリス軍の保護を頼ってベルギーへと逃亡し、ナポレオンは皇帝としてパリへと凱旋した。

百日天下の明日なき皇帝

その後の事態は彼の期待とは逆に展開した。ウィーン会議での列強の対立は、開戦寸前とまで言われていた。ところが、共通の敵であるナポレオンの復活によって、争いは瞬時に無かったことにされた。ナポレオンと戦うた

ナポレオンは、エルバ島に別れを告げ、フランスに向けて乗船する。

ナポレオンに追い払われたルイ18世は、ロバの背に後ろ向きに座る伝統的な「愚か者」の表現で描かれた。

「鷲の飛翔」自分の捕縛を命じられている部隊の将兵に、三色の軍旗を指し示すナポレオン。

百日天下の苦境を打破する決戦を求め、北部方面軍は進撃する。

め、同盟軍の動員がただちに開始された。列強の対立をうまく煽って、漁夫の利を得ようと目論んでいたナポレオンの付け入る隙はなかった。ナポレオンに残されていたのは、決戦に打って出る道だけであったが、それは常勝将軍と自負する彼にとって望むところであった。

しかも、自分が酷使したせいでぼろぼろになっていたフランス陸軍は、復古王政がきちんと整備してくれていた。鍛錬された兵士の練度は高く、優秀な軍馬が多数輸入されて、騎兵隊もかつての充実を取り戻していた。将校の多くはボナパルト派であり、陸軍はすぐにでも実戦への投入が可能であった。

側近には、同盟軍に対抗するためにはそれでも兵力が足らない以上、一七九三年のように広く国家の危機を訴えて、全国的な義勇兵

パリに戻ったナポレオンを支持する軍の将兵は、彼をテュイルリ宮にかつぎ入れた。

の動員と市民の武装化を求める意見もあった。しかし、復古王政を共通の敵とするネオ・ジャコバン派との連携強化は、恐怖政治の再来を望まないナポレオンが拒否した。彼はネオ・ジャコバン派を揶揄するように、「自分はジャックリー（反乱農民）の頭目になる気はない」と拒絶してみせたのである。権威主義的な復古王政への対抗上、かつてのナポレオン帝国の権威主義支配の復活は誰も望まなかった。ナポレオンは、統領政府の成立以来の政敵であった、スタール夫人の愛人バンジャマン・コンスタンと和解してまで力を借り、議会で自由主義的な政治改革の実施に目処を付けた。そして六月、同盟軍が合流する前に各個撃破を狙い、パリから軍を率いて北上を開始する。狙いは北方に陣取るイギリス軍とプロイセン軍であった。しかし、戦いの女神は彼には微笑まず、決戦の夢はワーテルローに砕け散った。

パリに戻った敗軍の将ナポレオンを出迎えたのは、フーシェを中心に組織された臨時政府であった。ナポレオンは二度目の退位に応じ、米国への亡命に期待をかけてビスケー湾岸の港をめざすが、彼を乗せてくれる船は見当たらなかった。米国亡命は成らず、イギリス海軍の艦艇に乗船を強いられ、そこで身柄を押さえられることになる。イギリス海軍がナポレオンを導いた先は、南大西洋に浮かぶ絶海の孤島セント・ヘレナであった。

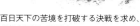

第9章

セント・ヘレナ島で伝説となるナポレオン

ナポレオンが与えられたセント・ヘレナ島での寓居（ロングウッド館）。

フランス人の視点から、「歴史上、これほど嫌われている人物はいない」とまで言われる総督ハドソン・ロー。

流刑の捕囚ナポレオン

エルバ島では皇帝であったナポレオンも、セント・ヘレナ島では捕虜ないし囚人として扱われた。島の総督ハドソン・ローは、ナポレオンの意向を無視し、彼を戦時捕虜として扱うなど、本国政府の決めたルールを墨守して強要した。それを侮辱とするナポレオンは、処遇の改善を求めてローと幾度も衝突した。それはナポレオンが早くも自分の生涯の神話化に着手していたことと無縁ではなかった。当代のプロメテウス、あるいは悲劇の囚人として自己演出する都合上、ナポレオンの書いたシナリオで残忍かつ無礼な看守役を割り振られたローは、悪逆非道な人物である必要があったからである。しかし実際には、本国の命令を守るのに汲々としていた、小物の官吏タイプだったようである。しかも、ナポレオン虐待の噂がイギリスでも顰蹙《ひんしゅく》を買い、島から帰国した後は針の莚だったという。

皇帝としてのプライドを賭けたローとの戦いと並行して、ナポレオンは自らの生涯を語り残す作業を始める。秘書役のラス＝カーズに書き取らせながら、数々の名言に彩られた回想録を語り下ろした。その創造の一例が、ピラミッドの戦いの折に「四千年の歴史が諸君を見下ろしている」と演説して、兵士の士気を鼓舞したという話である。これはエジプト遠征の記録には見当たらず、回想録が初出とされている。

ナポレオンの没後、大逆転が始まる

ナポレオンの失墜によって権力を握った復古王政は、政治勢力として過激王党派の反動主義が目立つ上に、ルイ一六世処刑に賛成した元国民公会議員らを迫害した。そのため、アナクロニズム政権だと認識されてきた。ところが実際の政策を見ると、権威主義的ではあっても、全体的には穏健な保守政権であった。

4000年の歴史が諸君を見下している。ピラミッドの戦いでマルムーク騎兵の襲撃に対抗するため、フランス軍歩兵は方陣を組む。騎兵はそのなかに留まって歩兵に守られ、反撃の好機を待った。

顔の輪郭も体形も洋梨型に肥えたルイ＝フィリップ王は、座して庶民から重い税を吸い上げるばかり。

議会による立憲政治の制度を整え、第一帝政によって人治に傾斜した政治を法治国家に立ち戻らせた。宗教政策でも公認宗教体制を見直さず、カトリック教会の過度の優遇措置は取らなかった。復古王政は、戦争で国民に長期の苦難と多大の犠牲を強いたナポレオンの不評ぶりを反面教師としていたとも言える。

しかし、国民から嫌われ、憎まれて、過去の人になったはずのナポレオンを取り巻く事態は、彼が一八二一年に死ぬと徐々に変わり始めた。生前のナポレオンによって作り込まれた伝説は、島から帰還したラス＝カーズが一八二三年に『セント・ヘレナ回想録』を出版するに至って、フランス国民の間で爆発的に受け入れられ始めた。

それまでの不評や暗黒伝説は消し飛び、若き日の文豪ユゴーも反ナポレオンの立場を捨て、ナポレオン伝説への熱狂に転じたことを隠そうとしなくなったほどである。杉本淑彦が活写した「ナポレオン伝説の再黄金化」現象こそ、ナポレオン伝説がフランスの文化的資本として蓄積され、その影響力を発揮し始めたことを具現するものである。

ナポレオンは救世主の地位を獲得する

この変化に伴い、ナポレオンを礼賛することが、復古王政の批判を意味するようになった。復古王政の時代錯誤な部分、とくに言論の自由の制限に代表される革命的な政治文化の抑圧に対する民衆の反発は強く、ナポレオンを讃える声が相次いだ。それが一因となって、この王朝は一八三〇年に七月革命で打倒された。その後を継いだ七月王政は、国王ルイ＝フィリップの不人気もあって、革命の栄光やナポレオン伝説を積極的に引用して政治利用した。この時期にナポレオンは権力者によってしばしば引用され、忽然《こつぜん》とフランスを救うべく現れた一代の英雄という評価を固めていくことになる。

その後、フランスが国家規模の危機に見舞われるたびに、国民の多くがフランスの未来を救う強力な指導者、あるいは救世主の出現に期待をかけ、それを自称する人物に自らの運命を委ねてしまうという悪癖を発揮するようになる。

二月革命後に労働者の革命運動を弾圧したカヴェニャック。偉大な伯父のイメージを利用して皇帝に成り上がったルイ＝ナポレオン。パリ＝コミューンを鎮圧したあとに秩序を回復したマクマオン。普仏戦争後に対独報復を訴えて選挙で旋風を巻き起こしたブーランジエ。ナチスに大敗する原因となった腐敗堕落を世の中から一掃すると約束したペタン。アルジェリア戦争の混迷を克服する指導力を発揮できると請け負ったド・ゴール。

個人主義的といわれるフランス社会の各時代に、権威主義的な指導者として救国を期待された陸軍出身の政治家がずらりと並ぶ。彼らは権力掌握に成功したにせよ、途中で挫折したにせよ、いずれにしても救世主ナポレオンという文化的資本を巧みに利用した者であることにちがいはない。このような多数の模倣者を生み出す素地となる文化的資本をフランスに作り出し、今なお国民をその方向へ誘引し続けていることこそ、ナポレオン自身の残した最大の負の遺産と言えるのではないか。

column

文献解題

本書を執筆する上で、とくに政治史では、ナポレオン研究の第一人者、パリ第四大学近現代史講座教授のジャック＝オリヴィエ・ブドンによるフランス語の研究書で、現在の基礎文献となっている『統領政府・第一帝政史』（ペラン社・2000年刊）を主に参考にした。ナポレオン史は日本でも多数の翻訳書が刊行されているが、これも含めて、なぜかブドンの著作はどれも翻訳がない。これはナポレオン史の特色の一つで、ジョルジュ・ルフェーヴルの名著『ナポレオン』に始まり、ブドンの前にナポレオン体制研究の中心にいたジャン・テュラールの主要著作も、一冊も翻訳されなかった。代表的な研究書があえて回避されるのは、不可解である。

経済史については、服部春彦先生の『経済史上のフランス革命・ナポレオン時代』（多賀出版・2009年刊）を大いに参考にさせていただいた。フランスにもこれに匹敵するほど充実した内容の研究書はない。宗教社会史が専門で経済史は門外漢の私にとって、読んでいて数々の長年の疑問が次々と氷解し、目から鱗が落ちる思いの一冊であった。

ナポレオン伝説については西川長夫先生の大著が先駆的であるが、杉本淑彦先生の『ナポレオン伝説とパリ――記憶史への挑戦』（山川出版社・2002年刊）が、最近注目を集めている記憶の問題を取り上げていて、大いに参考になった。ダヴィッドやドノンを中心とする、ナポレオン時代の絵画と芸術行政の問題については、鈴木杜幾子先生の『ナポレオン伝説の形成――フランス19世紀美術のもう一つの顔』（筑摩書房・1994年刊）が参考になる。こちらは、ナポレオン伝説の研究としては、杉本先生の著作と比べると手法の面で一世代前に属する。

軍事史については、ロバート・B・ブルース他『戦闘技術の歴史第4巻――ナポレオンの時代編』淺野明監修・野下祥子訳（創元社・2013年刊）が非常に充実していて、他の追随を許さないものがある。この本で唯一問題なのは、地図上に配置されている部隊に動きのある戦場の鳥瞰図で、フランス軍は青、イギリス軍は赤、ロシア軍は緑という、ナポレオン戦争の地図のお約束が守られていないことである。地図ごとに使われている色が異なるため、フランス軍を見失って混乱するのが惜しまれる。

最近の概説書としては、上垣豊先生の『ナポレオン――英雄か独裁者か』（山川出版社・2013年刊）が最新の研究を反映しており、コンパクトにまとめられていて読みやすい。日本語のものとしては珍しく、ブドンの業績を参照して書かれているので、上垣先生と私とでブドンの理解の違いを比較してみるのも興味深いと思われる。

ブドン以前の定説に立脚した概説書としては、ティエリー・レンツ『ナポレオンの生涯――ヨーロッパをわが手に』福井憲彦監修・遠藤ゆかり訳（創元社・1999年刊）が優れている。内容的にはやや古いが、美麗で珍しい図版が数多く掲載されている上、翻訳も正確で読みやすい。

その他の概説書は、原著の刊行が古い物ほどバイアスが強く、ナポレオン伝説の束縛から自由でない傾向にある。イギリス人研究者による英語のナポレオン史も数多く翻訳されているが、ナポレオンを自国の軍事独裁者で恐怖政治を敷いたクロムウェルをひな形にして理解する傾向がある上、ナポレオンと同じくイギリスを敵とした侵略者ヒトラーに擬えて理解する傾向もあり、お国柄というべきバイアスを強く感じさせる。

図版を引用した主な参考文献

21世紀に入り、ナポレオン時代の出来事が次々と二百周年を迎えたため、各地で充実した展覧会が開催され、ほとんど知られていない絵画が紹介される機会が増えたことは、本書の作成の上で非常に幸いであった。全てフランス語であるが、簡易な文献改題を添えて紹介する。

O. Sokolov, *L'armée de Napoléon,* Saint-Germain-en-Laye, 2003.

現在、ナポレオン戦争史の書籍では、戦略や戦術、兵器や装備品の用法と、あらゆる面で高い水準にあり、最も充実した基礎文献。本書に掲載された野戦砲の数値、各兵科の陣形や機動の概念図については、その大半をこの本から引用した。

B. Chevallier, *Napoléon, les lieux du pouvoir,* Paris, 2004.

ナポレオンの権力が置かれた場所という独特の視点で編集された本で、生家から遠征先の仮の宿まで、彼が生前訪れた場所が図版入りで詳しく紹介されている。

J. Tulard, *Le Sacre de l'empereur Napoléon, histoire et légende,* Paris, 2004.

ナポレオンの聖別式の準備のために描かれた水彩のデザイン画を中心に、聖別式を視覚的に再現するため、その二百周年を記念して刊行された。

Napoléon...Aigle ou Ogre, Montreuil, 2004.

ナポレオンの皇帝即位二百年を記念して、ナポレオンの暗黒面や彼に対する風刺をテーマに、『ナポレオンは鷲か食人鬼か』と題し、左翼系の「生きている歴史の博物館」で開催された展覧会の図録。

1810, La politique de l'amour, Napoléon Ier et Marie-Louise à Compiègne, Paris, 2010.

ナポレオンとマリ＝ルイーズの政略結婚について、その二百周年に、二人に縁あるコンピエーニュ宮で開催された展覧会の図録。

M. Marmin, *Napoléon, au-delà de la légende,* Paris, 2011.

フルカラーで珍しい図版が多く収録されており、伝説を離れ、ナポレオンの生涯をたどることができる。

V. Bajou, *Les guerres de Napoléon, Louis François Lejeune, général et peintre,* Paris, 2012.

ヴェルサイユ宮殿博物館で開催された、ナポレオン時代の戦争画の展覧会図録。世界的にも珍しく、おそらく唯一無二の例である「ナポレオン麾下で実戦部隊を率いた将軍が、現役時代からプロの画家として活躍しており、本人が従軍した戦闘の記録画を政府から依頼されて描いていた」という、画家将軍ルジュヌの回顧展である。天才画家のダヴィッドやグロと比べれば、さすがに画風はややプリミティヴであるが、デッサンに狂いはなく、迫力あるプロの画面に仕上がっている。（本書17頁他）

Les sœurs de Napoléon, trois destins italiens, Paris, 2013.

モネの睡蓮で有名なパリのマルモッタン美術館で開催された、ナポレオンの妹三人がそれぞれ辿った劇的な生涯に関する展覧会の図録。

É. Robbe et F. Lagrange, (dir.), *Napoléon et l'Europe,* Paris, 2013.

フランス陸軍博物館における展覧会の図録で、ヨーロッパに大帝国を建設した征服者ナポレオンの栄光から暗黒面まで幅広く射程に入れつつ、珍しい図版が多く収録されている。

Joséphine, Paris, 2014.

リュクサンブール宮内にあるフランス元老院美術館で開催された、ジョゼフィーヌの二百年忌記念展覧会の図録で、彼女を描いた絵画や愛用の品を手がかりに、皇后の劇的な生涯をたどることができる。

J.-C. Demory, (dir.), *Napoléon, les 40 grandes batailles,* Vanves, 2007.

ナポレオン戦争の代表的な戦闘を40選び、見やすい地図と同時代の戦争画や資料で両軍の作戦行動を解説している。ナポレオンの作戦指揮を知る上では必携の一冊。本書に掲載する各戦場の両軍配置図の大半は、作成する際にこの本の戦場地図に多くを依拠した。

●著者略歴

松嶌明男（まつしま・あきお）
神奈川県生まれ
東京大学大学院人文社会系研究科欧米系文化研究専攻博士課程修了　博士（文学）
白鷗大学経営学部専任講師、清泉女子大学文学部専任講師、助教授、准教授、教授を経て、現在は北海道大学大学院文学研究科准教授。専門はフランス近代史（革命期～ナポレオン体制期の宗教社会史が中心）。

主な著作

『礼拝の自由とナポレオン――公認宗教体制の成立』（単著）山川歴史モノグラフ22、山川出版社、二〇一〇年一一月。

「宗教と公共性」（安藤隆穂編『フランス革命と公共性』名古屋大学出版会、二〇〇三年に掲載）。

「近代フランスにおける公認宗教体制と宗教的多元性」（深沢克己・高山博編『信仰と他者――寛容と不寛容のヨーロッパ宗教社会史』東京大学出版会、二〇〇六年に掲載）。

ふくろうの本

図説　ナポレオン　政治と戦争　フランスの独裁者が描いた軌跡

二〇一六年　一　月二〇日初版印刷
二〇一六年　一　月三〇日初版発行

著者……………………松嶌明男
装幀・デザイン…………ヒロ工房
発行者…………………小野寺優
発行……………………河出書房新社
東京都渋谷区千駄ヶ谷二-三二-二
電話　〇三-三四〇四-一二〇一（営業）
〇三-三四〇四-八六一一（編集）
http://www.kawade.co.jp/
印刷……………………大日本印刷株式会社
製本……………………加藤製本株式会社

Printed in Japan
ISBN978-4-309-76236-4
落丁・乱丁本はお取替えいたします。